Deutscher Caritasverband (Hg.)

SGB II nach der Einführung des neuen Bürgergelds

Gesetzestext mit gekennzeichneten Änderungen, Einführung und Stellungnahmen

Stand: 1. Januar 2023

Deutscher Caritasverband (Hg.)

SGB II
nach der Einführung
des neuen Bürgergelds

Gesetzestext mit gekennzeichneten Änderungen,
Einführung und Stellungnahmen

Stand: 1. Januar 2023

LAMBERTUS

Bibliografische Information der Deutschen Nationalbibliothek
Die Deutsche Nationalbibliothek verzeichnet diese Publikation in der
Deutschen Nationalbibliografie; detaillierte bibliografische Daten sind im
Internet über dnb.d-nb.de abrufbar.

Alle Rechte vorbehalten
© 2023, Lambertus-Verlag, Freiburg im Breisgau
www.lambertus.de
Umschlaggestaltung: Nathalie Kupfermann, Bollschweil
Druck: Elanders GmbH, Waiblingen
ISBN: 978-3-7841-3556-4
ISBN ebook: 978-3-7841-3557-1

Inhalt

Vorwort 7

I. Überblick über die wesentlichen Änderungen im SGB II 9

II. SGB II - Bürgergeld, Grundsicherung für Arbeitsuchende –
Gesetzestext mit gekennzeichneten Änderungen 15

III. Bürgergeld-Verordnung – Bürgergeld-V 106

IV. Stellungnahmen 111

Vorwort

Das SGB II, das am 1. Januar 2005 in Kraft getreten ist, erfährt mit dem nun vorliegenden 12. Änderungsgesetz eine grundlegende Reform mit dem Ziel, die soziale Sicherung in Deutschland zukunftsfest aufzustellen und das Vertrauen der Bürgerinnen und Bürger in die soziale Sicherung zu stärken. Das Arbeitslosengeld II und das Sozialgeld werden durch ein Bürgergeld abgelöst. Die aktuellen Herausforderungen, mit denen sich die Menschen in Folge des Kriegs in der Ukraine konfrontiert sehen, haben es vielen in den sozialen Mindestsicherungssystemen erschwert, ihren Lebensunterhalt auskömmlich zu bestreiten. Das betrifft vor allem die außergewöhnlichen Preissteigerungen bei Energie und Lebensmitteln. Um regelbedarfsrelevante Preissteigerungen zeitnäher abbilden zu können, wird die Fortschreibung der Regelbedarfe geändert.

Daneben hat sich gezeigt, dass eine grundlegende Weiterentwicklung des gesamten Systems der Grundsicherung für Arbeitsuchende erforderlich ist. Besser unterstützt werden soll die nachhaltige und perspektivreiche Arbeitsmarktintegration vor allem durch mehr und bessere Qualifizierungs- und Weiterbildungsmöglichkeiten. Dem Grundbedürfnis Wohnen und dem Erhalt des bisherigen Lebensumfelds wird stärker Rechnung getragen, indem in den ersten 12 Monaten eine sogenannte Karenzzeit für Wohnen und Vermögen eingeführt wird. In dieser Zeit wird die Angemessenheit der Wohnung und des Vermögens nicht geprüft. Gute Erfahrungen mit Sonderregelungen aus den Jahren der Pandemie werden damit teilweise ins Regelsystem überführt. Weiterentwickelt wird der Eingliederungsprozess durch die Einführung eines Kooperationsplans. Konflikte bei der Erstellung des Kooperationsplans können in Schlichtungsstellen bearbeitet werden. Eine ganzheitliche Betreuung soll helfen die Beschäftigungsfähigkeit zu verbessern, indem das Coaching mit den betreffenden erwerbsfähigen Leistungsberechtigten an allen Problemlagen arbeitet, die diesem Ziel im Weg stehen. Aufgehoben wird der Vermittlungsvorrang, der bisher zu sehr auf schnelle Integration in Arbeit gezielt hat, ohne ihre Nachhaltigkeit zu sichern. Mit dem Bürgergeldbonus, einer Weiterbildungsprämie und dem Weiterbildungsgeld werden Anreize und Möglichkeiten für einen besseren Zugang zu Weiterbildung geschaffen. Mit der Entfristung des Sozialen Arbeitsmarkts, der neue Teilhabechancen für besonders arbeitsmarktferne Langzeiterwerbslose eröffnet, wird ein wirkungsvolles Instrument dauerhaft im SGB II verankert. Geändert werden auch die Freibeträge für Schülerinnen und Schüler, Studierende sowie Auszubildende. Der Erwerbstätigenfreibetrag im Bereich zwischen 520 und 1.000 Euro wird auf 30 Prozent erhöht, um oberhalb der Geringfügigkeitsgrenze den Anreiz zur Aufnahme einer sozialversicherungspflichtigen Beschäftigung zu steigern. Die Pflicht zur Verrentung von Langzeitarbeitslosen über 63 Jahre wird befristet ausgesetzt.

Das Bürgergeld-Gesetz der Bundesregierung, das der Bundestag am 10. November 2022 beschlossen hatte, war durch den Vermittlungsausschuss von Bundestag und Bundesrat am 24. November 2022 in einigen Punkten geändert worden, nachdem das zustimmungspflichtige Gesetz am Widerstand der unionsgeführten Bundesländer im Bundesrat gescheitert war: Die ursprünglich vorgesehene sechsmonatige sanktionsfreie Vertrauenszeit zu Beginn des Bürgergeld-Bezugs ist entfallen. Statt nur um zehn Prozent sollen die Regelleistungen von Beginn an in Stufen um bis zu 30 Prozent gekürzt werden können. Die bisher geplante Karenzzeit von zwei Jahren wurde auf ein Jahr verkürzt. Das Schonvermögen bleibt künftig nur noch bis zu 40.000 Euro (statt 60.000 Euro) vor Anrechnung geschützt. Alle weiteren Haushaltsmitglieder dürfen mit 15.000 Euro nur noch halb so viel behalten wie ursprünglich geplant.

Vorwort

Der Deutsche Caritasverband legt mit dem vorliegenden Band die aktuelle Fassung des Zweiten Buches Sozialgesetz (SGB II – Bürgergeld) vor. Wie in der Reihe üblich, sind die durch das genannte Gesetzgebungsverfahren zum 1. Januar 2023 und zum 1. Juli 2023 in Kraft tretenden Änderungen des Gesetzestextes farblich hervorgehoben. Das erleichtert dem Lesenden den schnellen Übergang vom alten zum neuen Recht. Dem Gesetzestext vorangestellt ist ein Überblick über die wesentlichen Änderungen. Der Deutsche Caritasverband und die Bundesgemeinschaft der Freien Wohlfahrtspflege (BAGFW) haben im Rahmen des parlamentarischen Gesetzgebungsverfahrens zu den geplanten Änderungen Stellung genommen. Die Texte der Stellungnahmen sind im Anhang dokumentiert. Die kurzfristigen Änderungen, die das Gesetz durch den Vermittlungsausschuss genommen hat, konnten in diesen nicht berücksichtigt werden.

Die neuen Regelungen des Bürgergeldes sollen in zwei Stufen, zum 1. Januar 2023 und zum 1. Juli 2023, in Kraft treten.

Christiane Kranz und Claire Vogt
Freiburg, im Dezember 2022

I. Überblick über die wesentlichen Änderungen im SGB II

Regelungen, die zum 1. Januar 2023 in Kraft treten:

Erhöhung des Regelbedarfs (§ 28a SGB XII)
Aufgrund der aktuellen massiven Preissteigerungen wird die Fortschreibung der Regelbedarfe gemäß § 28a SGB XII geändert. Durch die Neufassung wird die regelbedarfsrelevante Preisentwicklung mit den aktuellsten verfügbaren Daten zur Veränderungsrate des regelbedarfsrelevanten Preisindex zusätzlich berücksichtigt. Dies ist laut Gesetzesbegründung das zweite Quartal des der Fortschreibung vorausgehenden Kalenderjahres. Dazu wird nach neuem Recht zum 1. Januar 2023 der sich aus der Fortschreibung der Veränderungsrate des Mischindexes (Basisfortschreibung) ergebende Eurobetrag noch einmal fortgeschrieben. Die Höhe dieser „ergänzenden Fortschreibung" ergibt sich aus der Veränderung der regelbedarfsrelevanten Preisentwicklung im zweiten Quartal 2022 gegenüber dem zweiten Quartal 2021. Dadurch werden zurückliegende Preissteigerungen zeitnäher als bisher berücksichtigt.

Damit erhöht sich der Regelsatz für Alleinstehende zum 1. Januar 2023 auf 502 Euro, für Paare je Partner auf 451 Euro. Für nichterwerbstätige Erwachsene unter 25 Jahren im Haushalt der Eltern steigt der Betrag auf 402 Euro, für Jugendliche von 14 bis 17 Jahren auf 420 Euro, für Kinder von 6 bis 13 Jahren auf 348 Euro und für Kinder unter 6 Jahren auf 318 Euro.

Im Rahmen der nächsten gesetzlichen Neuermittlung der Regelbedarfe, die turnusmäßig auf Basis der Einkommens- und Verbrauchsstichprobe 2023 erfolgen wird, soll die ergänzte Fortschreibungsregelung ausgewertet und über eine grundlegende Neugestaltung einer ergänzenden Fortschreibung entschieden werden.

Abschaffung des Vermittlungsvorrangs (§ 3 SGB II)
Der grundsätzliche Vermittlungsvorrang in Arbeit wird abgeschafft. Leistungen der aktiven Arbeitsförderung sollen angewendet werden, wenn sie für eine dauerhafte Eingliederung in Arbeit erforderlich sind. Das gilt insbesondere für die Teilnahme an berufsabschlussbezogenen Weiterbildungen.

Verbesserung bei der Vermögensfreistellung (§ 12 SGB II, § 90 SGB XII)
In den ersten 12 Monaten (Karenzzeit) wird bei der Vermögensprüfung vermutet, dass kein erhebliches Vermögen vorhanden ist, wenn der Antragsstellende dies im Rahmen einer Selbstauskunft erklärt. Die Jobcenter sehen dafür ein Formular vor. Vermögen ist erst erheblich, wenn es 40.000 Euro für die leistungsberechtigte Person sowie 15.000 Euro für jede weitere Person in der Bedarfsgemeinschaft übersteigt. Nach der Karenzzeit gilt ein Vermögensfreibetrag von 15.000 Euro für jede Person der Bedarfsgemeinschaft unabhängig vom Alter. Nicht ausgeschöpfte Freibeträge werden auf andere Personen in der Bedarfsgemeinschaft übertragen. Auch im SGB XII werden die Freibeiträge erhöht, allerdings nur auf 10.000 Euro.

Auch selbst genutzte Immobilien werden im SGB II zukünftig besser geschützt. Neu definiert werden die Wohnflächen für das selbst genutzte Hausgrundstück (Wohnfläche bis zu 140 Quadratmeter) und für Eigentumswohnungen (bis zu 130 Quadratmeter), die von der Vermögensprüfung ausgeschlossen sind. Wenn mehr als vier Personen die Immobilie bewohnen, wird die Wohnfläche für jede weitere Person um 20 Quadratmeter erhöht. Eine neue Härtefallregelung sieht vor, dass größere Häuser bzw. Wohnungen zum Schonvermögen gerechnet werden, wenn andernfalls eine besondere Härte entstünde. Zudem wird im SGB II geregelt, dass künftig alle Versicherungsverträge, die der Alterssicherung dienen, nicht zum Vermögen gehören. Im SGB II wird zukünftig die Angemessenheit eines Kfz vermutet, wenn dies im Antrag erklärt wird. Im SGB XII wird ein angemessenes Kfz ebenfalls freigestellt, allerdings hat eine Angemessenheitsprüfung bei Antragstellung zu erfolgen.

Abschaffung der Zwangsverrentung (§ 12a SGB II)
Die Regelung, nach der Grundsicherungsempfänger mit Vollendung des 63. Lebensjahres in die Altersrente mit Abschlägen gezwungen werden, wird befristet bis zum 31. Dezember 2026 außer Kraft gesetzt. Die Sonderregelung für Ältere, wonach sie nach einem Jahr des Leistungsbezuges nicht mehr als arbeitslos erfasst werden, wird aufgehoben.

Entfristung sozialer Arbeitsmarkt (§ 16i SGB II, § 81 SGB II)
Das Förderinstrument Teilhabe am Arbeitsmarkt nach § 16i SGB II wird entfristet und damit dauerhaft in den Instrumentenkasten des SGB II aufgenommen.

Eine Weiterentwicklung des Förderinstruments soll im Rahmen des nächsten SGB II-Änderungsgesetzes erfolgen.

Karenzzeit für Bedarfe für Unterkunft, nicht für Heizung (§ 22 SGB II, § 35f. SGB XII)
Die Angemessenheit der Wohnung wird erst nach 12 Monaten (Karenzzeit) geprüft. Bis dahin werden die tatsächlichen Kosten der Wohnung übernommen. Das gilt nicht in den Fällen, in denen in einem der vorangegangenen Bewilligungszeiträume für die aktuell bewohnte Unterkunft die angemessenen und nicht die tatsächlichen Aufwendungen als Bedarf anerkannt wurden. Bei einem Umzug innerhalb der Karenzzeit werden höhere Kosten nur anerkannt, wenn der Umzug erforderlich war. Die Heizkosten werden weiterhin nur im angemessenen Umfang gewährt. Für besondere Wohnformen und sonstige Unterkünfte wird eine Karenzzeit ausgeschlossen, § 35 Abs. 6 Satz 3 SGB XII.

Neuregelung der Leistungsminderungen (§§ 31, 31a, 31b, 32 SGB II)
Leistungsminderungen bei Pflichtverletzungen und Meldeversäumnissen sind von Beginn des Leistungsbezugs an möglich, das Sanktionsmoratorium wird zum Jahresende 2022 aufgehoben. Bei Pflichtverletzungen gilt zukünftig ein dreistufiges System: Bei der ersten Pflichtverletzung mindert sich das Bürgergeld für einen Monat um zehn Prozent, bei der zweiten für zwei Monate um 20 Prozent und bei der dritten für drei Monate um 30 Prozent. Eine weitere Pflichtverletzung liegt nur vor, wenn bereits zuvor eine Minderung festgestellt wurde. Sie liegt nicht vor, wenn der Beginn des vorangegangenen Minderungszeitraums länger als ein Jahr zurückliegt. Bei einem Meldeversäumnis wird der Regelbedarf um 10 Prozent für einen Monat gemindert.

Es darf keine Leistungsminderung erfolgen, sollte sie im konkreten Einzelfall zu einer außergewöhnlichen Härte führen. Vor der Feststellung der Minderung soll auf Verlangen der erwerbsfähigen Leistungsberechtigten die Anhörung persönlich erfolgen. Leistungsminderungen sind aufzuheben, sobald erwerbsfähige Leistungsberechtigte diese Pflichten erfüllen oder sich nachträglich ernsthaft und nachhaltig dazu bereit erklären, diesen künftig nachzukommen.

Die Sonderregelungen für junge Menschen unter 25 entfallen ebenso wie Leistungsminderungen für Kosten der Unterkunft und Heizung.

Einführung einer Bagatellgrenze (§ 40 Abs. 1 Satz 3 SGB II)
Zukünftig verzichten Jobcenter auf Rückforderungen bis zu einer Bagatellgrenze von 50 Euro.

Minderjährigenhaftung beschränkt auf Schonvermögen (§ 40 Abs. 9 SGB II)
Minderjährige haften bei Eintritt der Volljährigkeit nur noch dann für Überzahlungen, die z. B. wegen der Einkommensänderungen ihrer Eltern zurückerstattet werden müssen, wenn sie beim Eintritt in die Volljährigkeit mehr als 15.000 Euro Vermögen haben. Sie haften dann nur mit dem Vermögen, dass diesen Betrag übersteigt.

Regelungen, die zum 1. Juli 2023 in Kraft treten:

Neuregelung der Erreichbarkeit (§ 7b SGB II)
Die Regelungen zur Erreichbarkeit werden an die Möglichkeiten moderner Kommunikation angepasst. Die Pflicht, werktäglich Briefpost persönlich zur Kenntnis nehmen zu können, wird abgeschafft. Die werktägliche Kenntnisnahme schließt sowohl die Nutzung moderner Kommunikationsmittel in dem datenschutzrechtlich möglichen Umfang als auch die Möglichkeit ein, Dritte mit der Sichtung der eigenen Briefpost zu beauftragen. Erwerbsfähige Leistungsberechtigte sollen in einem vertretbaren Zeit- und Finanzaufwand erreichbar sein und dürfen sich jetzt auch im grenznahen Ausland aufhalten. Der Katalog wichtiger Gründe für eine Abwesenheit wird erweitert. Abwesenheiten im Gefolge von ehrenamtlichem Engagement und Aufenthalte, die der Eingliederung in Ausbildung oder Arbeit dienen oder im öffentlichen Interesse liegen sowie medizinisch begründete Abwesenheiten werden als wichtige Gründe für den Aufenthalt außerhalb des näheren Bereichs besonders hervorgehoben. Diesen muss durch das Jobcenter zugestimmt werden. Zustimmungen für Ortsabwesenheiten ohne wichtigen Grund sollen für insgesamt längstens drei Wochen genehmigt werden.

Berücksichtigung einmaliger Einnahmen (§ 11 SGB II)
Einmalige Einnahmen sollen nur in dem Monat berücksichtigt werden, in dem sie zufließen. Eine Verteilung auf die Monate des Bewilligungszeitraums soll künftig nicht mehr erfolgen. Bedarfsübersteigende Beträge im Monat des Zuflusses werden im Folgemonat dem Vermögen zugeschlagen. Für als Nachzahlung zufließende Einnahmen verbleibt es bei der bisherigen Rechtslage und der gleichmäßigen Aufteilung auf 6 Monate.

Berücksichtigung von Aufwandsentschädigungen für ehrenamtliche Tätigkeiten und Nebentätigkeiten sowie Mutterschaftsgeld und Erbschaften (§ 11a Abs. 1 SGB II, § 82 SGB XII)
Der monatliche Absetzbetrag wird umgestaltet. Mit der Neuregelung des bisherigen monatlichen Absetzbetrages von 250 Euro werden Aufwandsentschädigungen oder Einnah-

men aus nebenberuflichen Tätigkeiten, die nach § 3 Nr. 12, Nr. 26 oder Nr. 26a EStG steuerfrei sind, nicht als Einkommen berücksichtigt, soweit sie einen Betrag in Höhe von 3.000 EUR im Kalenderjahr nicht überschreiten. Nach wie vor gelten im Falle des Bundesfreiwilligendienstes (BFD) und des Freiwilligen Sozialen Jahres (FSJ) die monatlichen Freibeträge i. H. v. 250 Euro. Das Mutterschaftsgeld wird zukünftig nicht mehr als Einkommen berücksichtigt und bleibt anrechnungsfrei. Erbschaften zählen nicht als Einkommen, sondern als Vermögen.

Erhöhte Freibeträge für Schülerinnen und Schüler, Studierende und Auszubildende und Erwachsene (§ 11b SGB II)
Junge Menschen dürfen das Einkommen aus Schüler- und Studentenjobs und aus einer beruflichen Ausbildung genauso wie Bundesfreiwilligen- und FSJ-Dienstleistende bis zur Minijob-Grenze (derzeit 520 Euro) behalten. Das gilt auch in einer dreimonatigen Übergangszeit zwischen Schule und Ausbildung. Einkommen aus Schülerjobs in den Ferien bleibt gänzlich unberücksichtigt. Auch der Erwerbstätigenfreibetrag wird im Bereich zwischen 520 und 1.000 Euro auf 30 Prozent erhöht, um oberhalb der Geringfügigkeitsgrenze den Anreiz zur Aufnahme einer sozialversicherungspflichtigen Beschäftigung zu steigern.

Weiterentwicklung des Eingliederungsprozesses (§ 15 SGB II, § 15a SGB II)
Neu eingeführt wird ein Kooperationsplan (§ 15 SGB), der ebenso wie der Eingliederungsplan und der Teilhabeplan im SGB IX und die Leistungsabsprache des SGB XII laut Gesetzesbegründung keinen öffentlich-rechtlichen Vertrag (§§ 53 SGB X) darstellt. Der Kooperationsplan soll in vertrauensvoller Zusammenarbeit auf Augenhöhe entstehen, keine verbindlichen Mitwirkungspflichten enthalten und keine Grundlage für Leistungsminderungen sein. Er löst die formale Eingliederungsvereinbarung ab.

Kann ein Kooperationsplan aufgrund von Meinungsverschiedenheiten zwischen Agentur für Arbeit oder kommunalem Träger und leistungsberechtigter Person nicht erstellt oder fortgeschrieben werden, soll auf Verlangen einer oder beider Seiten eine Schlichtungsstelle (§ 15 a SGB II) angerufen werden. In diesem Verfahren soll mit einer unbeteiligten, nicht weisungsgebundenen Person innerhalb oder außerhalb der Dienststelle ein gemeinsamer, verbindlicher Lösungsvorschlag entwickelt werden. Das Verfahren zur Einrichtung der Schlichtungsstelle legt die Trägerversammlung fest.

Pflichtverletzungen während des Schlichtungsverfahrens führen nicht zu Leistungsminderungen. Wenn ein Kooperationsplan trotz Schlichtungsverfahren nicht zustande kommt oder nicht fortgeschrieben werden kann, erfolgen Aufforderungen zu erforderlichen Mitwirkungshandlungen mit Rechtsfolgenbelehrung.

Bürgergeldbonus (§ 16j SGB II)
Leistungsberechtigte erhalten monatlich 75 Euro für die Teilnahme an einer Maßnahme der beruflichen Weiterbildung von mindestens acht Wochen, einer Berufsvorbereitenden Bildungsmaßnahme, Maßnahme in der Vorphase der Assistierten Ausbildung oder einer Maßnahme zur Förderung schwer zu erreichender junger Menschen. Den Bürgergeldbonus erhalten auch erwerbsfähige Leistungsberechtigte, bei denen eine solche Maßnahme im Teilhabeplan des Rehabilitationsträgers enthalten ist. Um Doppelförderungen zu vermeiden, sind Leistungsberechtigte ausgeschlossen, die ein monatliches Weiterbildungsgeld (nach § 87a SGB III) von 150 Euro erhalten.

Ganzheitliche Betreuung (§ 16k SGB II)
Mit dem neuen Förderinstrument §16k kann erwerbsfähigen Leistungsberechtigten eine ganzheitliche Betreuung (Coaching) angeboten werden. Ziel ist der grundlegende Aufbau und die Stabilisierung der Beschäftigungsfähigkeit. Dabei wird an allen Problemlagen gearbeitet, die dem Ziel im Wege stehen, insofern soll der Coach auch über Leistungen Dritter beraten und auf eine Inanspruchnahme hinwirken. Das Coaching kann auch aufsuchend, ausbildungs- oder beschäftigungsbegleitend erfolgen. Die Förderung kann durch das Jobcenter oder durch Dritte erbracht werden. Die Teilnahme am Coaching ist für die erwerbsfähigen Leistungsberechtigte nicht verpflichtend, d. h. sie darf nicht mit der Rechtsfolge einer Leistungsminderung verbunden werden.

Leistungen bei medizinischer Reha (§ 25 SGB II)
Bei einer medizinischen Reha muss kein Übergangsgeld mehr beantragt werden, das Bürgergeld wird als Vorschuss weiter gezahlt.

Förderung von Qualifizierung und Weiterbildung (§§ 81 Abs. 3a, 84 Abs. 1 Nr. 1, 87a, 180 Abs. 4 SGB III)
In beiden Rechtskreisen (SGB II und SGB III) werden auch stärkere Anreize für Weiterbildung gesetzt und die Rahmenbedingungen für die Förderung von Personen mit speziellen Förderbedarfen gestärkt. Eingeführt werden Weiterbildungsprämien (1.000 Euro zur Zwischenprüfung und 1.500 Euro bei erfolgreichem Abschluss) und ein Weiterbildungsgeld (monatlicher Zuschuss von 150 Euro) bei einer langfristigen Weiterbildung (§ 87a SGB III). Im Rahmen einer Weiterbildung kann künftig auch die Erlangung von Grundkompetenzen gefördert werden, wenn dadurch die Beschäftigungsfähigkeit verbessert wird (§ 81 Abs. 3a SGB III). Die Förderung ist damit nicht länger an die Absolvierung einer berufsabschlussbezogenen Weiterbildung gekoppelt. Klargestellt wird, dass im Rahmen der Lehrgangskostenerstattung auch die Kosten für notwendige sozialpädagogische Begleitung einschließlich Coaching übernommen werden (§ 84 Abs. 1 Nr.1 SGB III). Das Verkürzungsgebot bei der Förderung von berufsabschlussbezogener Weiterbildung wird gelockert (§ 180 Abs. 4 SGB III). Bislang werden berufsabschlussbezogene Weiterbildungen von Arbeitsagenturen und Jobcentern nur gefördert, wenn sie um ein Drittel zur regulären Ausbildungszeit verkürzt sind. Künftig kann die Weiterbildung auch in nicht verkürzter Form gefördert werden, wenn ein erfolgreicher Abschluss der Maßnahme bei einer verkürzten Form nicht zu erwarten ist oder es sich um eine berufsabschlussbezogene Weiterbildung handelt, die aufgrund bundes- oder landesrechtlicher Ausbildungsregelungen nicht verkürzt werden kann.

Verbesserung der Schutzwirkung der Arbeitslosenversicherung während einer Weiterbildung (§ 148 SGB III)
Menschen, die im Rahmen des SGB III (Arbeitslosenversicherung) an einer mindestens sechsmonatigen geförderten Weiterbildung teilnehmen, sollen nach deren Ende mindestens Anspruch auf drei Monate Arbeitslosengeld haben (§ 148 SGB III). Diese Verbesserung des Arbeitslosenversicherungsschutzes gilt ab dem 01. April 2023.

Einführung eines Mehrbedarfs im SGB XII für einmalige Härtefälle (§ 30 Abs. 10 SGB XII)

Für Leistungsberechtigte wird ein Mehrbedarf im SGB XII anerkannt, soweit im Einzelfall ein einmaliger, unabweisbarer, besonderer Bedarf besteht, der auf keine andere Weise gedeckt werden kann und ein Darlehen nach § 37 Abs. 1 ausnahmsweise nicht zumutbar oder wegen der Art des Bedarfs nicht möglich ist. Inhaltlich wird die Mehrbedarfsregelung für den sogenannten „Härtefallmehrbedarf" aus § 21 Abs. 6 SGB II für einmalige Härtefallmehrbedarfe übernommen (nicht aber die des laufenden Härtefallmehrbedarfs, die im SGB XII mit der erhöhenden abweichenden Regelsatzfestsetzung aufgefangen werden kann).

II. SGB II - Bürgergeld, Grundsicherung für Arbeitsuchende – Gesetzestext mit gekennzeichneten Änderungen

in der Fassung der Bekanntmachung vom 13. Mai 2011 (BGBl. I S. 850, S. 2094)

Zuletzt geändert durch Artikel 1 *des Zwölften Gesetzes zur Änderung des Zweiten Buches Sozialgesetzbuch vom 16. Dezember 2022 (BGBl. I S. 2328)*

Kapitel 1: Fördern und Fordern
§ 1 Aufgabe und Ziel der Grundsicherung für Arbeitsuchende 21
§ 2 Grundsatz des Forderns 21
§ 3 Leistungsgrundsätze 22
§ 3 Leistungsgrundsätze 22
§ 4 Leistungsformen 23
§ 5 Verhältnis zu anderen Leistungen 24
§ 6 Träger der Grundsicherung für Arbeitsuchende 24
§ 6a Zugelassene kommunale Träger 25
§ 6b Rechtsstellung der zugelassenen kommunalen Träger 26
§ 6c Personalübergang bei Zulassung weiterer kommunaler Träger und bei Beendigung der Trägerschaft 27
§ 6d Jobcenter 28

Kapitel 2: Anspruchsvoraussetzungen
§ 7 Leistungsberechtigte 28
§ 7a Altersgrenze 31
§ 7b Erreichbarkeit (ab 01.07.2023) 31
§ 8 Erwerbsfähigkeit 32
§ 9 Hilfebedürftigkeit 32
§ 10 Zumutbarkeit 33
§ 11 Zu berücksichtigendes Einkommen 33
§ 11b Absetzbeträge 35
§ 12 Zu berücksichtigendes Vermögen 37
§ 12 Zu berücksichtigendes Vermögen 38
§ 12a Vorrangige Leistungen 40
§ 13 Verordnungsermächtigung 40

Kapitel 3: Leistungen
Abschnitt 1: Leistungen zur Eingliederung in Arbeit
§ 14 Grundsatz des Förderns (bis 30.06.2023) 41
§ 14 Grundsatz des Förderns (ab 01.07.2023) 41
§ 15 Eingliederungsvereinbarung (bis 30.06.2023) 42
§ 15 Potenzialanalyse und Kooperationsplan (ab 01.07.2023) 42
§ 15a (weggefallen) (bis 30.06.2023) 43
§ 15a Schlichtungsverfahren (ab 01.07.2023) 43
§ 16 Leistungen zur Eingliederung 44
§ 16a Kommunale Eingliederungsleistungen 45
§ 16b Einstiegsgeld 45
§ 16c Leistungen zur Eingliederung von Selbständigen 46
§ 16d Arbeitsgelegenheiten 46
§ 16e Eingliederung von Langzeitarbeitslosen 47
§ 16f Freie Förderung 48

§ 16g	Förderung bei Wegfall der Hilfebedürftigkeit	48
§ 16h	Förderung schwer zu erreichender junger Menschen	48
§ 16i	Teilhabe am Arbeitsmarkt	49
§ 16j	Bürgergeldbonus (ab 01.07.2023)	51
§ 16k	Ganzheitliche Betreuung (ab 01.07.2023)	51
§ 17	Einrichtungen und Dienste für Leistungen zur Eingliederung	51
§ 18	Örtliche Zusammenarbeit	52
§ 18a	Zusammenarbeit mit den für die Arbeitsförderung zuständigen Stellen	53
§ 18b	Kooperationsausschuss	53
§ 18c	Bund-Länder-Ausschuss	53
§ 18d	Örtlicher Beirat	54
§ 18e	Beauftragte für Chancengleichheit am Arbeitsmarkt	54

Abschnitt 2: Leistungen zur Sicherung des Lebensunterhalts
Unterabschnitt 1: Leistungsanspruch 55

§ 19	~~Arbeitslosengeld II, Sozialgeld und Leistungen für Bildung und Teilhabe~~ Bürgergeld und Leistungen für Bildung und Teilhabe	55

Unterabschnitt 2: ~~Arbeitslosengeld II und Sozialgeld~~ Bürgergeld 55

§ 20	Regelbedarf zur Sicherung des Lebensunterhalts	55
§ 21	Mehrbedarfe	56
§ 22	Bedarfe für Unterkunft und Heizung	57
§ 22a	Satzungsermächtigung	60
§ 22b	Inhalt der Satzung	60
§ 22c	Datenerhebung, -auswertung und -überprüfung	61
§ 23	~~Besonderheiten beim Sozialgeld~~ Besonderheiten beim Bürgergeld für nichterwerbsfähige Leistungsberechtigte	61

Unterabschnitt 3: Abweichende Leistungserbringung und weitere Leistungen ... 62

§ 24	Abweichende Erbringung von Leistungen	62
§ 25	Leistungen bei medizinischer Rehabilitation der Rentenversicherung und bei Anspruch auf Verletztengeld aus der Unfallversicherung	63
§ 26	Zuschüsse zu Beiträgen zur Krankenversicherung und Pflegeversicherung	63
§ 27	Leistungen für Auszubildende	64

Unterabschnitt 4: Leistungen für Bildung und Teilhabe 64

§ 28	Bedarfe für Bildung und Teilhabe	64
§ 29	Erbringung der Leistungen für Bildung und Teilhabe	65
§ 30	Berechtigte Selbsthilfe	66

Unterabschnitt 5: ~~Sanktionen~~ Leistungsminderungen 66

§ 31	Pflichtverletzungen	66
§ 31a	Rechtsfolgen bei Pflichtverletzungen	67
§ 31b	Beginn und Dauer der Minderung	68
§ 32	Meldeversäumnisse	69

Unterabschnitt 6: Verpflichtungen Anderer 69

§ 33	Übergang von Ansprüchen	69
§ 34	Ersatzansprüche bei sozialwidrigem Verhalten	70
§ 34a	Ersatzansprüche für rechtswidrig erbrachte Leistungen	70
§ 34b	Erstattungsanspruch bei Doppelleistungen	71
§ 34c	Ersatzansprüche nach sonstigen Vorschriften	71
§ 35	(weggefallen)	71

Kapitel 4: Gemeinsame Vorschriften für Leistungen
Abschnitt 1: Zuständigkeit und Verfahren
§ 36 Örtliche Zuständigkeit 71
§ 36a Kostenerstattung bei Aufenthalt im Frauenhaus 72
§ 37 Antragserfordernis 72
§ 38 Vertretung der Bedarfsgemeinschaft 72
§ 39 Sofortige Vollziehbarkeit 72
§ 40 Anwendung von Verfahrensvorschriften 73
§ 40a Erstattungsanspruch 74
§ 41 Berechnung der Leistungen und Bewilligungszeitraum 74
§ 41a Vorläufige Entscheidung 75
§ 42 Fälligkeit, Auszahlung und Unpfändbarkeit der Leistungen 76
§ 42a Darlehen 77
§ 43 Aufrechnung 77
§ 43a Verteilung von Teilzahlungen 78
§ 44 Veränderung von Ansprüchen 78

Abschnitt 2: Einheitliche Entscheidung
§ 44a Feststellung von Erwerbsfähigkeit und Hilfebedürftigkeit 78
§ 44b Gemeinsame Einrichtung 79
§ 44c Trägerversammlung 80
§ 44d Geschäftsführerin, Geschäftsführer 81
§ 44e Verfahren bei Meinungsverschiedenheit über die Weisungszuständigkeit 82
§ 44f Bewirtschaftung von Bundesmitteln 82
§ 44g Zuweisung von Tätigkeiten bei der gemeinsamen Einrichtung ... 83
§ 44h Personalvertretung 83
§ 44i Schwerbehindertenvertretung; Jugend- und Auszubildendenvertretung 84
§ 44j Gleichstellungsbeauftragte 84
§ 44k Stellenbewirtschaftung 84
§ 45 (weggefallen) 84

Kapitel 5: Finanzierung und Aufsicht
§ 46 Finanzierung aus Bundesmitteln 84
§ 47 Aufsicht 86
§ 48 Aufsicht über die zugelassenen kommunalen Träger 87
§ 48a Vergleich der Leistungsfähigkeit 87
§ 48b Zielvereinbarungen 87
§ 49 Innenrevision 88

Kapitel 6: Datenverarbeitung und datenschutzrechtliche Verantwortung
§ 50 Datenübermittlung 88
§ 50a Speicherung, Veränderung, Nutzung, Übermittlung, Einschränkung der Verarbeitung oder Löschung von Daten für die Ausbildungsvermittlung 89
§ 51 Verarbeitung von Sozialdaten durch nicht-öffentliche Stellen ... 89
§ 51a Kundennummer 89
§ 51b Verarbeitung von Daten durch die Träger der Grundsicherung für Arbeitsuchende 90
§ 52 Automatisierter Datenabgleich 90
§ 52a Überprüfung von Daten 91

Kapitel 7: Statistik und Forschung
§ 53	Statistik und Übermittlung statistischer Daten	92
§ 53a	Arbeitslose	93
§ 54	~~Eingliederungsbilanz~~ (weggefallen)	93
§ 55	Wirkungsforschung	93

Kapitel 8: Mitwirkungspflichten
§ 56	Anzeige- und Bescheinigungspflicht bei Arbeitsunfähigkeit	93
§ 57	Auskunftspflicht von Arbeitgebern	94
§ 58	Einkommensbescheinigung	94
§ 59	Meldepflicht	94
§ 60	Auskunftspflicht und Mitwirkungspflicht Dritter	94
§ 61	Auskunftspflichten bei Leistungen zur Eingliederung in Arbeit	95
§ 62	Schadenersatz	96

Kapitel 9: Straf- und Bußgeldvorschriften
§ 63	Bußgeldvorschriften	96
§ 63a	(weggefallen)	96
§ 63b	(weggefallen)	96

Kapitel 10: Bekämpfung von Leistungsmissbrauch
§ 64	Zuständigkeit und Zusammenarbeit mit anderen Behörden	96

Kapitel 11: Übergangs- und Schlussvorschriften
~~§ 65~~	~~Allgemeine Übergangsvorschriften~~	~~97~~
§ 65	Übergangsregelungen aus Anlass des Zwölften Gesetzes zur Änderung des Zweiten Buches Sozialgesetzbuch und anderer Gesetze – Einführung eines Bürgergeldes	98
§ 65a	(weggefallen)	99
§ 65b	(weggefallen)	99
§ 65c	(weggefallen)	99
§ 65d	Übermittlung von Daten	99
§ 65e	Übergangsregelung zur Aufrechnung	99
§ 66	Rechtsänderungen bei Leistungen zur Eingliederung in Arbeit	99
§ 67	Vereinfachtes Verfahren für den Zugang zu sozialer Sicherung aus Anlass der COVID-19-Pandemie; Verordnungsermächtigung	99
§ 68	~~Regelungen zu Bedarfen für Bildung aus Anlass der COVID-19-Pandemie~~ (weggefallen)	100
§ 69	Übergangsregelung zum Freibetrag für Grundrentenzeiten und vergleichbare Zeiten	100
§ 70	Einmalzahlung aus Anlass der COVID-19-Pandemie	100
§ 71	Kinderfreizeitbonus und weitere Regelung aus Anlass der COVID-19-Pandemie	100
§ 72	Sofortzuschlag	101
§ 73	Einmalzahlung für den Monat Juli 2022	101
§ 74	Ansprüche von Ausländerinnen und Ausländern mit einer Fiktionsbescheinigung	101
§ 75	(weggefallen)	102
§ 76	Gesetz zur Weiterentwicklung der Organisation der Grundsicherung für Arbeitsuchende	102

§ 77	~~Gesetz zur Ermittlung von Regelbedarfen und zur Änderung des Zweiten und Zwölften Buches Sozialgesetzbuch~~ (weggefallen)	102
§ 78	~~Gesetz zur Verbesserung der Eingliederungschancen am Arbeitsmarkt~~ (weggefallen)	104
§ 79	Achtes Gesetz zur Änderung des Zweiten Buches Sozialgesetzbuch – Ergänzung personalrechtlicher Bestimmungen	104
§ 80	~~Neuntes Gesetz zur Änderung des Zweiten Buches Sozialgesetzbuch – Rechtsvereinfachung – sowie zur vorübergehenden Aussetzung der Insolvenzantragspflicht~~ (weggefallen)	104
§ 81	~~Teilhabechancengesetz~~ (weggefallen)	104
§ 82	Gesetz zur Förderung der beruflichen Weiterbildung im Strukturwandel und zur Weiterentwicklung der Ausbildungsförderung	105
§ 83	Übergangsregelung aus Anlass des Gesetzes zur Ermittlung der Regelbedarfe und zur Änderung des Zwölften Buches Sozialgesetzbuch sowie weiterer Gesetze	105
§ 84	~~Übergangsregelung zu Rechtsfolgen bei Pflichtverletzungen und Meldeversäumnissen~~ (weggefallen)	105
§ 85	Übergangsregelung aus Anlass des Wohngeld-Plus-Gesetzes	105

Kapitel 1: Fördern und Fordern

§ 1 Aufgabe und Ziel der Grundsicherung für Arbeitsuchende

(1) Die Grundsicherung für Arbeitsuchende soll es Leistungsberechtigten ermöglichen, ein Leben zu führen, das der Würde des Menschen entspricht.

(2) ¹Die Grundsicherung für Arbeitsuchende soll die Eigenverantwortung von erwerbsfähigen Leistungsberechtigten und Personen, die mit ihnen in einer Bedarfsgemeinschaft leben, stärken und dazu beitragen, dass sie ihren Lebensunter- halt unabhängig von der Grundsicherung aus eigenen Mitteln und Kräften bestreiten können. ²Sie soll erwerbsfähige Leistungsberechtigte bei der Aufnahme oder Beibehaltung einer Erwerbstätigkeit unterstützen und den Lebensunterhalt sichern, soweit sie ihn nicht auf andere Weise bestreiten können. ³Die Gleichstellung von Männern und Frauen ist als durchgängiges Prinzip zu verfolgen. ⁴Die Leistungen der Grundsicherung sind insbesondere darauf auszurichten, dass
1. durch eine Erwerbstätigkeit Hilfebedürftigkeit vermieden oder beseitigt, die Dauer der Hilfebedürftigkeit verkürzt oder der Umfang der Hilfebedürftigkeit verringert wird,
2. die Erwerbsfähigkeit einer leistungsberechtigten Person erhalten, verbessert oder wieder hergestellt wird,
3. ~~geschlechtsspezifischen Nachteilen von erwerbsfähigen Leistungsberechtigten entgegengewirkt wird,~~ Nachteile, die erwerbsfähigen Leistungsberechtigten aus einem der in § 1 des Allgemeinen Gleichbehandlungsgesetzes genannten Gründen entstehen können, überwunden werden,
4. die familienspezifischen Lebensverhältnisse von erwerbsfähigen Leistungsberechtigten, die Kinder erziehen oder pflegebedürftige Angehörige betreuen, berücksichtigt werden,
5. ~~behinderungsspezifische Nachteile überwunden werden.~~
6. 5. Anreize zur Aufnahme und Ausübung einer Erwerbstätigkeit geschaffen und aufrechterhalten werden.

(3) Die Grundsicherung für Arbeitsuchende umfasst Leistungen zur
1. Beratung,
2. Beendigung oder Verringerung der Hilfebedürftigkeit insbesondere durch Eingliederung in Ausbildung oder Arbeit und
3. Sicherung des Lebensunterhalts.

§ 2 Grundsatz des Forderns

(1) ¹Erwerbsfähige Leistungsberechtigte und die mit ihnen in einer Bedarfsgemeinschaft lebenden Personen müssen alle Möglichkeiten zur Beendigung oder Verringerung ihrer Hilfebedürftigkeit ausschöpfen. ²Eine erwerbsfähige leistungsberechtigte Person muss aktiv an allen Maßnahmen zu ihrer Eingliederung in Arbeit mitwirken, insbesondere eine Eingliederungsvereinbarung (bis 30.06.2023) (ab 01.07.2023) einen Kooperationsplan abschließen. ³Wenn eine Erwerbstätigkeit auf dem allgemeinen Arbeitsmarkt in absehbarer Zeit nicht möglich ist, hat die erwerbsfähige leistungsberechtigte Person eine ihr angebotene zumutbare Arbeitsgelegenheit zu übernehmen (bis 30.06.2023). (ab 01.07.2023) ³Im Rahmen der vorrangigen Selbsthilfe und Eigenverantwortung sollen erwerbsfähige leistungsberechtigte Personen eigene Potenziale nutzen und Leistungen anderer Träger in Anspruch nehmen.

(2) ¹Erwerbsfähige Leistungsberechtigte und die mit ihnen in einer Bedarfsgemeinschaft lebenden Personen haben in eigener Verantwortung alle Möglichkeiten zu nutzen, ihren Lebensunterhalt aus eigenen Mitteln und Kräften zu bestreiten. ²Erwerbsfähige Leistungsberechtigte müssen ihre Arbeitskraft zur Beschaffung des Lebensunterhalts für sich und die

mit ihnen in einer Bedarfsgemeinschaft lebenden Personen einsetzen.

§ 3 Leistungsgrundsätze

(1) ¹Leistungen zur Eingliederung in Arbeit können erbracht werden, soweit sie zur Vermeidung oder Beseitigung, Verkürzung oder Verminderung der Hilfebedürftigkeit für die Eingliederung erforderlich sind. ²Bei den Leistungen zur Eingliederung in Arbeit sind
1. die Eignung,
2. die individuelle Lebenssituation, insbesondere die familiäre Situation,
3. die voraussichtliche Dauer der Hilfebedürftigkeit und
4. die Dauerhaftigkeit der Eingliederung

der erwerbsfähigen Leistungsberechtigten zu berücksichtigen. ³Vorrangig sollen Maßnahmen eingesetzt werden, die die unmittelbare Aufnahme einer Erwerbstätigkeit ermöglichen. ⁴Bei der Leistungserbringung sind die Grundsätze von Wirtschaftlichkeit und Sparsamkeit zu beachten.

(2) ¹Bei der Beantragung von Leistungen nach diesem Buch sollen unverzüglich Leistungen zur Eingliederung in Arbeit nach dem Ersten Abschnitt des Dritten Kapitels erbracht werden. ²Bei fehlendem Berufsabschluss sind insbesondere die Möglichkeiten zur Vermittlung in eine Ausbildung zu nutzen.

(2a) ¹Die Agentur für Arbeit hat darauf hinzuwirken, dass erwerbsfähige Leistungsberechtigte, die
1. nicht über ausreichende deutsche Sprachkenntnisse verfügen, an einem Integrationskurs nach § 43 des Aufenthaltsgesetzes teilnehmen, oder
2. darüber hinaus notwendige berufsbezogene Sprachkenntnisse benötigen, an der berufsbezogenen Deutschsprachförderung nach § 45a des Aufenthaltsgesetzes teilnehmen,

sofern sie teilnahmeberechtigt sind und nicht unmittelbar in eine Ausbildung oder Arbeit vermittelt werden können und ihnen eine Teilnahme an einem Integrationskurs oder an der berufsbezogenen Deutschsprachförderung daneben nicht zumutbar ist. ²Für die Teilnahmeberechtigung, die Verpflichtung zur Teilnahme und die Zugangsvoraussetzungen gelten die Bestimmungen der §§ 44, 44a und 45a des Aufenthaltsgesetzes sowie des § 9 Absatz 1 Satz 1 des Bundesvertriebenengesetzes in Verbindung mit der Integrationskursverordnung und der Verordnung über die berufsbezogene Deutschsprachförderung. ³Eine Verpflichtung zur Teilnahme ist in die Eingliederungsvereinbarung als vorrangige Maßnahme aufzunehmen.

(3) Leistungen zur Sicherung des Lebensunterhalts dürfen nur erbracht werden, soweit die Hilfebedürftigkeit nicht anderweitig beseitigt werden kann; die nach diesem Buch vorgesehenen Leistungen decken den Bedarf der erwerbsfähigen Leistungsberechtigten und der mit ihnen in einer Bedarfsgemeinschaft lebenden Personen.

§ 3 Leistungsgrundsätze

(1) ¹Leistungen zur Eingliederung in Arbeit können erbracht werden, soweit sie zur Vermeidung oder Beseitigung, Verkürzung oder Verminderung der Hilfebedürftigkeit für die Eingliederung erforderlich sind. ²Bei den Leistungen zur Eingliederung in Arbeit sind zu berücksichtigen
1. die Eignung der erwerbsfähigen Leistungsberechtigten,
2. die individuelle Lebenssituation der erwerbsfähigen Leistungsberechtigten, insbesondere ihre familiäre Situation,
3. die voraussichtliche Dauer der Hilfebedürftigkeit der erwerbsfähigen Leistungsberechtigten und
4. die Dauerhaftigkeit der Eingliederung der erwerbsfähigen Leistungsberechtigten.

³Vorrangig sollen Leistungen erbracht werden, die die unmittelbare Aufnahme einer Ausbildung oder Erwerbstätigkeit ermöglichen, es sei denn, eine andere Leistung ist für die dauerhafte Eingliederung erforderlich. ⁴Von der Erforderlichkeit für die dauerhafte Eingliederung ist insbesondere auszugehen, wenn leistungsberechtigte Personen ohne Berufsabschluss Leistungen zur Unterstützung der Aufnahme einer Ausbildung nach diesem Buch, dem Dritten Buch oder auf anderer rechtlicher Grundlage erhalten oder an einer nach § 16 Absatz 1 Satz 2 Nummer 4 in Verbindung mit § 81 des Dritten Buches zu fördernden berufsabschlussbezogenen Weiterbildung teilnehmen oder voraussichtlich teilnehmen werden. ⁵Die Verpflichtung zur vorrangigen Aufnahme einer Ausbildung oder Erwerbstätigkeit gilt nicht im Verhältnis zur Förderung von Existenzgründungen mit einem Einstiegsgeld für eine selbständige Erwerbstätigkeit nach § 16b.

(2) Bei der Beantragung von Leistungen nach diesem Buch sollen unverzüglich Leistungen zur Eingliederung in Arbeit nach dem Ersten Abschnitt des Dritten Kapitels erbracht werden.

(3) Bei der Erbringung von Leistungen nach dem Ersten Abschnitt des Dritten Kapitels sind die Grundsätze von Wirtschaftlichkeit und Sparsamkeit zu beachten.

(4) ¹Die Agentur für Arbeit hat darauf hinzuwirken, dass erwerbsfähige teilnahmeberechtigte Leistungsberechtigte, die
1. nicht über ausreichende deutsche Sprachkenntnisse verfügen, vorrangig an einem Integrationskurs nach § 43 des Aufenthaltsgesetzes teilnehmen, oder
2. darüber hinaus notwendige berufsbezogene Sprachkenntnisse benötigen, vorrangig an der berufsbezogenen Deutschsprachförderung nach § 45a Absatz 1 des Aufenthaltsgesetzes teilnehmen.

²Absatz 1 Satz 3 gilt entsprechend. ³In den Fällen des Satzes 1 ist die Teilnahme am Integrationskurs nach § 43 des Aufenthaltsgesetzes oder an der berufsbezogenen Deutschsprachförderung nach § 45a des Aufenthaltsgesetzes in der Regel für eine dauerhafte Eingliederung erforderlich. ⁴Für die Teilnahmeberechtigung, die Verpflichtung zur Teilnahme und die Zugangsvoraussetzungen gelten die §§ 44, 44a und 45a des Aufenthaltsgesetzes sowie des § 9 Absatz 1 Satz 1 des Bundesvertriebenengesetzes in Verbindung mit der Verordnung über die Durchführung von Integrationskursen für Ausländer und Spätaussiedler und der Verordnung über die berufsbezogene Deutschsprachförderung.

(5) ¹Leistungen zur Sicherung des Lebensunterhalts dürfen nur erbracht werden, soweit die Hilfebedürftigkeit nicht anderweitig beseitigt werden kann. ²Die nach diesem Buch vorgesehenen Leistungen decken den Bedarf der erwerbsfähigen Leistungsberechtigten und der mit ihnen in einer Bedarfsgemeinschaft lebenden Personen.

§ 4 Leistungsformen

(1) Die Leistungen der Grundsicherung für Arbeitsuchende werden erbracht in Form von
1. Dienstleistungen,
2. Geldleistungen und
3. Sachleistungen.

(2) ¹Die nach § 6 zuständigen Träger wirken darauf hin, dass erwerbsfähige Leistungsberechtigte und die mit ihnen in einer Bedarfsgemeinschaft lebenden Personen die erforderliche Beratung und Hilfe anderer Träger, insbesondere der Kranken- und Rentenversicherung, erhalten. ²Die nach § 6 zuständigen Träger wirken auch darauf hin, dass Kinder und Jugendliche Zugang zu geeigneten vorhandenen Angeboten der gesellschaftlichen Teilhabe erhalten. ³Sie arbeiten zu diesem Zweck mit Schulen und Kindertageseinrichtungen, den Trägern der Jugendhilfe, den Gemeinden und Gemeinde-

verbänden, freien Trägern, Vereinen und Verbänden und sonstigen handelnden Personen vor Ort zusammen. ⁴Sie sollen die Eltern unterstützen und in geeigneter Weise dazu beitragen, dass Kinder und Jugendliche Leistungen für Bildung und Teilhabe möglichst in Anspruch nehmen.

§ 5 Verhältnis zu anderen Leistungen

(1) ¹Auf Rechtsvorschriften beruhende Leistungen Anderer, insbesondere der Träger anderer Sozialleistungen, werden durch dieses Buch nicht berührt. ²Ermessensleistungen dürfen nicht deshalb versagt werden, weil dieses Buch entsprechende Leistungen vorsieht.

(2) ¹Der Anspruch auf Leistungen zur Sicherung des Lebensunterhalts nach diesem Buch schließt Leistungen nach dem Dritten Kapitel des Zwölften Buches aus. ²Leistungen nach dem Vierten Kapitel des Zwölften Buches sind gegenüber dem ~~Sozialgeld~~ Bürgergeld nach § 19 Absatz 1 Satz 2 vorrangig.

(3) ¹Stellen Leistungsberechtigte trotz Aufforderung einen erforderlichen Antrag auf Leistungen eines anderen Trägers nicht, können die Leistungsträger nach diesem Buch den Antrag stellen sowie Rechtsbehelfe und Rechtsmittel einlegen. ²Der Ablauf von Fristen, die ohne Verschulden der Leistungsträger nach diesem Buch verstrichen sind, wirkt nicht gegen die Leistungsträger nach diesem Buch; dies gilt nicht für Verfahrensfristen, soweit die Leistungsträger nach diesem Buch das Verfahren selbst betreiben. ³Wird eine Leistung aufgrund eines Antrages nach Satz 1 von einem anderen Träger nach § 66 des Ersten Buches bestandskräftig entzogen oder versagt, sind die Leistungen zur Sicherung des Lebensunterhalts nach diesem Buch ganz oder teilweise so lange zu entziehen oder zu versagen, bis die leistungsberechtigte Person ihrer Verpflichtung nach den §§ 60 bis 64 des Ersten Buches gegenüber dem anderen Träger nachgekommen ist. ⁴Eine Entziehung oder Versagung nach Satz 3 ist nur möglich, wenn die leistungsberechtigte Person vom zuständigen Leistungsträger nach diesem Buch zuvor schriftlich auf diese Folgen hingewiesen wurde. ⁵Wird die Mitwirkung gegenüber dem anderen Träger nachgeholt, ist die Versagung oder Entziehung rückwirkend aufzuheben. ⁶~~Die Sätze 3 bis 5 gelten nicht für die vorzeitige Inanspruchnahme einer Rente wegen Alters.~~ Satz 6 (weggefallen)

(4) Leistungen zur Eingliederung in Arbeit nach dem Ersten Abschnitt des Dritten Kapitels werden nicht an oder für erwerbsfähige Leistungsberechtigte erbracht, die einen Anspruch auf Arbeitslosengeld oder Teilarbeitslosengeld haben.

(5) Leistungen nach den §§ 16a, 16b, 16d sowie 16f bis 16i (bis 30.06.2023) (ab 01.07.2023) 16k können auch an erwerbsfähige Leistungsberechtigte erbracht werden, sofern ein Rehabilitationsträger im Sinne des Neunten Buches zuständig ist; § 22 Absatz 2 Satz 1 und 2 des Dritten Buches ist entsprechend anzuwenden.

§ 6 Träger der Grundsicherung für Arbeitsuchende

(1) ¹Träger der Leistungen nach diesem Buch sind:
1. die Bundesagentur für Arbeit (Bundesagentur), soweit Nummer 2 nichts anderes bestimmt,
2. ~~die kreisfreien Städte und Kreise für die Leistungen nach § 16a, das Arbeitslosengeld II und das Sozialgeld, soweit Arbeitslosengeld II und Sozialgeld für den Bedarf für Unterkunft und Heizung geleistet wird, die Leistungen nach § 24 Absatz 3 Satz 1 Nummer 1 und 2 sowie für die Leistungen nach § 28, soweit durch Landesrecht nicht andere Träger bestimmt sind (kommunale Träger).~~
2. die kreisfreien Städte und Kreise für die Leistungen nach § 16a, für das Bürgergeld nach § 19 Absatz 1 Satz 1 und 2 und die Leistungen nach § 27 Absatz 3, soweit diese Leistungen für den Bedarf für Unterkunft und Heizung geleistet werden, für die Leistungen

nach § 24 Absatz 3 Satz 1 Nummern 1 und 2 sowie für die Leistungen nach § 28, soweit durch Landesrecht nicht andere Träger bestimmt sind (kommunale Träger). ²Zu ihrer Unterstützung können sie Dritte mit der Wahrnehmung von Aufgaben beauftragen; sie sollen einen Außendienst zur Bekämpfung von Leistungsmissbrauch einrichten.

(2) ¹Die Länder können bestimmen, dass und inwieweit die Kreise ihnen zugehörige Gemeinden oder Gemeindeverbände zur Durchführung der in Absatz 1 Satz 1 Nummer 2 genannten Aufgaben nach diesem Gesetz heranziehen und ihnen dabei Weisungen erteilen können; in diesen Fällen erlassen die Kreise den Widerspruchsbescheid nach dem Sozialgerichtsgesetz. ²§ 44b Absatz 1 Satz 3 bleibt unberührt. ³Die Sätze 1 und 2 gelten auch in den Fällen des § 6a mit der Maßgabe, dass eine Heranziehung auch für die Aufgaben nach § 6b Absatz 1 Satz 1 erfolgen kann.

(3) Die Länder Berlin, Bremen und Hamburg werden ermächtigt, die Vorschriften dieses Gesetzes über die Zuständigkeit von Behörden für die Grundsicherung für Arbeitsuchende dem besonderen Verwaltungsaufbau ihrer Länder anzupassen.

§ 6a Zugelassene kommunale Träger

(1) Die Zulassungen der aufgrund der Kommunalträger-Zulassungsverordnung vom 24. September 2004 (BGBl. I S. 2349) anstelle der Bundesagentur als Träger der Leistungen nach § 6 Absatz 1 Satz 1 Nummer 1 zugelassenen kommunalen Träger werden vom Bundesministerium für Arbeit und Soziales durch Rechtsverordnung über den 31. Dezember 2010 hinaus unbefristet verlängert, wenn die zugelassenen kommunalen Träger gegenüber der zuständigen obersten Landesbehörde die Verpflichtungen nach Absatz 2 Satz 1 Nummer 4 und 5 bis zum 30. September 2010 anerkennen.

(2) ¹Auf Antrag wird eine begrenzte Zahl weiterer kommunaler Träger vom Bundesministerium für Arbeit und Soziales als Träger im Sinne des § 6 Absatz 1 Satz 1 Nummer 1 durch Rechtsverordnung ohne Zustimmung des Bundesrates zugelassen, wenn sie
1. geeignet sind, die Aufgaben zu erfüllen,
2. sich verpflichten, eine besondere Einrichtung nach Absatz 5 zu schaffen,
3. sich verpflichten, mindestens 90 Prozent der Beamtinnen und Beamten, Arbeitnehmerinnen und Arbeitnehmer der Bundesagentur, die zum Zeitpunkt der Zulassung mindestens seit 24 Monaten in der im Gebiet des kommunalen Trägers gelegenen Arbeitsgemeinschaft oder Agentur für Arbeit in getrennter Aufgabenwahrnehmung im Aufgabenbereich nach § 6 Absatz 1 Satz 1 tätig waren, vom Zeitpunkt der Zulassung an, dauerhaft zu beschäftigen,
4. sich verpflichten, mit der zuständigen Landesbehörde eine Zielvereinbarung über die Leistungen nach diesem Buch abzuschließen, und
5. sich verpflichten, die in der Rechtsverordnung nach § 51b Absatz 1 Satz 2 festgelegten Daten zu erheben und gemäß den Regelungen nach § 51b Absatz 4 an die Bundesagentur zu übermitteln, um bundeseinheitliche Datenerfassung, Ergebnisberichterstattung, Wirkungsforschung und Leistungsvergleiche zu ermöglichen.

²Für die Antragsberechtigung gilt § 6 Absatz 3 entsprechend. ³Der Antrag bedarf in den dafür zuständigen Vertretungskörperschaften der kommunalen Träger einer Mehrheit von zwei Dritteln der Mitglieder sowie der Zustimmung der zuständigen obersten Landesbehörde. ⁴Die Anzahl der nach den Absätzen 1 und 2 zugelassenen kommunalen Träger beträgt höchstens 25 Prozent der zum 31. Dezember 2010 bestehenden Arbeitsgemeinschaften nach § 44b in der bis zum 31. Dezember 2010 geltenden Fassung, zugelassenen kommunalen Trägern sowie der Kreise und kreisfreien Städte, in denen keine Arbeitsgemeinschaft nach § 44b in der bis zum 31. Dezember 2010 geltenden Fassung errichtet

wurde (Aufgabenträger).

(3) Das Bundesministerium für Arbeit und Soziales wird ermächtigt, Voraussetzungen der Eignung nach Absatz 2 Nummer 1 und deren Feststellung sowie die Verteilung der Zulassungen nach den Absätzen 2 und 4 auf die Länder durch Rechtsverordnung mit Zustimmung des Bundesrates zu regeln.

(4) ¹Der Antrag nach Absatz 2 kann bis zum 31. Dezember 2010 mit Wirkung zum 1. Januar 2012 gestellt werden. ²Darüber hinaus kann vom 30. Juni 2015 bis zum 31. Dezember 2015 mit Wirkung zum 1. Januar 2017 ein Antrag auf Zulassung gestellt werden, soweit die Anzahl der nach den Absätzen 1 und 2 zugelassenen kommunalen Träger 25 Prozent der zum 1. Januar 2015 bestehenden Aufgabenträger nach Absatz 2 Satz 4 unterschreitet. ³Die Zulassungen werden unbefristet erteilt.

(5) Zur Wahrnehmung der Aufgaben anstelle der Bundesagentur errichten und unterhalten die zugelassenen kommunalen Träger besondere Einrichtungen für die Erfüllung der Aufgaben nach diesem Buch.

(6) ¹Das Bundesministerium für Arbeit und Soziales kann mit Zustimmung der zuständigen obersten Landesbehörde durch Rechtsverordnung ohne Zustimmung des Bundesrates die Zulassung widerrufen. ²Auf Antrag des zugelassenen kommunalen Trägers, der der Zustimmung der zuständigen obersten Landesbehörde bedarf, widerruft das Bundesministerium für Arbeit und Soziales die Zulassung durch Rechtsverordnung ohne Zustimmung des Bundesrates. ³Die Trägerschaft endet mit Ablauf des auf die Antragstellung folgenden Kalenderjahres.

(7) ¹Auf Antrag des kommunalen Trägers, der der Zustimmung der obersten Landesbehörde bedarf, widerruft, beschränkt oder erweitert das Bundesministerium für Arbeit und Soziales die Zulassung nach Absatz 1 oder 2 durch Rechtsverordnung ohne Zustimmung des Bundesrates, wenn und soweit die Zulassung aufgrund einer kommunalen Neugliederung nicht mehr dem Gebiet des kommunalen Trägers entspricht. ²Absatz 2 Satz 1 Nummer 2 bis 5 gilt bei Erweiterung der Zulassung entsprechend. ³Der Antrag nach Satz 1 kann bis zum 1. Juli eines Kalenderjahres mit Wirkung zum 1. Januar des folgenden Kalenderjahres gestellt werden.

§ 6b Rechtsstellung der zugelassenen kommunalen Träger

(1) ¹Die zugelassenen kommunalen Träger sind anstelle der Bundesagentur im Rahmen ihrer örtlichen Zuständigkeit Träger der Aufgaben nach § 6 Absatz 1 Satz 1 Nummer 1 mit Ausnahme der sich aus den §§ 44b, 48b, 50, 51a, 51b, 53, 55, 56 Absatz 2, §§ 64 und 65d ergebenden Aufgaben. ²Sie haben insoweit die Rechte und Pflichten der Agentur für Arbeit.

(2) ¹Der Bund trägt die Aufwendungen der Grundsicherung für Arbeitsuchende einschließlich der Verwaltungskosten mit Ausnahme der Aufwendungen für Aufgaben nach § 6 Absatz 1 Satz 1 Nummer 2. ²§ 46 Absatz 1 Satz 4, Absatz 2 und 3 Satz 1 gilt entsprechend. ³ § 46 Absatz 5 bis 11 bleibt unberührt.

(2a) Für die Bewirtschaftung von Haushaltsmitteln des Bundes durch die zugelassenen kommunalen Träger gelten die haushaltsrechtlichen Bestimmungen des Bundes, soweit in Rechtsvorschriften des Bundes oder Vereinbarungen des Bundes mit den zugelassenen kommunalen Trägern nicht etwas anderes bestimmt ist.

(3) Der Bundesrechnungshof ist berechtigt, die Leistungsgewährung zu prüfen.

(4) ¹Das Bundesministerium für Arbeit und Soziales prüft, ob Einnahmen und Ausgaben in der besonderen Einrichtung nach § 6a Absatz 5 begründet und belegt sind und den Grundsätzen der Wirtschaftlichkeit und Sparsamkeit entsprechen. ²Die Prüfung kann in einem vereinfachten Verfahren erfolgen, wenn der zugelassene kommunale Träger ein

Verwaltungs- und Kontrollsystem errichtet hat, das die Ordnungsmäßigkeit der Berechnung und Zahlung gewährleistet und er dem Bundesministerium für Arbeit und Soziales eine Beurteilung ermöglicht, ob Aufwendungen nach Grund und Höhe vom Bund zu tragen sind. ³Das Bundesministerium für Arbeit und Soziales kündigt örtliche Prüfungen bei einem zugelassenen kommunalen Träger gegenüber der nach § 48 Absatz 1 zuständigen Landesbehörde an und unterrichtet sie über das Ergebnis der Prüfung.

(5) ¹Das Bundesministerium für Arbeit und Soziales kann von dem zugelassenen kommunalen Träger die Erstattung von Mitteln verlangen, die er zu Lasten des Bundes ohne Rechtsgrund erlangt hat. ²Der zu erstattende Betrag ist während des Verzugs zu verzinsen. ³Der VerzugszinsSatz beträgt für das Jahr 3 Prozentpunkte über dem Basiszinssatz.

§ 6c Personalübergang bei Zulassung weiterer kommunaler Träger und bei Beendigung der Trägerschaft

(1) ¹Die Beamtinnen und Beamten, Arbeitnehmerinnen und Arbeitnehmer der Bundesagentur, die am Tag vor der Zulassung eines weiteren kommunalen Trägers nach § 6a Absatz 2 und mindestens seit 24 Monaten Aufgaben der Bundesagentur als Träger nach § 6 Absatz 1 Satz 1 Nummer 1 in dem Gebiet des kommunalen Trägers wahrgenommen haben, treten zum Zeitpunkt der Neuzulassung kraft Gesetzes in den Dienst des kommunalen Trägers über. ²Für die Auszubildenden bei der Bundesagentur gilt Satz 1 entsprechend. ³Die Versetzung von nach Satz 1 übergetretenen Beamtinnen und Beamten vom kommunalen Träger zur Bundesagentur bedarf nicht der Zustimmung der Bundesagentur, bis sie 10 Prozent der nach Satz 1 übergetretenen Beamtinnen und Beamten, Arbeitnehmerinnen und Arbeitnehmer wieder aufgenommen hat. ⁴Bis zum Erreichen des in Satz 3 genannten Anteils ist die Bundesagentur zur Wiedereinstellung von nach Satz 1 übergetretenen Arbeitnehmerinnen und Arbeitnehmern verpflichtet, die auf Vorschlag des kommunalen Trägers dazu bereit sind. ⁵Die Versetzung und Wiedereinstellung im Sinne der Sätze 3 und 4 ist innerhalb von drei Monaten nach dem Zeitpunkt der Neuzulassung abzuschließen. ⁶Die Sätze 1 bis 5 gelten entsprechend für Zulassungen nach § 6a Absatz 4 Satz 2 sowie Erweiterungen der Zulassung nach § 6a Absatz 7.

(2) ¹Endet die Trägerschaft eines kommunalen Trägers nach § 6a, treten die Beamtinnen und Beamten, Arbeitnehmerinnen und Arbeitnehmer des kommunalen Trägers, die am Tag vor der Beendigung der Trägerschaft Aufgaben anstelle der Bundesagentur als Träger nach § 6 Absatz 1 Nummer 1 durchgeführt haben, zum Zeitpunkt der Beendigung der Trägerschaft kraft Gesetzes in den Dienst der Bundesagentur über. ²Für die Auszubildenden bei dem kommunalen Träger gilt Satz 1 entsprechend.

(3) ¹Treten Beamtinnen und Beamte aufgrund des Absatzes 1 oder 2 kraft Gesetzes in den Dienst eines anderen Trägers über, wird das Beamtenverhältnis mit dem anderen Träger fortgesetzt. ²Treten Arbeitnehmerinnen und Arbeitnehmer aufgrund des Absatzes 1 oder 2 kraft Gesetzes in den Dienst eines anderen Trägers über, tritt der neue Träger unbeschadet des Satzes 3 in die Rechte und Pflichten aus den Arbeitsverhältnissen ein, die im Zeitpunkt des Übertritts bestehen. ³Vom Zeitpunkt des Übertritts an sind die für Arbeitnehmerinnen und Arbeitnehmer des neuen Trägers jeweils geltenden Tarifverträge ausschließlich anzuwenden. ⁴Den Beamtinnen und Beamten, Arbeitnehmerinnen oder Arbeitnehmern ist die Fortsetzung des Beamten- oder Arbeitsverhältnisses von dem aufnehmenden Träger schriftlich zu bestätigen. ⁵Für die Verteilung der Versorgungslasten hinsichtlich der aufgrund des Absatzes 1 oder 2 übertretenden Beamtinnen und Beamten gilt § 107b des Beamtenversorgungsgesetzes entsprechend. ⁶Mit Inkrafttreten des Versorgungslastenteilungs-Staatsvertrags sind für die jeweils beteiligten Dienstherrn die im Versorgungslastenteilungs-Staatsvertrag bestimmten Regelungen entsprechend anzuwenden.

(4) ¹Beamtinnen und Beamten, die nach Absatz 1 oder 2 kraft Gesetzes in den Dienst eines anderen Trägers übertreten, soll ein gleich zu bewertendes Amt übertragen werden, das ihrem bisherigen Amt nach Bedeutung und Inhalt ohne Berücksichtigung von Dienststellung und Dienstalter entspricht. ²Wenn eine dem bisherigen Amt entsprechende Verwendung im Ausnahmefall nicht möglich ist, kann ihnen auch ein anderes Amt mit geringerem Grundgehalt übertragen werden. ³Verringert sich nach Satz 1 oder 2 der Gesamtbetrag von Grundgehalt, allgemeiner Stellenzulage oder entsprechender Besoldungsbestandteile und anteiliger Sonderzahlung (auszugleichende Dienstbezüge), hat der aufnehmende Träger eine Ausgleichszulage zu gewähren. ⁴Die Ausgleichszulage bemisst sich nach der Differenz zwischen den auszugleichenden Dienstbezügen beim abgebenden Träger und beim aufnehmenden Träger zum Zeitpunkt des Übertritts. ⁵Auf die Ausgleichszulage werden alle Erhöhungen der auszugleichenden Dienstbezüge beim aufnehmenden Träger angerechnet. ⁶Die Ausgleichszulage ist ruhegehaltfähig. ⁷Als Bestandteil der Versorgungsbezüge vermindert sich die Ausgleichszulage bei jeder auf das Grundgehalt bezogenen Erhöhung der Versorgungsbezüge um diesen Erhöhungsbetrag. ⁸Im Fall des Satzes 2 dürfen die Beamtinnen und Beamten neben der neuen Amtsbezeichnung die des früheren Amtes mit dem Zusatz „außer Dienst" („a. D.") führen.

(5) ¹Arbeitnehmerinnen und Arbeitnehmern, die nach Absatz 1 oder 2 kraft Gesetzes in den Dienst eines anderen Trägers übertreten, soll grundsätzlich eine tarifrechtlich gleichwertige Tätigkeit übertragen werden. ²Wenn eine derartige Verwendung im Ausnahmefall nicht möglich ist, kann ihnen eine niedriger bewertete Tätigkeit übertragen werden. ³Verringert sich das Arbeitsentgelt nach den Sätzen 1 und 2, ist eine Ausgleichszahlung in Höhe des Unterschiedsbetrages zwischen dem Arbeitsentgelt bei dem abgebenden Träger zum Zeitpunkt des Übertritts und dem jeweiligen Arbeitsentgelt bei dem aufnehmenden Träger zu zahlen.

§ 6d Jobcenter

Die gemeinsamen Einrichtungen nach § 44b und die zugelassenen kommunalen Träger nach § 6a führen die Bezeichnung Jobcenter.

Kapitel 2: Anspruchsvoraussetzungen

§ 7 Leistungsberechtigte

(1) ¹Leistungen nach diesem Buch erhalten Personen, die
1. das 15. Lebensjahr vollendet und die Altersgrenze nach § 7a noch nicht erreicht haben,
2. erwerbsfähig sind,
3. hilfebedürftig sind und
4. ihren gewöhnlichen Aufenthalt in der Bundesrepublik Deutschland haben (erwerbsfähige Leistungsberechtigte).

²Ausgenommen sind
1. Ausländerinnen und Ausländer, die weder in der Bundesrepublik Deutschland Arbeitnehmerinnen, Arbeitnehmer oder Selbständige noch aufgrund des § 2 Absatz 3 des Freizügigkeitsgesetzes/EU freizügigkeitsberechtigt sind, und ihre Familienangehörigen für die ersten drei Monate ihres Aufenthalts,
2. Ausländerinnen und Ausländer,
   a) die kein Aufenthaltsrecht haben oder
   b) deren Aufenthaltsrecht sich allein aus dem Zweck der Arbeitsuche ergibt,
   und ihre Familienangehörigen,

3. Leistungsberechtigte nach § 1 des Asylbewerberleistungsgesetzes.
³Satz 2 Nummer 1 gilt nicht für Ausländerinnen und Ausländer, die sich mit einem Aufenthaltstitel nach Kapitel 2 Abschnitt 5 des Aufenthaltsgesetzes in der Bundesrepublik Deutschland aufhalten. ⁴Abweichend von Satz 2 Nummer 2 erhalten Ausländerinnen und Ausländer und ihre Familienangehörigen Leistungen nach diesem Buch, wenn sie seit mindestens fünf Jahren ihren gewöhnlichen Aufenthalt im Bundesgebiet haben; dies gilt nicht, wenn der Verlust des Rechts nach § 2 Absatz 1 des Freizügigkeitsgesetzes/EU festgestellt wurde. ⁵Die Frist nach Satz 4 beginnt mit der Anmeldung bei der zuständigen Meldebehörde. ⁶Zeiten des nicht rechtmäßigen Aufenthalts, in denen eine Ausreisepflicht besteht, werden auf Zeiten des gewöhnlichen Aufenthalts nicht angerechnet. ⁷Aufenthaltsrechtliche Bestimmungen bleiben unberührt.

(2) ¹Leistungen erhalten auch Personen, die mit erwerbsfähigen Leistungsberechtigten in einer Bedarfsgemeinschaft leben. ²Dienstleistungen und Sachleistungen werden ihnen nur erbracht, wenn dadurch Hemmnisse bei der Eingliederung der erwerbsfähigen Leistungsberechtigten beseitigt oder vermindert werden. ³Zur Deckung der Bedarfe nach § 28 erhalten die dort genannten Personen auch dann Leistungen für Bildung und Teilhabe, wenn sie mit Personen in einem Haushalt zusammenleben, mit denen sie nur deshalb keine Bedarfsgemeinschaft bilden, weil diese aufgrund des zu berücksichtigenden Einkommens oder Vermögens selbst nicht leistungsberechtigt sind.

(3) Zur Bedarfsgemeinschaft gehören
1. die erwerbsfähigen Leistungsberechtigten,
2. die im Haushalt lebenden Eltern oder der im Haushalt lebende Elternteil eines unverheirateten erwerbsfähigen Kindes, welches das 25. Lebensjahr noch nicht vollendet hat, und die im Haushalt lebende Partnerin oder der im Haushalt lebende Partner dieses Elternteils,
3. als Partnerin oder Partner der erwerbsfähigen Leistungsberechtigten
   a) die nicht dauernd getrennt lebende Ehegattin oder der nicht dauernd getrennt lebende Ehegatte,
   b) die nicht dauernd getrennt lebende Lebenspartnerin oder der nicht dauernd getrennt lebende Lebenspartner,
   c) eine Person, die mit der erwerbsfähigen leistungsberechtigten Person in einem gemeinsamen Haushalt so zusammenlebt, dass nach verständiger Würdigung der wechselseitige Wille anzunehmen ist, Verantwortung füreinander zu tragen und füreinander einzustehen,
4. die dem Haushalt angehörenden unverheirateten Kinder der in den Nummern 1 bis 3 genannten Personen, wenn sie das 25. Lebensjahr noch nicht vollendet haben, soweit sie die Leistungen zur Sicherung ihres Lebensunterhalts nicht aus eigenem Einkommen oder Vermögen beschaffen können.

(3a) Ein wechselseitiger Wille, Verantwortung füreinander zu tragen und füreinander einzustehen, wird vermutet, wenn Partner
1. länger als ein Jahr zusammenleben,
2. mit einem gemeinsamen Kind zusammenleben,
3. Kinder oder Angehörige im Haushalt versorgen oder
4. befugt sind, über Einkommen oder Vermögen des anderen zu verfügen.

(4) ¹Leistungen nach diesem Buch erhält nicht, wer in einer stationären Einrichtung untergebracht ist, Rente wegen Alters oder Knappschaftsausgleichsleistung oder ähnliche Leistungen öffentlich-rechtlicher Art bezieht. ²Dem Aufenthalt in einer stationären Einrichtung ist der Aufenthalt in einer Einrichtung zum Vollzug richterlich angeordneter

Freiheitsentziehung gleichgestellt. ³Abweichend von Satz 1 erhält Leistungen nach diesem Buch,
1. wer voraussichtlich für weniger als sechs Monate in einem Krankenhaus (§ 107 des Fünften Buches) untergebracht ist oder
2. wer in einer stationären Einrichtung nach Satz 1 untergebracht und unter den üblichen Bedingungen des allgemeinen Arbeitsmarktes mindestens 15 Stunden wöchentlich erwerbstätig ist.

⁴Die Sätze 1 und 3 Nummer 2 gelten für Bewohner von Räumlichkeiten im Sinne des § 42a Absatz 2 Satz 1 Nummer 2 und Satz 3 des Zwölften Buches entsprechend.

(4a) (bis 30.06.2023) ¹Erwerbsfähige Leistungsberechtigte erhalten keine Leistungen, wenn sie sich ohne Zustimmung des zuständigen Trägers nach diesem Buch außerhalb des zeit- und ortsnahen Bereichs aufhalten und deshalb nicht für die Eingliederung in Arbeit zur Verfügung stehen. ²Die Zustimmung ist zu erteilen, wenn für den Aufenthalt außerhalb des zeit- und ortsnahen Bereichs ein wichtiger Grund vorliegt und die Eingliederung in Arbeit nicht beeinträchtigt wird. ³Ein wichtiger Grund liegt insbesondere vor bei
1. Teilnahme an einer ärztlich verordneten Maßnahme der medizinischen Vorsorge oder Rehabilitation,
2. Teilnahme an einer Veranstaltung, die staatspolitischen, kirchlichen oder gewerkschaftlichen Zwecken dient oder sonst im öffentlichen Interesse liegt, oder
3. Ausübung einer ehrenamtlichen Tätigkeit.

⁴Die Zustimmung kann auch erteilt werden, wenn für den Aufenthalt außerhalb des zeit- und ortsnahen Bereichs kein wichtiger Grund vorliegt und die Eingliederung in Arbeit nicht beeinträchtigt wird. ⁵Die Dauer der Abwesenheiten nach Satz 4 soll in der Regel insgesamt drei Wochen im Kalenderjahr nicht überschreiten.

(4a) (ab 01.07.2023) weggefallen

(5) ¹Auszubildende, deren Ausbildung im Rahmen des Bundesausbildungsförderungsgesetzes dem Grunde nach förderungsfähig ist, haben über die Leistungen nach § 27 hinaus keinen Anspruch auf Leistungen zur Sicherung des Lebensunterhalts. ²Satz 1 gilt auch für Auszubildende, deren Bedarf sich nach § 61 Absatz 2, § 62 Absatz 3, § 123 Nummer 2 sowie § 124 Nummer 2 des Dritten Buches bemisst.

(6) Absatz 5 Satz 1 ist nicht anzuwenden auf Auszubildende,
1. die aufgrund von § 2 Absatz 1a des Bundesausbildungsförderungsgesetzes keinen Anspruch auf Ausbildungsförderung haben,
2. deren Bedarf sich nach den §§ 12, 13 Absatz 1 in Verbindung mit Absatz 2 Nummer 1 oder nach § 13 Absatz 1 Nummer 1 in Verbindung mit Absatz 2 Nummer 2 des Bundesausbildungsförderungsgesetzes bemisst und die Leistungen nach dem Bundesausbildungsförderungsgesetz
    a) erhalten oder nur wegen der Vorschriften zur Berücksichtigung von Einkommen und Vermögen nicht erhalten oder
    b) beantragt haben und über deren Antrag das zuständige Amt für Ausbildungsförderung noch nicht entschieden hat; lehnt das zuständige Amt für Ausbildungsförderung die Leistungen ab, findet Absatz 5 mit Beginn des folgenden Monats Anwendung, oder
3. die eine Abendhauptschule, eine Abendrealschule oder ein Abendgymnasium besuchen, sofern sie aufgrund des § 10 Absatz 3 des Bundesausbildungsförderungsgesetzes keinen Anspruch auf Ausbildungsförderung haben.

§ 7a Altersgrenze

¹Personen, die vor dem 1. Januar 1947 geboren sind, erreichen die Altersgrenze mit Ablauf des Monats, in dem sie das 65. Lebensjahr vollenden. ²Für Personen, die nach dem 31. Dezember 1946 geboren sind, wird die Altersgrenze wie folgt angehoben:

für den Geburtsjahrgang	erfolgt eine Anhebung um Monate	auf den Ablauf des Monats, in dem ein Lebensalter vollendet wird von
1947	1	65 Jahren und 1 Monat
1948	2	65 Jahren und 2 Monaten
1949	3	65 Jahren und 3 Monaten
1950	4	65 Jahren und 4 Monaten
1951	5	65 Jahren und 5 Monaten
1952	6	65 Jahren und 6 Monaten
1953	7	65 Jahren und 7 Monaten
1954	8	65 Jahren und 8 Monaten
1955	9	65 Jahren und 9 Monaten
1956	10	65 Jahren und 10 Monaten
1957	11	65 Jahren und 11 Monaten
1958	12	66 Jahren
1959	14	66 Jahren und 2 Monaten
1960	16	66 Jahren und 4 Monaten
1961	18	66 Jahren und 6 Monaten
1962	20	66 Jahren und 8 Monaten
1963	22	66 Jahren und 10 Monaten
ab 1964	24	67 Jahren.

§ 7b Erreichbarkeit (ab 01.07.2023)

(1) ¹Erwerbsfähige Leistungsberechtigte erhalten Leistungen, wenn sie erreichbar sind. ²Erreichbar sind erwerbsfähige Leistungsberechtigte, wenn sie sich im näheren Bereich des zuständigen Jobcenters aufhalten und werktäglich dessen Mitteilungen und Aufforderungen zur Kenntnis nehmen können. ³Ein Aufenthalt im näheren Bereich liegt vor, wenn es den erwerbsfähigen Leistungsberechtigten möglich ist, eine Dienststelle des zuständigen Jobcenters, einen möglichen Arbeitgeber oder den Durchführungsort einer Integrationsmaßnahme im örtlichen Zuständigkeitsbereich des Jobcenters in einer für den Vermittlungsprozess angemessenen Zeitspanne und ohne unzumutbaren oder die Eigenleistungsfähigkeit übersteigenden Aufwand aufzusuchen. ⁴Der nähere Bereich schließt auch einen Bereich im grenznahen Ausland ein.

(2) ¹Erwerbsfähige Leistungsberechtigte, die nicht erreichbar sind, erhalten nur dann Leistungen, wenn für den Aufenthalt außerhalb des näheren Bereichs ein wichtiger Grund vorliegt und das Jobcenter dem Aufenthalt außerhalb des näheren Bereichs zugestimmt hat.

²Ein wichtiger Grund liegt insbesondere vor bei
1. Teilnahme an einer ärztlich verordneten Maßnahme der medizinischen Vorsorge oder Rehabilitation,
2. Teilnahme an einer Veranstaltung, die kirchlichen oder gewerkschaftlichen Zwecken dient oder im öffentlichen Interesse liegt,
3. Aufenthalten außerhalb des näheren Bereichs, die überwiegend der Eingliederung in Ausbildung oder Arbeit dienen, oder
4. Ausübung einer ehrenamtlichen Tätigkeit, wenn die Eingliederung in Ausbildung oder Arbeit nicht wesentlich beeinträchtigt wird.

³Für Abwesenheiten außerhalb des näheren Bereichs auf Grund der Ausübung einer Erwerbstätigkeit ist abweichend von Satz 1 keine Zustimmung des Jobcenters erforderlich.

(3) ¹Erwerbsfähige Leistungsberechtigte, die ohne wichtigen Grund nicht erreichbar sind, erhalten Leistungen, wenn das Jobcenter dem Aufenthalt außerhalb des näheren Bereichs zugestimmt hat und die Eingliederung in Ausbildung oder Arbeit nicht wesentlich beeinträchtigt wird. ²Die Zustimmung zu Abwesenheiten ohne wichtigen Grund soll in der Regel für insgesamt längstens drei Wochen im Kalenderjahr erteilt werden. ³Bei erwerbsfähigen Leistungsberechtigten, die weder arbeitslos noch erwerbstätig sind, ist die Zustimmung nach Satz 1 zu erteilen.

§ 8 Erwerbsfähigkeit

(1) Erwerbsfähig ist, wer nicht wegen Krankheit oder Behinderung auf absehbare Zeit außerstande ist, unter den üblichen Bedingungen des allgemeinen Arbeitsmarktes mindestens drei Stunden täglich erwerbstätig zu sein.

(2) ¹Im Sinne von Absatz 1 können Ausländerinnen und Ausländer nur erwerbstätig sein, wenn ihnen die Aufnahme einer Beschäftigung erlaubt ist oder erlaubt werden könnte. ²Die rechtliche Möglichkeit, eine Beschäftigung vorbehaltlich einer Zustimmung nach § 39 des Aufenthaltsgesetzes aufzunehmen, ist ausreichend.

§ 9 Hilfebedürftigkeit

(1) Hilfebedürftig ist, wer seinen Lebensunterhalt nicht oder nicht ausreichend aus dem zu berücksichtigenden Einkommen oder Vermögen sichern kann und die erforderliche Hilfe nicht von anderen, insbesondere von Angehörigen oder von Trägern anderer Sozialleistungen, erhält.

(2) ¹Bei Personen, die in einer Bedarfsgemeinschaft leben, sind das Einkommen und Vermögen des Partners zu berücksichtigen. ²Bei unverheirateten Kindern, die mit ihren Eltern oder einem Elternteil in einer Bedarfsgemeinschaft leben und die ihren Lebensunterhalt nicht aus eigenem Einkommen oder Vermögen sichern können, sind auch das Einkommen und Vermögen der Eltern oder des Elternteils und dessen in Bedarfsgemeinschaft lebender Partnerin oder lebenden Partners zu berücksichtigen. ³Ist in einer Bedarfsgemeinschaft nicht der gesamte Bedarf aus eigenen Kräften und Mitteln gedeckt, gilt jede Person der Bedarfsgemeinschaft im Verhältnis des eigenen Bedarfs zum Gesamtbedarf als hilfebedürftig, dabei bleiben die Bedarfe nach § 28 außer Betracht. ⁴In den Fällen des § 7 Absatz 2 Satz 3 ist Einkommen und Vermögen, soweit es die nach Satz 3 zu berücksichtigenden Bedarfe übersteigt, im Verhältnis mehrerer Leistungsberechtigter zueinander zu gleichen Teilen zu berücksichtigen.

(3) Absatz 2 Satz 2 findet keine Anwendung auf ein Kind, das schwanger ist oder sein Kind bis zur Vollendung des sechsten Lebensjahres betreut.

(4) Hilfebedürftig ist auch derjenige, dem der sofortige Verbrauch oder die sofortige Verwertung von zu berücksichtigendem Vermögen nicht möglich ist oder für den dies eine

besondere Härte bedeuten würde.
(5) Leben Hilfebedürftige in Haushaltsgemeinschaft mit Verwandten oder Veschwägerten, so wird vermutet, dass sie von ihnen Leistungen erhalten, soweit dies nach deren Einkommen und Vermögen erwartet werden kann.

§ 10 Zumutbarkeit
(1) Einer erwerbsfähigen leistungsberechtigten Person ist jede Arbeit zumutbar, es sei denn, dass
1. sie zu der bestimmten Arbeit körperlich, geistig oder seelisch nicht in der Lage ist,
2. die Ausübung der Arbeit die künftige Ausübung der bisherigen überwiegenden Arbeit wesentlich erschweren würde, weil die bisherige Tätigkeit besondere körperliche Anforderungen stellt,
3. die Ausübung der Arbeit die Erziehung ihres Kindes oder des Kindes ihrer Partnerin oder ihres Partners gefährden würde; die Erziehung eines Kindes, das das dritte Lebensjahr vollendet hat, ist in der Regel nicht gefährdet, soweit die Betreuung in einer Tageseinrichtung oder in Tagespflege im Sinne der Vorschriften des Achten Buches oder auf sonstige Weise sichergestellt ist; die zuständigen kommunalen Träger sollen darauf hinwirken, dass erwerbsfähigen Erziehenden vorrangig ein Platz zur Tagesbetreuung des Kindes angeboten wird,
4. die Ausübung der Arbeit mit der Pflege einer oder eines Angehörigen nicht vereinbar wäre und die Pflege nicht auf andere Weise sichergestellt werden kann,
5. der Ausübung der Arbeit ein sonstiger wichtiger Grund entgegensteht.
(2) Eine Arbeit ist nicht allein deshalb unzumutbar, weil
1. sie nicht einer früheren beruflichen Tätigkeit entspricht, für die die erwerbsfähige leistungsberechtigte Person ausgebildet ist oder die früher ausgeübt wurde,
2. sie im Hinblick auf die Ausbildung der erwerbsfähigen leistungsberechtigten Person als geringerwertig anzusehen ist,
3. der Beschäftigungsort vom Wohnort der erwerbsfähigen leistungsberechtigten Person weiter entfernt ist als ein früherer Beschäftigungs- oder Ausbildungsort,
4. die Arbeitsbedingungen ungünstiger sind als bei den bisherigen Beschäftigungen der erwerbsfähigen leistungsberechtigten Person,
5. sie mit der Beendigung einer Erwerbstätigkeit verbunden ist, es sei denn, es liegen begründete Anhaltspunkte vor, dass durch die bisherige Tätigkeit künftig die Hilfebedürftigkeit beendet werden kann.
(3) Die Absätze 1 und 2 gelten für die Teilnahme an Maßnahmen zur Eingliederung in Arbeit entsprechend.

§ 11 Zu berücksichtigendes Einkommen
(1) ¹Als Einkommen zu berücksichtigen sind Einnahmen in Geld abzüglich der nach § 11b abzusetzenden Beträge mit Ausnahme der in § 11a genannten Einnahmen (bis 30.06.2023) (ab 01.07.2023) sowie Einnahmen, die nach anderen Vorschriften des Bundesrechts nicht als Einkommen im Sinne dieses Buches zu berücksichtigen sind. ²Dies gilt auch für Einnahmen in Geldeswert, die im Rahmen einer Erwerbstätigkeit, des Bundesfreiwilligendienstes oder eines Jugendfreiwilligendienstes zufließen. ³Als Einkommen zu berücksichtigen sind auch Zuflüsse aus darlehensweise gewährten Sozialleistungen, soweit sie dem Lebensunterhalt dienen. ⁴Der Kinderzuschlag nach § 6a des Bundeskindergeldgesetzes ist als Einkommen dem jeweiligen Kind zuzurechnen. ⁵Dies gilt auch für das Kindergeld für zur Bedarfsgemeinschaft gehörende Kinder, soweit es bei dem jeweiligen Kind zur Sicherung des Lebensunterhalts, mit Ausnahme der Bedarfe nach § 28, benötigt wird.

(2) ¹Laufende Einnahmen sind für den Monat zu berücksichtigen, in dem sie zufließen. ²Zu den laufenden Einnahmen zählen auch Einnahmen, die an einzelnen Tagen eines Monats aufgrund von kurzzeitigen Beschäftigungsverhältnissen erzielt werden. ³Für laufende Einnahmen, die in größeren als monatlichen Zeitabständen zufließen, gilt Absatz 3 entsprechend (bis 30.06.2023).

(2) (ab 01.07.2023) ¹Einnahmen sind für den Monat zu berücksichtigen, in dem sie zufließen. ²Dies gilt auch für Einnahmen, die an einzelnen Tagen eines Monats aufgrund von kurzzeitigen Beschäftigungsverhältnissen erzielt werden.

(3) ¹Einmalige Einnahmen sind in dem Monat, in dem sie zufließen, zu berücksichtigen. ²Zu den einmaligen Einnahmen gehören auch als Nachzahlung zufließende Einnahmen, die nicht für den Monat des Zuflusses erbracht werden. ³Sofern für den Monat des Zuflusses bereits Leistungen ohne Berücksichtigung der einmaligen Einnahme erbracht worden sind, werden sie im Folgemonat berücksichtigt. ⁴Entfiele der Leistungsanspruch durch die Berücksichtigung in einem Monat, ist die einmalige Einnahme auf einen Zeitraum von sechs Monaten gleichmäßig aufzuteilen und monatlich mit einem entsprechenden Teilbetrag zu berücksichtigen (bis 30.06.2023).

(3) (ab 01.07.2023) Würde der Leistungsanspruch durch die Berücksichtigung einer als Nachzahlung zufließenden Einnahme, die nicht für den Monat des Zuflusses erbracht wird, in diesem Monat entfallen, so ist diese Einnahme auf einen Zeitraum von sechs Monaten gleichmäßig aufzuteilen und monatlich ab dem Monat des Zuflusses mit einem entsprechenden monatlichen Teilbetrag zu berücksichtigen.

§ 11a Nicht zu berücksichtigendes Einkommen

(1) Nicht als Einkommen zu berücksichtigen sind
1. Leistungen nach diesem Buch,
2. die Grundrente nach dem Bundesversorgungsgesetz und nach den Gesetzen, die eine entsprechende Anwendung des Bundesversorgungsgesetzes vorsehen,
3. die Renten oder Beihilfen, die nach dem Bundesentschädigungsgesetz für Schaden an Leben sowie an Körper oder Gesundheit erbracht werden, bis zur Höhe der vergleichbaren Grundrente nach dem Bundesversorgungsgesetz,
4. Aufwandsentschädigungen nach § 1835a (bis 30.06.2023)
4. (ab 01.07.2023) Aufwandspauschalen nach § 1878 des Bürgerlichen Gesetzbuchs kalenderjährlich bis zu dem in § 3 Nummer 26 Satz 1 des Einkommensteuergesetzes genannten Betrag,
5. (ab 01.07.2023) Aufwandsentschädigungen oder Einnahmen aus nebenberuflichen Tätigkeiten, die nach § 3 Nummer 12, Nummer 26 oder Nummer 26a des Einkommensteuergesetzes steuerfrei sind, soweit diese Einnahmen einen Betrag in Höhe von 3 000 Euro im Kalenderjahr nicht überschreiten,
6. (ab 01.07.2023) Mutterschaftsgeld nach § 19 des Mutterschutzgesetzes,
7. (ab 01.07.2023) Erbschaften.

(2) Entschädigungen, die wegen eines Schadens, der kein Vermögensschaden ist, nach § 253 Absatz 2 des Bürgerlichen Gesetzbuchs geleistet werden, sind nicht als Einkommen zu berücksichtigen.

(3) ¹Leistungen, die aufgrund öffentlich-rechtlicher Vorschriften zu einem ausdrücklich genannten Zweck erbracht werden, sind nur so weit als Einkommen zu berücksichtigen, als die Leistungen nach diesem Buch im Einzelfall demselben Zweck dienen. ²Abweichend von Satz 1 sind als Einkommen zu berücksichtigen
1. die Leistungen nach § 39 des Achten Buches, die für den erzieherischen EinSatz erbracht werden,

a) für das dritte Pflegekind zu 75 Prozent,
b) für das vierte und jedes weitere Pflegekind vollständig,
2. die Leistungen nach § 23 des Achten Buches,
3. die Leistungen der Ausbildungsförderung nach dem Bundesausbildungsförderungsgesetz sowie vergleichbare Leistungen der Begabtenförderungswerke; § 14b Absatz 2 Satz 1 des Bundesausbildungsförderungsgesetzes bleibt unberührt,
4. die Berufsausbildungsbeihilfe nach dem Dritten Buch mit Ausnahme der Bedarfe nach § 64 Absatz 3 Satz 1 des Dritten Buches sowie
5. Reisekosten zur Teilhabe am Arbeitsleben nach § 127 Absatz 1 Satz 1 des Dritten Buches in Verbindung mit § 73 des Neunten Buches.

(4) Zuwendungen der freien Wohlfahrtspflege sind nicht als Einkommen zu berücksichtigen, soweit sie die Lage der Empfängerinnen und Empfänger nicht so günstig beeinflussen, dass daneben Leistungen nach diesem Buch nicht gerechtfertigt wären.

(5) Zuwendungen, die ein anderer erbringt, ohne hierzu eine rechtliche oder sittliche Pflicht zu haben, sind nicht als Einkommen zu berücksichtigen, soweit
1. ihre Berücksichtigung für die Leistungsberechtigten grob unbillig wäre oder
2. sie die Lage der Leistungsberechtigten nicht so günstig beeinflussen, dass daneben Leistungen nach diesem Buch nicht gerechtfertigt wären.

(6) Überbrückungsgeld nach § 51 des Strafvollzugsgesetzes oder vergleichbare Leistungen nach landesrechtlichen Regelungen sind nicht als Einkommen zu berücksichtigen.

(7) (ab 01.07.2023) ¹Nicht als Einkommen zu berücksichtigen sind Einnahmen von Schülerinnen und Schülern allgemein- oder berufsbildender Schulen, die das 25. Lebensjahr noch nicht vollendet haben, aus Erwerbstätigkeiten, die in den Schulferien ausgeübt werden. ²Satz 1 gilt nicht für eine Ausbildungsvergütung, auf die eine Schülerin oder ein Schüler einen Anspruch hat.

§ 11b Absetzbeträge

(1) ¹Vom Einkommen abzusetzen sind
1. auf das Einkommen entrichtete Steuern,
2. Pflichtbeiträge zur Sozialversicherung einschließlich der Beiträge zur Arbeitsförderung,
3. Beiträge zu öffentlichen oder privaten Versicherungen oder ähnlichen Einrichtungen, soweit diese Beiträge gesetzlich vorgeschrieben oder nach Grund und Höhe angemessen sind; hierzu gehören Beiträge
   a) zur Vorsorge für den Fall der Krankheit und der Pflegebedürftigkeit für Personen, die in der gesetzlichen Krankenversicherung nicht versicherungspflichtig sind,
   b) zur Altersvorsorge von Personen, die von der Versicherungspflicht in der gesetzlichen Rentenversicherung befreit sind,
   soweit die Beiträge nicht nach § 26 bezuschusst werden,
4. geförderte Altersvorsorgebeiträge nach § 82 des Einkommensteuergesetzes, soweit sie den Mindesteigenbeitrag nach § 86 des Einkommensteuergesetzes nicht überschreiten,
5. die mit der Erzielung des Einkommens verbundenen notwendigen Ausgaben,
6. für Erwerbstätige ferner ein Betrag nach Absatz 3,
7. Aufwendungen zur Erfüllung gesetzlicher Unterhaltsverpflichtungen bis zu dem in einem Unterhaltstitel oder in einer notariell beurkundeten Unterhaltsvereinbarung festgelegten Betrag,
8. bei erwerbsfähigen Leistungsberechtigten, deren Einkommen nach dem Vierten Abschnitt des Bundesausbildungsförderungsgesetzes oder nach § 67 oder § 126 des Dritten Buches bei der Berechnung der Leistungen der Ausbildungsförderung für mindestens

ein Kind berücksichtigt wird, der nach den Vorschriften der Ausbildungsförderung berücksichtigte Betrag. ²Bei der Verteilung einer einmaligen Einnahme nach § 11 Absatz 3 Satz 4 sind die auf die einmalige Einnahme im Zuflussmonat entfallenden Beträge nach den Nummern 1, 2, 5 und 6 vorweg abzusetzen.

(2) ¹Bei erwerbsfähigen Leistungsberechtigten, die erwerbstätig sind, ist anstelle der Beträge nach Absatz 1 Satz 1 Nummer 3 bis 5 ein Betrag von insgesamt 100 Euro monatlich von dem Einkommen aus Erwerbstätigkeit abzusetzen. ²Beträgt das monatliche Einkommen aus Erwerbstätigkeit mehr als 400 Euro, gilt Satz 1 nicht, wenn die oder der erwerbsfähige Leistungsberechtigte nachweist, dass die Summe der Beträge nach Absatz 1 Satz 1 Nummer 3 bis 5 den Betrag von 100 Euro übersteigt. ³Erhält eine leistungsberechtigte Person mindestens aus einer Tätigkeit Bezüge oder Einnahmen, die nach § 3 Nummer 12, 26 oder 26a des Einkommensteuergesetzes steuerfrei sind, gelten die Sätze 1 und 2 mit den Maßgaben, dass jeweils an die Stelle des Betrages von
1. 100 Euro monatlich der Betrag von 250 Euro monatlich, höchstens jedoch der Betrag, der sich aus der Summe von 100 Euro und dem Betrag der steuerfreien Bezüge oder Einnahmen ergibt, und
2. 400 Euro der Betrag, der sich nach Nummer 1 ergibt,

tritt. ⁴§ 11a Absatz 3 bleibt unberührt. ⁵Von den in § 11a Absatz 3 Satz 2 Nummer 3 bis 5 genannten Leistungen, von dem Ausbildungsgeld nach dem Dritten Buch sowie von dem erhaltenen Unterhaltsbeitrag nach § 10 Absatz 2 des Aufstiegsfortbildungsförderungsgesetzes sind für die Absetzbeträge nach § 11b Absatz 1 Satz 1 Nummer 3 bis 5 mindestens 100 Euro abzusetzen, wenn die Absetzung nicht bereits nach den Sätzen 1 bis 3 erfolgt. ⁶Von dem Taschengeld nach § 2 Nummer 4 des Bundesfreiwilligendienstgesetzes oder § 2 Absatz 1 Nummer 4 des Jugendfreiwilligendienstegesetzes ist anstelle der Beträge nach § 11b Absatz 1 Satz 1 Nummer 3 bis 5 ein Betrag von insgesamt 250 Euro monatlich abzusetzen, soweit die Absetzung nicht bereits nach den Sätzen 1 bis 3 erfolgt (bis 30.06.2023) (ab 01.07.2023 Sätze 3 bis 6 weggefallen).

(2a) § 82a des Zwölften Buches gilt entsprechend.

(2b) (ab 01.07.2023) ¹Abweichend von Absatz 2 Satz 1 ist anstelle der Beträge nach Absatz 1 Satz 1 Nummer 3 bis 5 der Betrag nach § 8 Absatz 1a des Vierten Buches von dem Einkommen aus Erwerbstätigkeit abzusetzen bei erwerbsfähigen Leistungsberechtigten, die das 25. Lebensjahr noch nicht vollendet haben und die
1. eine nach dem Bundesausbildungsförderungsgesetz dem Grunde nach förderungsfähige Ausbildung durchführen,
2. eine nach § 57 Absatz 1 des Dritten Buches dem Grunde nach förderungsfähige Ausbildung, eine nach § 51 des Dritten Buches dem Grunde nach förderungsfähige berufsvorbereitende Bildungsmaßnahme oder eine nach § 54a des Dritten Buches geförderte Einstiegsqualifizierung durchführen,
3. einen Freiwilligendienst nach dem Bundesfreiwilligendienstgesetz oder dem Jugendfreiwilligendienstgesetz nachgehen oder
4. als Schülerinnen und Schüler allgemein- oder berufsbildender Schulen außerhalb der in § 11a Absatz 7 genannten Zeiten erwerbstätig sind; dies gilt nach dem Besuch allgemeinbildender Schulen auch bis zum Ablauf des dritten auf das Ende der Schulausbildung folgenden Monats.

²Sofern die unter Satz 1 Nummer 1 bis 4 genannten Personen die in § 11a Absatz 3 Satz 2 Nummer 3 bis 5 genannten Leistungen, Ausbildungsgeld nach dem Dritten Buch oder einen Unterhaltsbeitrag nach § 10 Absatz 2 des Aufstiegsfortbildungsförderungsgesetzes

erhalten, ist von diesen Leistungen für die Absetzbeträge nach Absatz 1 Satz 1 Nummer 3 bis 5 ein Betrag in Höhe von mindestens 100 Euro abzusetzen, wenn die Absetzung nicht bereits nach Satz 1 oder nach Absatz 2 Satz 1 erfolgt ist. Satz 2 gilt auch für Leistungsberechtigte, die das 25. Lebensjahr vollendet haben.

(3) ¹Bei erwerbsfähigen Leistungsberechtigten, die erwerbstätig sind, ist von dem monatlichen Einkommen aus Erwerbstätigkeit ein weiterer Betrag abzusetzen. ²Dieser beläuft sich
1. für den Teil des monatlichen Einkommens, der 100 Euro übersteigt und nicht mehr als 1000 Euro beträgt, auf 20 Prozent und
2. für den Teil des monatlichen Einkommens, der 1000 Euro übersteigt und nicht mehr als 1 200 Euro beträgt, auf 10 Prozent (bis 30.06.2023).

(ab 01.07.2023) ²Dieser beläuft sich
1. für den Teil des monatlichen Erwerbseinkommens, der 100 Euro übersteigt und nicht mehr als 520 Euro beträgt, auf 20 Prozent,
2. für den Teil des monatlichen Erwerbseinkommens, der 520 Euro übersteigt und nicht mehr als 1 000 Euro beträgt, auf 30 Prozent und
3. für den Teil des monatlichen Erwerbseinkommens, der 1 000 Euro übersteigt und nicht mehr als 1 200 Euro beträgt, auf 10 Prozent.

³In den Fällen des Absatzes 2b ist Satz 2 Nummer 1 nicht anzuwenden. ⁴³Anstelle des Betrages von 1200 Euro tritt für erwerbsfähige Leistungsberechtigte, die entweder mit mindestens einem minderjährigen Kind in Bedarfsgemeinschaft leben oder die mindestens ein minderjähriges Kind haben, ein Betrag von 1500 Euro.

~~§ 12 Zu berücksichtigendes Vermögen~~

~~(1) Als Vermögen sind alle verwertbaren Vermögensgegenstände zu berücksichtigen.~~
~~(2) ¹Vom Vermögen sind abzusetzen~~
1. ~~ein Grundfreibetrag in Höhe von 150 Euro je vollendetem Lebensjahr für jede in der Bedarfsgemeinschaft lebende volljährige Person und deren Partnerin oder Partner, mindestens aber jeweils 3100 Euro; der Grundfreibetrag darf für jede volljährige Person und ihre Partnerin oder ihren Partner jeweils den nach Satz 2 maßgebenden Höchstbetrag nicht übersteigen,~~
1a. ~~ein Grundfreibetrag in Höhe von 3100 Euro für jedes leistungsberechtigte minderjährige Kind,~~
2. ~~Altersvorsorge in Höhe des nach Bundesrecht ausdrücklich als Altersvorsorge geförderten Vermögens einschließlich seiner Erträge und der geförderten laufenden Altersvorsorgebeiträge, soweit die Inhaberin oder der Inhaber das Altersvorsorgevermögen nicht vorzeitig verwendet,~~
3. ~~geldwerte Ansprüche, die der Altersvorsorge dienen, soweit die Inhaberin oder der Inhaber sie vor dem Eintritt in den Ruhestand aufgrund einer unwiderruflichen vertraglichen Vereinbarung nicht verwerten kann und der Wert der geldwerten Ansprüche 750 Euro je vollendetem Lebensjahr der erwerbsfähigen leistungsberechtigten Person und deren Partnerin oder Partner, höchstens jedoch jeweils den nach Satz 2 maßgebenden Höchstbetrag nicht übersteigt,~~
4. ~~ein Freibetrag für notwendige Anschaffungen in Höhe von 750 Euro für jeden in der Bedarfsgemeinschaft lebenden Leistungsberechtigten.~~

~~²Bei Personen, die~~
1. ~~vor dem 1. Januar 1958 geboren sind, darf der Grundfreibetrag nach Satz 1 Nummer 1 jeweils 9750 Euro und der Wert der geldwerten Ansprüche nach Satz 1 Nummer 3 je-~~

~~weils 48 750 Euro,~~
~~2. nach dem 31. Dezember 1957 und vor dem 1. Januar 1964 geboren sind, darf der Grundfreibetrag nach Satz 1 Nummer 1 jeweils 9900 Euro und der Wert der geldwerten Ansprüche nach Satz 1 Nummer 3 jeweils 49 500 Euro,~~
~~3. nach dem 31. Dezember 1963 geboren sind, darf der Grundfreibetrag nach Satz 1 Nummer 1 jeweils 10 050 Euro und der Wert der geldwerten Ansprüche nach Satz 1 Nummer 3 jeweils 50 250 Euro~~
~~nicht übersteigen.~~
~~(3) ¹Als Vermögen sind nicht zu berücksichtigen~~
~~1. angemessener Hausrat,~~
~~2. ein angemessenes Kraftfahrzeug für jede in der Bedarfsgemeinschaft lebende erwerbsfähige Person,~~
~~3. von der Inhaberin oder dem Inhaber als für die Altersvorsorge bestimmt bezeichnete Vermögensgegenstände in angemessenem Umfang, wenn die erwerbsfähige leistungsberechtigte Person oder deren Partnerin oder Partner von der Versicherungspflicht in der gesetzlichen Rentenversicherung befreit ist,~~
~~4. ein selbst genutztes Hausgrundstück von angemessener Größe oder eine entsprechende Eigentumswohnung,~~
~~5. Vermögen, solange es nachweislich zur baldigen Beschaffung oder Erhaltung eines Hausgrundstücks von angemessener Größe bestimmt ist, soweit dieses zu Wohnzwecken von Menschen mit Behinderungen oder pflegebedürftigen Menschen dient oder dienen soll und dieser Zweck durch den Einsatz oder die Verwertung des Vermögens gefährdet würde,~~
~~3. Sachen und Rechte, soweit ihre Verwertung offensichtlich unwirtschaftlich ist oder für den Betroffenen eine besondere Härte bedeuten würde.~~
~~²Für die Angemessenheit sind die Lebensumstände während des Bezugs der Leistungen zur Grundsicherung für Arbeitsuchende maßgebend.~~
~~(4) ¹Das Vermögen ist mit seinem Verkehrswert zu berücksichtigen. ²Für die Bewertung ist der Zeitpunkt maßgebend, in dem der Antrag auf Bewilligung oder erneute Bewilligung der Leistungen der Grundsicherung für Arbeitsuchende gestellt wird, bei späterem Erwerb von Vermögen der Zeitpunkt des Erwerbs. ³Wesentliche Änderungen des Verkehrswertes sind zu berücksichtigen.~~

§ 12 Zu berücksichtigendes Vermögen

(1) ¹Alle verwertbaren Vermögensgegenstände sind vorbehaltlich des Satzes 2 als Vermögen zu berücksichtigen. ²Nicht zu berücksichtigen sind
1. angemessener Hausrat; für die Beurteilung der Angemessenheit sind die Lebensumstände während des Bezugs von Bürgergeld maßgebend,
2. ein angemessenes Kraftfahrzeug für jede in der Bedarfsgemeinschaft lebende erwerbsfähige Person; die Angemessenheit wird vermutet, wenn die Antragstellerin oder der Antragsteller dies im Antrag erklärt,
3. für die Altersvorsorge bestimmte Versicherungsverträge; zudem andere Formen der Altersvorsorge, wenn sie nach Bundesrecht ausdrücklich als Altersvorsorge gefördert werden,
4. weitere Vermögensgegenstände, die unabhängig von der Anlageform als für die Altersvorsorge bestimmt bezeichnet werden; hierbei ist für jedes angefangene Jahr einer hauptberuflich selbständigen Tätigkeit, in dem keine Beiträge an die gesetzliche Rentenversicherung, an eine öffentlich-rechtliche Versicherungseinrichtung oder an eine

Versorgungseinrichtung einer Berufsgruppe entrichtet wurden, höchstens der Betrag nicht zu berücksichtigen, der sich ergibt, wenn der zum Zeitpunkt der Antragstellung geltende Beitragssatz zur allgemeinen Rentenversicherung nach § 158 des Sechsten Buches mit dem zuletzt festgestellten endgültigen Durchschnittsentgelt gemäß Anlage 1 des Sechsten Buches multipliziert und anschließend auf den nächsten durch 500 teilbaren Betrag aufgerundet wird,

5. ein selbst genutztes Hausgrundstück mit einer Wohnfläche von bis zu 140 Quadratmetern oder eine selbst genutzte Eigentumswohnung von bis zu 130 Quadratmetern; bewohnen mehr als vier Personen das Hausgrundstück beziehungsweise die Eigentumswohnung, erhöht sich die maßgebende Wohnfläche um jeweils 20 Quadratmeter für jede weitere Person; höhere Wohnflächen sind anzuerkennen, sofern die Berücksichtigung als Vermögen eine besondere Härte bedeuten würde,

6. Vermögen, solange es nachweislich zur baldigen Beschaffung oder Erhaltung eines Hausgrundstücks oder einer Eigentumswohnung von angemessener Größe bestimmt ist, und das Hausgrundstück oder die Eigentumswohnung Menschen mit Behinderungen oder pflegebedürftigen Menschen zu Wohnzwecken dient oder dienen soll und dieser Zweck durch den Einsatz oder die Verwertung des Vermögens gefährdet würde sowie

7. Sachen und Rechte, soweit ihre Verwertung für die betroffene Person eine besondere Härte bedeuten würde.

(2) ¹Von dem zu berücksichtigenden Vermögen ist für jede Person in der Bedarfsgemeinschaft ein Betrag in Höhe von 15 000 Euro abzusetzen. ²Übersteigt das Vermögen einer Person in der Bedarfsgemeinschaft den Betrag nach Satz 1, sind nicht ausgeschöpfte Freibeträge der anderen Personen in der Bedarfsgemeinschaft auf diese Person zu übertragen.

(3) ¹Für die Berücksichtigung von Vermögen gilt eine Karenzzeit von einem Jahr ab Beginn des Monats, für den erstmals Leistungen nach diesem Buch bezogen werden. ²Innerhalb dieser Karenzzeit wird Vermögen nur berücksichtigt, wenn es erheblich ist. ³Wird der Leistungsbezug in der Karenzzeit für mindestens einen Monat unterbrochen, verlängert sich die Karenzzeit um volle Monate ohne Leistungsbezug. ⁴Eine neue Karenzzeit beginnt, wenn zuvor mindestens drei Jahre keine Leistungen nach diesem oder dem Zwölften Buch bezogen worden sind.

(4) ¹Vermögen ist im Sinne von Absatz 3 Satz 2 erheblich, wenn es in der Summe 40 000 Euro für die leistungsberechtigte Person sowie 15 000 Euro für jede weitere mit dieser in Bedarfsgemeinschaft lebende Person übersteigt; Absatz 2 Satz 2 gilt entsprechend. ²Bei der Berechnung des erheblichen Vermögens ist ein selbst genutztes Hausgrundstück oder eine selbst genutzte Eigentumswohnung abweichend von Absatz 1 Satz 2 Nummer 5 nicht zu berücksichtigen. ³Es wird vermutet, dass kein erhebliches Vermögen vorhanden, wenn die Antragstellerin oder der Antragsteller dies im Antrag erklärt. ⁴Der Erklärung ist eine Selbstauskunft beizufügen; Nachweise zum vorhandenen Vermögen sind nur auf Aufforderung des Jobcenters vorzulegen. ⁵Liegt erhebliches Vermögen vor, sind während der Karenzzeit Beträge nach Satz 1 an Stelle der Freibeträge nach Absatz 2 abzusetzen.

(5) ¹Das Vermögen ist mit seinem Verkehrswert zu berücksichtigen. ²Für die Bewertung ist der Zeitpunkt maßgebend, in dem der Antrag auf Bewilligung oder erneute Bewilligung der Leistungen der Grundsicherung für Arbeitsuchende gestellt wird, bei späterem Erwerb von Vermögen der Zeitpunkt des Erwerbs.

(6) ¹Ist Bürgergeld unter Berücksichtigung des Einkommens nur für einen Monat zu erbringen, gilt keine Karenzzeit. ²Es wird vermutet, dass kein zu berücksichtigendes Vermögen vorhanden ist, wenn die Antragstellerin oder der Antragsteller dies im Antrag

erklärt. ³Absatz 4 Satz 4 gilt entsprechend.

§ 12a Vorrangige Leistungen
¹Leistungsberechtigte sind verpflichtet, Sozialleistungen anderer Träger in Anspruch zu nehmen und die dafür erforderlichen Anträge zu stellen, sofern dies zur Vermeidung, Beseitigung, Verkürzung oder Verminderung der Hilfebedürftigkeit erforderlich ist. ²Abweichend von Satz 1 sind Leistungsberechtigte nicht verpflichtet,
1. bis zur Vollendung des 63. Lebensjahres eine Rente wegen Alters vorzeitig in Anspruch zu nehmen oder
2. Wohngeld nach dem Wohngeldgesetz oder Kinderzuschlag nach dem Bundeskindergeldgesetz in Anspruch zu nehmen, wenn dadurch nicht die Hilfebedürftigkeit aller Mitglieder der Bedarfsgemeinschaft für einen zusammenhängenden Zeitraum von mindestens drei Monaten beseitigt würde.

³Für die Zeit vom 1. Januar 2023 bis zum Ablauf des 31. Dezember 2026 findet Satz 2 Nummer 1 mit der Maßgabe Anwendung, dass Leistungsberechtigte nicht verpflichtet sind, eine Rente wegen Alters vorzeitig in Anspruch zu nehmen.

§ 13 Verordnungsermächtigung
(1) Das Bundesministerium für Arbeit und Soziales wird ermächtigt, im Einvernehmen mit dem Bundesministerium der Finanzen ohne Zustimmung des Bundesrates durch Rechtsverordnung zu bestimmen,
1. welche weiteren Einnahmen nicht als Einkommen zu berücksichtigen sind und wie das Einkommen im Einzelnen zu berechnen ist,
2. welche weiteren Vermögensgegenstände nicht als Vermögen zu berücksichtigen sind und wie der Wert des Vermögens zu ermitteln ist,
3. welche Pauschbeträge für die von dem Einkommen abzusetzenden Beträge zu berücksichtigen sind,
4. welche durchschnittlichen monatlichen Beträge für einzelne Bedarfe nach § 28 für die Prüfung der Hilfebedürftigkeit zu berücksichtigen sind und welcher Eigenanteil des maßgebenden Regelbedarfs bei der Bemessung des Bedarfs nach § 28 Absatz 6 zugrunde zu legen ist.

(2) Das Bundesministerium für Arbeit und Soziales wird ermächtigt, ohne Zustimmung des Bundesrates durch Rechtsverordnung zu bestimmen, unter welchen Voraussetzungen und für welche Dauer Leistungsberechtigte nach Vollendung des 63. Lebensjahres ausnahmsweise zur Vermeidung von Unbilligkeiten nicht verpflichtet sind, eine Rente wegen Alters vorzeitig in Anspruch zu nehmen.

(3) Das Bundesministerium für Arbeit und Soziales wird ermächtigt, durch Rechtsverordnung ohne Zustimmung des Bundesrates nähere Bestimmungen zum zeit- und ortsnahen Bereich (§ 7 Absatz 4a) sowie dazu zu treffen, wie lange und unter welchen Voraussetzungen sich erwerbsfähige Leistungsberechtigte außerhalb des zeit- und ortsnahen Bereichs aufhalten dürfen, ohne Ansprüche auf Leistungen nach diesem Buch zu verlieren (bis 30.06.2023).

(3) (ab 01.07.2023) Das Bundesministerium für Arbeit und Soziales wird ermächtigt, durch Rechtsverordnung, die nicht der Zustimmung des Bundesrates bedarf, nähere Bestimmungen zum näheren Bereich im Sinne des § 7b Absatz 1 Satz 2 zu treffen sowie dazu, für welchen Zeitraum und unter welchen Voraussetzungen erwerbsfähige Leistungsberechtigte bei einem Aufenthalt außerhalb des näheren Bereichs einen Leistungsanspruch haben können, ohne erreichbar zu sein.

Kapitel 3: Leistungen

Abschnitt 1: Leistungen zur Eingliederung in Arbeit
§ 14 Grundsatz des Förderns (bis 30.06.2023)
(1) Die Träger der Leistungen nach diesem Buch unterstützen erwerbsfähige Leistungsberechtigte umfassend mit dem Ziel der Eingliederung in Arbeit.

(2) ¹Leistungsberechtigte Personen erhalten Beratung. ²Aufgabe der Beratung ist insbesondere die Erteilung von Auskunft und Rat zu Selbsthilfeobliegenheiten und Mitwirkungspflichten Selbsthilfeobliegenheiten, zu Mitwirkungspflichten, zum Kooperationsplan, zur Vertrauens- und Kooperationszeit sowie zum Schlichtungsverfahren, zur Berechnung der Leistungen zur Sicherung des Lebensunterhalts und zur Auswahl der Leistungen im Rahmen des Eingliederungsprozesses. ³Art und Umfang der Beratung richten sich nach dem Beratungsbedarf der leistungsberechtigten Person. ⁴Beratungsleistungen, die Leistungsberechtigte nach den §§ 29 bis 33 des Dritten Buches von den für die Arbeitsförderung zuständigen Dienststellen der Bundesagentur für Arbeit erhalten, sollen dabei Berücksichtigung finden. ⁵Hierbei arbeiten die Träger der Leistungen nach diesem Buch mit den in Satz 4 genannten Dienststellen eng zusammen.

(3) Die Agentur für Arbeit soll eine persönliche Ansprechpartnerin oder einen persönlichen Ansprechpartner für jede erwerbsfähige leistungsberechtigte Person und die mit dieser in einer Bedarfsgemeinschaft lebenden Person benennen.

(4) Die Träger der Leistungen nach diesem Buch erbringen unter Berücksichtigung der Grundsätze von Wirtschaftlichkeit und Sparsamkeit alle im Einzelfall für die Eingliederung in Arbeit erforderlichen Leistungen.

§ 14 Grundsatz des Förderns (ab 01.07.2023)
(1) ¹Die Träger der Leistungen nach diesem Buch unterstützen erwerbsfähige Leistungsberechtigte umfassend und nachhaltig mit dem Ziel der Eingliederung in Arbeit und Überwindung der Hilfebedürftigkeit. ²Dies gilt sowohl für arbeitslose als auch für nicht arbeitslose erwerbsfähige Leistungsberechtigte.

(2) ¹Leistungsberechtigte Personen erhalten Beratung. ²Im Rahmen der Beratung wird gemeinsam eine individuelle Strategie zur Erreichung der in Absatz 1 genannten Ziele erarbeitet und deren schrittweise Umsetzung begleitet. ³Aufgabe der Beratung ist darüber hinaus die Erteilung von Auskunft und Rat, insbesondere zur Berechnung der Leistungen zur Sicherung des Lebensunterhalts, zum Eingliederungsprozess und den Mitwirkungspflichten und Selbsthilfeobliegenheiten sowie dem Schlichtungsverfahren, zu den Leistungen der Eingliederung nach diesem Abschnitt sowie zur Möglichkeit der Inanspruchnahme von Leistungen anderer Träger. ⁴Art und Umfang der Beratung richten sich nach dem Beratungsbedarf der leistungsberechtigten Person. ⁵Beratungsleistungen, die Leistungsberechtigte nach den §§ 29 bis 33 des Dritten Buches von den für die Arbeitsförderung zuständigen Dienststellen der Bundesagentur für Arbeit erhalten, sollen dabei Berücksichtigung finden. ⁶Hierbei arbeiten die Träger der Leistungen nach diesem Buch mit den in Satz 4 genannten Dienststellen eng zusammen.

(3) ¹Die Agentur für Arbeit soll eine persönliche Ansprechpartnerin oder einen persönlichen Ansprechpartner für jede erwerbsfähige leistungsberechtigte Person und die mit dieser in einer Bedarfsgemeinschaft lebenden Personen benennen. ²Die Beratung kann aufsuchend und sozialraumorientiert erfolgen.

(4) Die Träger der Leistungen nach diesem Buch erbringen unter Beachtung der Grundsätze von Wirtschaftlichkeit und Sparsamkeit alle im Einzelfall für die Eingliederung in Arbeit erforderlichen Leistungen.

§ 15 Eingliederungsvereinbarung (bis 30.06.2023)

(1) ¹Die Agentur für Arbeit soll unverzüglich zusammen mit jeder erwerbsfähigen leistungsberechtigten Person die für die Eingliederung erforderlichen persönlichen Merkmale, berufliche Fähigkeiten und die Eignung feststellen (Potenzialanalyse). ²Die Feststellungen erstrecken sich auch darauf, ob und durch welche Umstände die berufliche Eingliederung voraussichtlich erschwert sein wird. ³Tatsachen, über die die Agentur für Arbeit nach § 9a Satz 2 Nummer 2 des Dritten Buches unterrichtet wird, müssen von ihr nicht erneut festgestellt werden, es sei denn, es liegen Anhaltspunkte dafür vor, dass sich eingliederungsrelevante Veränderungen ergeben haben.

(2) ¹Die Agentur für Arbeit soll im Einvernehmen mit dem kommunalen Träger mit jeder erwerbsfähigen leistungsberechtigten Person unter Berücksichtigung der Feststellungen nach Absatz 1 die für ihre Eingliederung erforderlichen Leistungen vereinbaren (Eingliederungsvereinbarung). ²In der Eingliederungsvereinbarung soll bestimmt werden,
1. welche Leistungen zur Eingliederung in Ausbildung oder Arbeit nach diesem Abschnitt die leistungsberechtigte Person erhält,
2. welche Bemühungen erwerbsfähige Leistungsberechtigte in welcher Häufigkeit zur Eingliederung in Arbeit mindestens unternehmen sollen und in welcher Form diese Bemühungen nachzuweisen sind,
3. wie Leistungen anderer Leistungsträger in den Eingliederungsprozess einbezogen werden.

³Die Eingliederungsvereinbarung kann insbesondere bestimmen, in welche Tätigkeiten oder Tätigkeitsbereiche die leistungsberechtigte Person vermittelt werden soll.

(3) ¹Die Eingliederungsvereinbarung soll regelmäßig, spätestens jedoch nach Ablauf von sechs Monaten, gemeinsam überprüft und fortgeschrieben werden. ²Bei jeder folgenden Eingliederungsvereinbarung sind die bisher gewonnenen Erfahrungen zu berücksichtigen. ³Soweit eine Vereinbarung nach Absatz 2 nicht zustande kommt, sollen die Regelungen durch Verwaltungsakt getroffen werden.

(4) ¹In der Eingliederungsvereinbarung kann auch vereinbart werden, welche Leistungen die Personen erhalten, die mit der oder dem erwerbsfähigen Leistungsberechtigten in einer Bedarfsgemeinschaft leben. ²Diese Personen sind hierbei zu beteiligen.

§ 15 Potenzialanalyse und Kooperationsplan (ab 01.07.2023)

(1) ¹Die Agentur für Arbeit soll unverzüglich zusammen mit jeder erwerbsfähigen leistungsberechtigten Person die für die Eingliederung in Ausbildung oder Arbeit erforderlichen persönlichen Merkmale, die beruflichen Fähigkeiten und die Eignung feststellen; diese Feststellungen erstrecken sich auch auf die individuellen Stärken sowie darauf, ob und durch welche Umstände die berufliche Eingliederung voraussichtlich erschwert sein wird (Potenzialanalyse). ²Tatsachen, über die die Agentur für Arbeit nach § 9a Satz 2 Nummer 2 des Dritten Buches unterrichtet wird, müssen nicht erneut festgestellt werden, es sei denn, es liegen Anhaltspunkte dafür vor, dass sich Umstände, die für die Eingliederung maßgebend sind, verändert haben.

(2) ¹Die Agentur für Arbeit soll im Einvernehmen mit dem kommunalen Träger unverzüglich nach der Potenzialanalyse mit jeder erwerbsfähigen leistungsberechtigten Person unter Berücksichtigung der Feststellungen nach Absatz 1 gemeinsam einen Plan zur Verbesserung der Teilhabe (Kooperationsplan) erstellen.

(3) ¹In diesem werden das Eingliederungsziel und die wesentlichen Schritte zur Eingliederung festgehalten, insbesondere soll festgehalten werden
1. welche Leistungen zur Eingliederung in Ausbildung oder Arbeit nach diesem Abschnitt in Betracht kommen,
2. welche für eine erfolgreiche Überwindung von Hilfebedürftigkeit, vor allem durch Eingliederung in Ausbildung oder Arbeit, erforderlichen Eigenbemühungen erwerbsfähige Leistungsberechtigte mindestens unternehmen und nachweisen,
3. eine vorgesehene Teilnahme an einem Integrationskurs nach § 43 des Aufenthaltsgesetzes oder an einer Maßnahme der berufsbezogenen Deutschsprachförderung nach § 45a des Aufenthaltsgesetzes,
4. wie Leistungen anderer Leistungsträger in den Eingliederungsprozess einbezogen werden,
5. in welche Ausbildung, Tätigkeiten oder Tätigkeitsbereiche die erwerbsfähige leistungsberechtigte Person vermittelt werden soll und
6. ob ein möglicher Bedarf für Leistungen zur beruflichen oder medizinischen Rehabilitation mit dem Ziel einer entsprechenden Antragstellung in Betracht kommt.

(4) In dem Kooperationsplan kann auch festgehalten werden,
1. welche Maßnahmen und Leistungen der aktiven Arbeitsförderung im Hinblick auf mögliche gesundheitliche Beeinträchtigungen, die einer Integration in den Arbeitsmarkt entgegenstehen, in Betracht kommen und welche anderen Leistungsträger im Hinblick auf diese Beeinträchtigungen voraussichtlich zu beteiligen sind und
2. welche Leistungen nach diesem Abschnitt für Personen in Betracht kommen, die mit der oder dem erwerbsfähigen Leistungsberechtigten in einer Bedarfsgemeinschaft leben, um Hemmnisse der erwerbsfähigen leistungsberechtigten Vorabfassung – wird durch die lektorierte Fassung ersetzt Person zu beseitigen oder zu verringern; diese Personen sind hierbei zu beteiligen.

(5) ¹Die erwerbsfähige leistungsberechtigte Person erhält den Kooperationsplan in Textform. ²Der Kooperationsplan soll spätestens nach Ablauf von jeweils sechs Monaten gemeinsam aktualisiert und fortgeschrieben werden.

(6) ¹Die erwerbsfähige leistungsberechtigte Person erhält den Kooperationsplan in Textform. ²Der Kooperationsplan soll spätestens nach Ablauf von jeweils sechs Monaten gemeinsam aktualisiert und fortgeschrieben werden.

(7) Die erste Einladung zum Gespräch zur Erstellung der Potenzialanalyse und des Kooperationsplans erfolgt ohne Belehrung über die Rechtsfolgen bei Nichtteilnahme.

(8) ¹Die Agentur für Arbeit überprüft regelmäßig, ob die erwerbsfähige leistungsberechtigte Person die im Kooperationsplan festgehaltenen Absprachen einhält. ²Aufforderungen hierzu erfolgen grundsätzlich mit Rechtsfolgenbelehrung, insbesondere bei Maßnahmen gemäß §§ 16, 16d ist eine Rechtsfolgenbelehrung vorzusehen.

(9) Wenn ein Kooperationsplan nicht zustande kommt oder nicht fortgeschrieben werden kann, erfolgen Aufforderungen zu erforderlichen Mitwirkungshandlungen mit Rechtsfolgenbelehrung.

§ 15a (weggefallen) (bis 30.06.2023)

§ 15a Schlichtungsverfahren (ab 01.07.2023)

(1) ¹Ist die Erstellung, oder die Fortschreibung eines Kooperationsplans aufgrund von Meinungsverschiedenheiten zwischen Agentur für Arbeit oder kommunalem Träger und leistungsberechtigter Person nicht möglich, so soll auf Verlangen einer oder beider Seiten ein Schlichtungsverfahren eingeleitet werden. ²Die Agentur für Arbeit schafft im

Einvernehmen mit dem kommunalen Träger die Voraussetzungen für einen Schlichtungsmechanismus unter Hinzuziehung einer bisher unbeteiligten und insofern nicht weisungsgebundenen Person innerhalb oder außerhalb der Dienststelle. ³Das nähere Verfahren entsprechend § 44c Absatz 2 Satz 2 Nummer 2 legt die Trägerversammlung fest.
(2) ¹In dem Schlichtungsverfahren soll ein gemeinsamer Lösungsvorschlag entwickelt werden. ²Diesen gemeinsamen Lösungsvorschlag haben die Agentur für Arbeit und der kommunale Träger zu berücksichtigen.
(3) Während des Schlichtungsverfahrens führt die Verletzung von Pflichten nach § 31 nicht zu Leistungsminderungen.
(4) Das Schlichtungsverfahren endet durch eine Einigung oder spätestens mit Ablauf von vier Wochen ab Beginn.

§ 16 Leistungen zur Eingliederung

(1) ¹Zur Eingliederung in Arbeit erbringt die Agentur für Arbeit Leistungen nach § 35 des Dritten Buches. ²Sie kann folgende Leistungen des Dritten Kapitels des Dritten Buches erbringen:
1. die übrigen Leistungen der Beratung und Vermittlung nach dem Ersten Abschnitt mit Ausnahme der Leistung nach § 31a,
2. Leistungen zur Aktivierung und beruflichen Eingliederung nach dem Zweiten Abschnitt,
3. Leistungen zur Berufsausbildung nach dem Vierten Unterabschnitt des Dritten Abschnitts und Leistungen nach § 54a Absatz 1 bis 5,
4. Leistungen zur beruflichen Weiterbildung nach dem Vierten Abschnitt mit Ausnahme von Leistungen nach § 82 Absatz 6, und Leistungen nach den §§ 131a und 131b,
5. Leistungen zur Aufnahme einer sozialversicherungspflichtigen Beschäftigung nach dem Ersten Unterabschnitt des Fünften Abschnitts.

³Für Eingliederungsleistungen an erwerbsfähige Leistungsberechtigte mit Behinderungen nach diesem Buch gelten entsprechend
1. die §§ 112 bis 114, 115 Nummer 1 bis 3 mit Ausnahme berufsvorbereitender Bildungsmaßnahmen und der Berufsausbildungsbeihilfe sowie § 116 Absatz 1, 2, 5 und 6 des Dritten Buches,
2. § 117 Absatz 1 und § 118 Nummer 3 des Dritten Buches für die besonderen Leistungen zur Förderung der beruflichen Weiterbildung,
3. die §§ 127 und 128 des Dritten Buches für die besonderen Leistungen zur Förderung der beruflichen Weiterbildung.

⁴§ 1 Absatz 2 Nummer 4 sowie § 36 und § 81 Absatz 2 und 3 des Dritten Buches sind entsprechend anzuwenden.

(2) ¹Soweit dieses Buch nichts Abweichendes regelt, gelten für die Leistungen nach Absatz 1 die Regelungen des Dritten Buches mit Ausnahme der Verordnungsermächtigung nach § 47 des Dritten Buches sowie der Anordnungsermächtigungen für die Bundesagentur und mit der Maßgabe, dass an die Stelle des Arbeitslosengeldes das ~~Arbeitslosengeld II~~ Bürgergeld nach § 19 Absatz 1 Satz 1 tritt. ²§ 44 Absatz 3 Satz 3 des Dritten Buches gilt mit der Maßgabe, dass die Förderung aus dem Vermittlungsbudget auch die anderen Leistungen nach dem Zweiten Buch nicht aufstocken, ersetzen oder umgehen darf. ³Für die Teilnahme erwerbsfähiger Leistungsberechtigter an einer Maßnahme zur beruflichen Weiterbildung im Rahmen eines bestehenden Arbeitsverhältnisses werden Leistungen nach Absatz 1 Satz 2 Nummer 4 in Verbindung mit § 82 des Dritten Buches nicht gewährt, wenn die betreffende Maßnahme auf ein nach § 2 Absatz 1 des Aufstiegsfortbild

ungsförderungsgesetzes förderfähiges Fortbildungsziel vorbereitet.
(3) Abweichend von § 44 Absatz 1 Satz 1 des Dritten Buches können Leistungen auch für die Anbahnung und Aufnahme einer schulischen Berufsausbildung erbracht werden.
(3a) ¹Abweichend von § 81 Absatz 4 des Dritten Buches kann die Agentur für Arbeit unter Anwendung des Vergaberechts Träger mit der Durchführung von Maßnahmen der beruflichen Weiterbildung beauftragen, wenn die Maßnahme den Anforderungen des § 180 des Dritten Buches entspricht und
1. eine dem Bildungsziel entsprechende Maßnahme örtlich nicht verfügbar ist oder
2. die Eignung und persönlichen Verhältnisse der erwerbsfähigen Leistungsberechtigten dies erfordern.
²§ 176 Absatz 2 des Dritten Buches findet keine Anwendung.

(3b) (ab 01.07.2023) Abweichend von § 87a Absatz 2 des Dritten Buches erhalten erwerbsfähige Leistungsberechtigte auch im Rahmen eines bestehenden Arbeitsverhältnisses ein Weiterbildungsgeld, sofern sie die sonstigen Voraussetzungen nach § 87a Absatz 1 des Dritten Buches erfüllen.

(4) ¹Die Agentur für Arbeit als Träger der Grundsicherung für Arbeitsuchende kann die Ausbildungsvermittlung durch die für die Arbeitsförderung zuständigen Stellen der Bundesagentur wahrnehmen lassen. ²Das Bundesministerium für Arbeit und Soziales wird ermächtigt, durch Rechtsverordnung ohne Zustimmung des Bundesrates das Nähere über die Höhe, Möglichkeiten der Pauschalierung und den Zeitpunkt der Fälligkeit der Erstattung von Aufwendungen bei der Ausführung des Auftrags nach Satz 1 festzulegen.

§ 16a Kommunale Eingliederungsleistungen

Zur Verwirklichung einer ganzheitlichen und umfassenden Betreuung und Unterstützung bei der Eingliederung in Arbeit können die folgenden Leistungen, die für die Eingliederung der oder des erwerbsfähigen Leistungsberechtigten in das Erwerbsleben erforderlich sind, erbracht werden:
1. die Betreuung minderjähriger Kinder oder von Kindern mit Behinderungen oder die häusliche Pflege von Angehörigen,
2. die Schuldnerberatung,
3. die psychosoziale Betreuung,
4. die Suchtberatung.

§ 16b Einstiegsgeld

(1) ¹Zur Überwindung von Hilfebedürftigkeit kann erwerbsfähigen Leistungsberechtigten bei Aufnahme einer sozialversicherungspflichtigen oder selbständigen Erwerbstätigkeit ein Einstiegsgeld erbracht werden, wenn dies zur Eingliederung in den allgemeinen Arbeitsmarkt erforderlich ist. ²Das Einstiegsgeld kann auch erbracht werden, wenn die Hilfebedürftigkeit durch oder nach Aufnahme der Erwerbstätigkeit entfällt.
(2) ¹Das Einstiegsgeld wird, soweit für diesen Zeitraum eine Erwerbstätigkeit besteht, für höchstens 24 Monate erbracht. ²Bei der Bemessung der Höhe des Einstiegsgeldes sollen die vorherige Dauer der Arbeitslosigkeit sowie die Größe der Bedarfsgemeinschaft berücksichtigt werden, in der die oder der erwerbsfähige Leistungsberechtigte lebt.
(3) ¹Das Bundesministerium für Arbeit und Soziales wird ermächtigt, im Einvernehmen mit dem Bundesministerium der Finanzen ohne Zustimmung des Bundesrates durch Rechtsverordnung zu bestimmen, wie das Einstiegsgeld zu bemessen ist. ²Bei der Bemessung ist neben der Berücksichtigung der in Absatz 2 Satz 2 genannten Kriterien auch ein Bezug zu dem für die oder den erwerbsfähigen Leistungsberechtigten jeweils

maßgebenden Regelbedarf herzustellen.

§ 16c Leistungen zur Eingliederung von Selbständigen

(1) ¹Erwerbsfähige Leistungsberechtigte, die eine selbständige, hauptberufliche Tätigkeit aufnehmen oder ausüben, können Darlehen und Zuschüsse für die Beschaffung von Sachgütern erhalten, die für die Ausübung der selbständigen Tätigkeit notwendig und angemessen sind. ²Zuschüsse dürfen einen Betrag von 5000 Euro nicht übersteigen.

(2) ¹Erwerbsfähige Leistungsberechtigte, die eine selbständige, hauptberufliche Tätigkeit ausüben, können durch geeignete Dritte durch Beratung oder Vermittlung von Kenntnissen und Fertigkeiten gefördert werden, wenn dies für die weitere Ausübung der selbständigen Tätigkeit erforderlich ist. ²Die Vermittlung von beruflichen Kenntnissen ist ausgeschlossen.

(3) ¹Leistungen zur Eingliederung von erwerbsfähigen Leistungsberechtigten, die eine selbständige, hauptberufliche Tätigkeit aufnehmen oder ausüben, können nur gewährt werden, wenn zu erwarten ist, dass die selbständige Tätigkeit wirtschaftlich tragfähig ist und die Hilfebedürftigkeit durch die selbständige Tätigkeit innerhalb eines angemessenen Zeitraums dauerhaft überwunden oder verringert wird. ²Zur Beurteilung der Tragfähigkeit der selbständigen Tätigkeit soll die Agentur für Arbeit die Stellungnahme einer fachkundigen Stelle verlangen.

§ 16d Arbeitsgelegenheiten

(1) ¹Erwerbsfähige Leistungsberechtigte können zur Erhaltung oder Wiedererlangung ihrer Beschäftigungsfähigkeit, die für eine Eingliederung in Arbeit erforderlich ist, in Arbeitsgelegenheiten zugewiesen werden, wenn die darin verrichteten Arbeiten zusätzlich sind, im öffentlichen Interesse liegen und wettbewerbsneutral sind. ²§ 18d Satz 2 findet Anwendung.

(2) ¹Arbeiten sind zusätzlich, wenn sie ohne die Förderung nicht, nicht in diesem Umfang oder erst zu einem späteren Zeitpunkt durchgeführt würden. ²Arbeiten, die auf Grund einer rechtlichen Verpflichtung durchzuführen sind oder die üblicherweise von juristischen Personen des öffentlichen Rechts durchgeführt werden, sind nur förderungsfähig, wenn sie ohne die Förderung voraussichtlich erst nach zwei Jahren durchgeführt würden. ³Ausgenommen sind Arbeiten zur Bewältigung von Naturkatastrophen und sonstigen außergewöhnlichen Ereignissen.

(3) ¹Arbeiten liegen im öffentlichen Interesse, wenn das Arbeitsergebnis der Allgemeinheit dient. ²Arbeiten, deren Ergebnis überwiegend erwerbswirtschaftlichen Interessen oder den Interessen eines begrenzten Personenkreises dient, liegen nicht im öffentlichen Interesse. ³Das Vorliegen des öffentlichen Interesses wird nicht allein dadurch ausgeschlossen, dass das Arbeitsergebnis auch den in der Maßnahme beschäftigten Leistungsberechtigten zugute kommt, wenn sichergestellt ist, dass die Arbeiten nicht zu einer Bereicherung Einzelner führen.

(4) Arbeiten sind wettbewerbsneutral, wenn durch sie eine Beeinträchtigung der Wirtschaft infolge der Förderung nicht zu befürchten ist und Erwerbstätigkeit auf dem allgemeinen Arbeitsmarkt weder verdrängt noch in ihrer Entstehung verhindert wird.

(5) Leistungen zur Eingliederung in Arbeit nach diesem Buch, mit denen die Aufnahme einer Erwerbstätigkeit auf dem allgemeinen Arbeitsmarkt unmittelbar unterstützt werden kann, haben Vorrang gegenüber der Zuweisung in Arbeitsgelegenheiten.

(6) ¹Erwerbsfähige Leistungsberechtigte dürfen innerhalb eines Zeitraums von fünf Jahren nicht länger als insgesamt 24 Monate in Arbeitsgelegenheiten zugewiesen werden. ²Der Zeitraum beginnt mit Eintritt in die erste Arbeitsgelegenheit. ³Abweichend von Satz 1

können erwerbsfähige Leistungsberechtigte nach Ablauf der 24 Monate bis zu zwölf weitere Monate in Arbeitsgelegenheiten zugewiesen werden, wenn die Voraussetzungen der Absätze 1 und 5 weiterhin vorliegen.

(7) ¹Den erwerbsfähigen Leistungsberechtigten ist während einer Arbeitsgelegenheit zuzüglich zum ~~Arbeitslosengeld II~~ Bürgergeld nach § 19 Absatz 1 Satz 1 von der Agentur für Arbeit eine angemessene Entschädigung für Mehraufwendungen zu zahlen. ²Die Arbeiten begründen kein Arbeitsverhältnis im Sinne des Arbeitsrechts und auch kein Beschäftigungsverhältnis im Sinne des Vierten Buches; die Vorschriften über den Arbeitsschutz und das Bundesurlaubsgesetz mit Ausnahme der Regelungen über das Urlaubsentgelt sind entsprechend anzuwenden. ³Für Schäden bei der Ausübung ihrer Tätigkeit haften die erwerbsfähigen Leistungsberechtigten wie Arbeitnehmerinnen und Arbeitnehmer.

(8) ¹Auf Antrag werden die unmittelbar im Zusammenhang mit der Verrichtung von Arbeiten nach Absatz 1 erforderlichen Kosten erstattet. ²Hierzu können auch Personalkosten gehören, die entstehen, wenn eine besondere Anleitung, eine tätigkeitsbezogene Unterweisung oder eine sozialpädagogische Betreuung notwendig ist.

§ 16e Eingliederung von Langzeitarbeitslosen

(1) ¹Arbeitgeber können für die nicht nur geringfügige Beschäftigung von erwerbsfähigen Leistungsberechtigten, die trotz vermittlerischer Unterstützung nach § 16 Absatz 1 Satz 1 unter Einbeziehung der übrigen Eingliederungsleistungen nach diesem Buch seit mindestens zwei Jahren arbeitslos sind, durch Zuschüsse zum Arbeitsentgelt gefördert werden, wenn sie mit einer erwerbsfähigen leistungsberechtigten Person ein Arbeitsverhältnis für die Dauer von mindestens zwei Jahren begründen. ²Für die Berechnung der Dauer der Arbeitslosigkeit nach Satz 1 findet § 18 des Dritten Buches entsprechende Anwendung.

(2) ¹Der Zuschuss nach Absatz 1 wird in den ersten beiden Jahren des Bestehens des Arbeitsverhältnisses geleistet. Er beträgt im ersten Jahr des Arbeitsverhältnisses 75 Prozent des zu berücksichtigenden Arbeitsentgelts und im zweiten Jahr des Arbeitsverhältnisses 50 Prozent des zu berücksichtigenden Arbeitsentgelts. ²Für das zu berücksichtigende Arbeitsentgelt findet § 91 Absatz 1 des Dritten Buches mit der Maßgabe entsprechende Anwendung, dass nur der pauschalierte Anteil des Arbeitgebers am Gesamtsozialversicherungsbeitrag abzüglich des Beitrags zur Arbeitsförderung zu berücksichtigen ist. ³§ 22 Absatz 4 Satz 1 des Mindestlohngesetzes gilt nicht für Arbeitsverhältnisse, für die der Arbeitgeber einen Zuschuss nach Absatz 1 erhält.

(3) ¹§ 92 Absatz 1 des Dritten Buches findet entsprechende Anwendung. ²§ 92 Absatz 2 Satz 1 erste Alternative, Satz 2 und 3 des Dritten Buches ist mit der Maßgabe entsprechend anzuwenden, dass abweichend von § 92 Absatz 2 Satz 3 zweiter Halbsatz des Dritten Buches der für die letzten sechs Monate bewilligte Förderbetrag zurückzuzahlen ist.

(4) ¹Während einer Beschäftigung in einem Arbeitsverhältnis nach Absatz 1 soll eine erforderliche ganzheitliche beschäftigungsbegleitende Betreuung durch die Agentur für Arbeit oder einen durch diese beauftragten Dritten erbracht werden. ²In den ersten sechs Monaten der Beschäftigung in einem Arbeitsverhältnis nach Absatz 1 hat der Arbeitgeber die Arbeitnehmerin oder den Arbeitnehmer in angemessenem Umfang für eine ganzheitliche beschäftigungsbegleitende Betreuung nach Satz 1 unter Fortzahlung des Arbeitsentgelts freizustellen.

§ 16f Freie Förderung

(1) ¹Die Agentur für Arbeit kann die Möglichkeiten der gesetzlich geregelten Eingliederungsleistungen durch freie Leistungen zur Eingliederung in Arbeit erweitern. ²Die freien Leistungen müssen den Zielen und Grundsätzen dieses Buches entsprechen.

(2) ¹Die Ziele der Leistungen sind vor Förderbeginn zu beschreiben. ²Eine Kombination oder Modularisierung von Inhalten ist zulässig. ³Die Leistungen der Freien Förderung dürfen gesetzliche Leistungen nicht umgehen oder aufstocken. ⁴Ausgenommen hiervon sind Leistungen für
1. Langzeitarbeitslose und
2. erwerbsfähige Leistungsberechtigte, die das 25. Lebensjahr noch nicht vollendet haben und deren berufliche Eingliederung auf Grund von schwerwiegenden Vermittlungshemmnissen besonders erschwert ist,

bei denen in angemessener Zeit von in der Regel sechs Monaten nicht mit Aussicht auf Erfolg auf einzelne Gesetzesgrundlagen dieses Buches oder des Dritten Buches zurückgegriffen werden kann. ⁵Bei Leistungen an Arbeitgeber ist darauf zu achten, Wettbewerbsverfälschungen zu vermeiden. ⁶Projektförderungen im Sinne von Zuwendungen sind nach Maßgabe der §§ 23 und 44 der Bundeshaushaltsordnung zulässig. ⁷Bei längerfristig angelegten Förderungen ist der Erfolg regelmäßig zu überprüfen und zu dokumentieren.

§ 16g Förderung bei Wegfall der Hilfebedürftigkeit

(1) Entfällt die Hilfebedürftigkeit der oder des Erwerbsfähigen während einer Maßnahme zur Eingliederung, kann sie weiter gefördert werden, wenn dies wirtschaftlich erscheint und die oder der Erwerbsfähige die Maßnahme voraussichtlich erfolgreich abschließen wird.

¹Zur nachhaltigen Eingliederung in Arbeit können Leistungen nach dem Ersten Abschnitt des Dritten Kapitels, nach § 44 oder § 45 Absatz 1 Satz 1 Nummer 5 des Dritten Buches oder nach § 16a ~~oder § 16f~~ (bis 30.06.2023), (ab 01.07.2023) § 16f oder § 16k bis zu sechs Monate nach Beschäftigungsaufnahme auch erbracht werden, wenn die Hilfebedürftigkeit der oder des Erwerbsfähigen aufgrund des zu berücksichtigenden Einkommens entfallen ist. ²Während der Förderdauer nach Satz 1 gilt § 15 entsprechend.

(3) Leistungen zur ganzheitlichen beschäftigungsbegleitenden Betreuung nach § 16e Absatz 4 und § 16i Absatz 4 dieses Buches können während der gesamten Dauer der jeweiligen Förderung auch erbracht werden, wenn die Hilfebedürftigkeit entfällt.

§ 16h Förderung schwer zu erreichender junger Menschen

(1) ¹Für Leistungsberechtigte, die das 25. Lebensjahr noch nicht vollendet haben, kann die Agentur für Arbeit Leistungen erbringen mit dem Ziel, die aufgrund der individuellen Situation der Leistungsberechtigten bestehenden Schwierigkeiten zu überwinden,
1. eine schulische, ausbildungsbezogene oder berufliche Qualifikation abzuschließen oder anders ins Arbeitsleben einzumünden und
2. Sozialleistungen zu beantragen oder anzunehmen.

²Die Förderung umfasst zusätzliche Betreuungs- und Unterstützungsleistungen mit dem Ziel, dass Leistungen der Grundsicherung für Arbeitsuchende in Anspruch genommen werden, erforderliche therapeutische Behandlungen eingeleitet werden und an Regelangebote dieses Buches zur Aktivierung und Stabilisierung und eine frühzeitige intensive berufsorientierte Förderung herangeführt wird.

(2) ¹Leistungen nach Absatz 1 können erbracht werden, wenn die Voraussetzungen der Leistungsberechtigung mit hinreichender Wahrscheinlichkeit vorliegen oder zu erwarten

sind oder eine Leistungsberechtigung dem Grunde nach besteht. ²Einer Leistung nach Absatz 1 steht eine fehlende Antragstellung der leistungsberechtigten Person nicht entgegen.

(3) Über die Leistungserbringung stimmen sich die Agentur für Arbeit und der örtlich zuständige Träger der öffentlichen Jugendhilfe ab.

(4) Träger bedürfen einer Zulassung nach dem Fünften Kapitel des Dritten Buches, um Maßnahmen nach Absatz 1 durchzuführen.

(5) Zuwendungen sind nach Maßgabe der §§ 23 und 44 der Bundeshaushaltsordnung zulässig.

§ 16i Teilhabe am Arbeitsmarkt

(1) Zur Förderung von Teilhabe am Arbeitsmarkt können Arbeitgeber für die Beschäftigung von zugewiesenen erwerbsfähigen Leistungsberechtigten Zuschüsse zum Arbeitsentgelt erhalten, wenn sie mit einer erwerbsfähigen leistungsberechtigten Person ein sozialversicherungspflichtiges Arbeitsverhältnis begründen.

(2) ¹Der Zuschuss nach Absatz 1 beträgt
1. in den ersten beiden Jahren des Arbeitsverhältnisses 100 Prozent,
2. im dritten Jahr des Arbeitsverhältnisses 90 Prozent,
3. im vierten Jahr des Arbeitsverhältnisses 80 Prozent,
4. im fünften Jahr des Arbeitsverhältnisses 70 Prozent
der Höhe des Mindestlohns nach dem Mindestlohngesetz § 1 Absatz 2 Satz 1 des Mindestlohngesetzes in Verbindung mit der auf der Grundlage des § 11 Absatz 1 Satz 1 des Mindestlohngesetzes jeweils erlassenen Verordnung zuzüglich des auf dieser Basis berechneten pauschalierten Anteils des Arbeitgebers am Gesamtsozialversicherungsbeitrag abzüglich des Beitrags zur Arbeitsförderung. ²Ist der Arbeitgeber durch oder aufgrund eines Tarifvertrages oder nach kirchlichen Arbeitsrechtsregelungen zur Zahlung eines höheren Arbeitsentgelts verpflichtet, bemisst sich der Zuschuss nach Satz 1 auf Grundlage des zu zahlenden Arbeitsentgelts. ³§ 91 Absatz 1 des Dritten Buches findet mit der Maßgabe entsprechende Anwendung, dass nur der pauschalierte Anteil des Arbeitgebers am Gesamtsozialversicherungsbeitrag abzüglich des Beitrags zur Arbeitsförderung zu berücksichtigen ist. ⁴Der Zuschuss bemisst sich nach der im Arbeitsvertrag vereinbarten Arbeitszeit. ⁵§ 22 Absatz 4 Satz 1 des Mindestlohngesetzes gilt nicht für Arbeitsverhältnisse, für die der Arbeitgeber einen Zuschuss nach Absatz 1 erhält.

(3) ¹Eine erwerbsfähige leistungsberechtigte Person kann einem Arbeitgeber zugewiesen werden, wenn
1. sie das 25. Lebensjahr vollendet hat,
2. sie für insgesamt mindestens sechs Jahre innerhalb der letzten sieben Jahre Leistungen zur Sicherung des Lebensunterhalts nach diesem Buch erhalten hat,
3. sie in dieser Zeit nicht oder nur kurzzeitig sozialversicherungspflichtig oder geringfügig beschäftigt oder selbständig tätig war und
4. für sie Zuschüsse an Arbeitgeber nach Absatz 1 noch nicht für eine Dauer von fünf Jahren erbracht worden sind.
²In der Regel soll die erwerbsfähige leistungsberechtigte Person bereits für einen Zeitraum von mindestens zwei Monaten eine ganzheitliche Unterstützung erhalten haben. ³Abweichend von Satz 1 Nummer 2 kann eine erwerbsfähige leistungsberechtigte Person, die in den letzten fünf Jahren Leistungen zur Sicherung des Lebensunterhalts nach diesem Buch erhalten hat, einem Arbeitgeber zugewiesen werden, wenn sie in einer Bedarfsgemeinschaft mit mindestens einem minderjährigen Kind lebt oder schwerbehindert im Sinne des

§ 2 Absatz 2 und 3 des Neunten Buches ist.

(4) ¹Während einer Förderung nach Absatz 1 soll eine erforderliche ganzheitliche beschäftigungsbegleitende Betreuung durch die Agentur für Arbeit oder einen durch diese beauftragten Dritten erbracht werden. ²Im ersten Jahr der Beschäftigung in einem Arbeitsverhältnis nach Absatz 1 hat der Arbeitgeber die Arbeitnehmerin oder den Arbeitnehmer in angemessenem Umfang für eine ganzheitliche beschäftigungsbegleitende Betreuung nach Satz 1 unter Fortzahlung des Arbeitsentgelts freizustellen. ³Begründet die Arbeitnehmerin oder der Arbeitnehmer im Anschluss an eine nach Absatz 1 geförderte Beschäftigung ein sozialversicherungspflichtiges Arbeitsverhältnis bei einem anderen Arbeitgeber, so können Leistungen nach Satz 1 bis zu sechs Monate nach Aufnahme der Anschlussbeschäftigung erbracht werden, auch wenn die Hilfebedürftigkeit während der Förderung nach Absatz 1 entfallen ist, sofern sie ohne die Aufnahme der Anschlussbeschäftigung erneut eintreten würde; § 16g Absatz 2 bleibt im Übrigen unberührt.

(5) ¹Angemessene Zeiten einer erforderlichen Weiterbildung oder eines betrieblichen Praktikums bei einem anderen Arbeitgeber, für die der Arbeitgeber die Arbeitnehmerin oder den Arbeitnehmer unter Fortzahlung des Arbeitsentgelts freistellt, sind förderfähig. ²Für Weiterbildung nach Satz 1 kann der Arbeitgeber je Förderfall Zuschüsse zu den Weiterbildungskosten von insgesamt bis zu 3 000 Euro erhalten.

(6) ¹Die Agentur für Arbeit soll die Arbeitnehmerin oder den Arbeitnehmer umgehend abberufen, wenn sie diese Person in eine zumutbare Arbeit oder Ausbildung vermitteln kann oder die Förderung aus anderen Gründen beendet wird. ²Die Arbeitnehmerin oder der Arbeitnehmer kann das Arbeitsverhältnis ohne Einhaltung einer Frist kündigen, wenn sie oder er eine Arbeit oder Ausbildung aufnehmen kann, an einer Maßnahme der Berufsausbildung oder beruflichen Weiterbildung zum Erwerb eines Berufsabschlusses teilnehmen kann oder nach Satz 1 abberufen wird. ³Der Arbeitgeber kann das Arbeitsverhältnis ohne Einhaltung einer Frist kündigen, wenn die Arbeitnehmerin oder der Arbeitnehmer nach Satz 1 abberufen wird.

(7) Die Zahlung eines Zuschusses nach Absatz 1 ist ausgeschlossen, wenn zu vermuten ist, dass der Arbeitgeber
1. die Beendigung eines anderen Arbeitsverhältnisses veranlasst hat, um einen Zuschuss nach Absatz 1 zu erhalten, oder
2. eine bisher für das Arbeitsverhältnis erbrachte Förderung ohne besonderen Grund nicht mehr in Anspruch nimmt.

(8) ¹Die Befristung eines Arbeitsvertrages mit einer zugewiesenen erwerbsfähigen leistungsberechtigten Person im Sinne von Absatz 3 ist bis zu einer Dauer von fünf Jahren zulässig, wenn dem Arbeitgeber zur Förderung der Teilhabe am Arbeitsmarkt ein Zuschuss zum Arbeitsentgelt nach Absatz 1 gewährt wird. ²Bis zu der Gesamtdauer von fünf Jahren ist auch die höchstens einmalige Verlängerung des Arbeitsvertrages zulässig.

(9) ¹Zu den Einsatzfeldern der nach Absatz 1 geförderten Arbeitsverhältnisse hat die Agentur für Arbeit jährlich eine Stellungnahme der Vertreterinnen und Vertreter der Sozialpartner im Örtlichen Beirat, insbesondere zu möglichen Wettbewerbsverzerrungen sowie Verdrängungseffekten, einzuholen. ²Die Stellungnahme muss einvernehmlich erfolgen. ³Eine von der Stellungnahme abweichende Festlegung der Einsatzfelder hat die Agentur für Arbeit schriftlich zu begründen. ³§ 18d Satz 2 gilt entsprechend.

(10) ¹Abweichend von Absatz 3 Nummer 2 und 3 kann eine erwerbsfähige leistungsberechtigte Person auch dann einem Arbeitgeber zugewiesen werden, wenn sie seit dem 1. Januar 2015 für mehr als sechs Monate in einem Arbeitsverhältnis beschäftigt war, das durch einen Zuschuss nach § 16e in der bis zum 31. Dezember 2018 geltenden Fassung

oder im Rahmen des Bundesprogramms „Soziale Teilhabe am Arbeitsmarkt" gefördert wurde, und sie dieses Arbeitsverhältnis nicht selbst gekündigt hat. ²Zeiten eines nach § 16e in der bis zum 31. Dezember 2018 geltenden Fassung oder nach dem Bundesprogramm „Soziale Teilhabe am Arbeitsmarkt" geförderten Arbeitsverhältnisses werden bei der Ermittlung der Förderdauer und Förderhöhe nach Absatz 2 Satz 1 berücksichtigt und auf die Förderdauer nach Absatz 3 Nummer 4 angerechnet.

§ 16j Bürgergeldbonus (ab 01.07.2023)

Erwerbsfähige Leistungsberechtigte erhalten einen Bonus in Höhe von 75 Euro für jeden Monat der Teilnahme an einer der folgenden Maßnahmen:
1. Maßnahmen der beruflichen Weiterbildung nach den §§ 81 und 82 des Dritten Buches sowie nach § 49 Absatz 3 Nummer 4 des Neunten Buches mit einer Mindestdauer von acht Wochen, für die kein Weiterbildungsgeld nach § 87a Absatz 2 des Dritten Buches gezahlt wird,
2. berufsvorbereitende Bildungsmaßnahmen nach § 51 des Dritten Buches sowie nach § 49 Absatz 3 Nummer 2 des Neunten Buches, Maßnahmen in der Vorphase der Assistierten Ausbildung nach § 75a des Dritten Buches in Verbindung mit § 16 Absatz 1 Satz 2 Nummer 3,
3. Maßnahmen zur Förderung schwer zu erreichender junger Menschen nach § 16h Absatz 1.

§ 16k Ganzheitliche Betreuung (ab 01.07.2023)

(1) ¹Zum Aufbau der Beschäftigungsfähigkeit von erwerbsfähigen Leistungsberechtigten kann die Agentur für Arbeit oder ein durch diese beauftragter Dritter eine erforderliche ganzheitliche und gegebenenfalls aufsuchende Betreuung erbringen. ²Die Agentur für Arbeit kann auch Rahmenverträge nutzen und einen Gutschein ausgeben. ³§ 45 Absatz 1 Satz 4, Absatz 2 Satz 1, Absatz 4 Satz 1, 2, 3 Nummer 1, Absatz 5 und Absatz 6 Satz 1 und 2 des Dritten Buches gilt entsprechend.

(2) ¹Eine ganzheitliche Betreuung kann für junge Menschen auch zur Heranführung an eine oder zur Begleitung während einer Ausbildung erfolgen. ²Sofern keine an die Ausbildung unmittelbar anschließende Beschäftigungsaufnahme erfolgt, kann die ganzheitliche Betreuung bis zu zwölf Monate nach Ende der Ausbildung fortgeführt werden.

(3) § 16g gilt mit der Maßgabe, dass der Zeitraum des Absatz 2 Satz 1 um weitere drei Monate überschritten werden kann, soweit und solange dies im Einzelfall erforderlich ist.

(4) § 31 Absatz 1 Satz 1 Nummer 3 findet keine Anwendung.

§ 17 Einrichtungen und Dienste für Leistungen zur Eingliederung

(1) ¹Zur Erbringung von Leistungen zur Eingliederung in Arbeit sollen die zuständigen Träger der Leistungen nach diesem Buch eigene Einrichtungen und Dienste nicht neu schaffen, soweit geeignete Einrichtungen und Dienste Dritter vorhanden sind, ausgebaut oder in Kürze geschaffen werden können. ²Die zuständigen Träger der Leistungen nach diesem Buch sollen Träger der freien Wohlfahrtspflege in ihrer Tätigkeit auf dem Gebiet der Grundsicherung für Arbeitsuchende angemessen unterstützen.

(2) ¹Wird die Leistung von einem Dritten erbracht und sind im Dritten Buch keine Anforderungen geregelt, denen die Leistung entsprechen muss, sind die Träger der Leistungen nach diesem Buch zur Vergütung für die Leistung nur verpflichtet, wenn mit dem Dritten oder seinem Verband eine Vereinbarung insbesondere über

1. Inhalt, Umfang und Qualität der Leistungen,
2. die Vergütung, die sich aus Pauschalen und Beträgen für einzelne Leistungsbereiche zusammensetzen kann, und
3. die Prüfung der Wirtschaftlichkeit und Qualität der Leistungen

besteht. ²Die Vereinbarungen müssen den Grundsätzen der Wirtschaftlichkeit, Sparsamkeit und Leistungsfähigkeit entsprechen.

§ 18 Örtliche Zusammenarbeit

(1) Die zuständigen Träger der Leistungen arbeiten im Rahmen ihrer Aufgaben und Befugnisse mit den Gemeinden, Kreisen und Bezirken sowie den weiteren Beteiligten des örtlichen Ausbildungs- und Arbeitsmarktes zusammen, insbesondere mit den

1. Leistungsträgern im Sinne des § 12 des Ersten Buches sowie Trägern von Leistungen nach dem Bundesversorgungsgesetz und dem Asylbewerberleistungsgesetz,
2. Vertreterinnen und Vertretern der Arbeitgeber sowie der Arbeitnehmerinnen und Arbeitnehmer,
3. Kammern und berufsständischen Organisationen,
4. Ausländerbehörden und dem Bundesamt für Migration und Flüchtlinge,
5. allgemein- und berufsbildenden Schulen und Stellen der Schulverwaltung sowie Hochschulen,
6. Einrichtungen und Stellen des öffentlichen Gesundheitsdienstes und sonstigen Einrichtungen und Diensten des Gesundheitswesens sowie
7. Trägern der freien Wohlfahrtspflege und Dritten, die Leistungen nach diesem Buch erbringen.

(2) ¹Die Zusammenarbeit mit den Stellen nach Absatz 1 erfolgt auf der Grundlage der Gegenseitigkeit insbesondere, um
1. eine gleichmäßige oder gemeinsame Durchführung von Maßnahmen zu beraten oder zu sichern und
2. Leistungsmissbrauch zu verhindern oder aufzudecken.

²Dies gilt insbesondere, wenn
1. Hemmnisse bei der Eingliederung der erwerbsfähigen leistungsberechtigten Person in Ausbildung und Arbeit nur unter Einbeziehung der gesamten Bedarfsgemeinschaft beseitigt werden können und für die Mitglieder der Bedarfsgemeinschaft die Erbringung weiterer Leistungen erforderlich ist, oder
2. zur Eingliederung insbesondere sozial benachteiligter und individuell beeinträchtigter junger Menschen zwischen den nach Absatz 1 beteiligten Stellen und Einrichtungen abgestimmte, den individuellen Bedarf deckende Leistungen erforderlich sind.

(3) Die Leistungen nach diesem Buch sind in das regionale Arbeitsmarktmonitoring der Agenturen für Arbeit nach § 9 Absatz 2 des Dritten Buches einzubeziehen.

(4) ¹Die Agenturen für Arbeit sollen mit Gemeinden, Kreisen und Bezirken auf deren Verlangen Vereinbarungen über das Erbringen von Leistungen zur Eingliederung nach diesem Gesetz mit Ausnahme der Leistungen nach § 16 Absatz 1 schließen, wenn sie den durch eine Rechtsverordnung festgelegten Mindestanforderungen entsprechen. ²Satz 1 gilt nicht für die zugelassenen kommunalen Träger.

(5) Das Bundesministerium für Arbeit und Soziales wird ermächtigt, ohne Zustimmung des Bundesrates durch Rechtsverordnung zu bestimmen, welchen Anforderungen eine Vereinbarung nach Absatz 3 mindestens genügen muss.

§ 18a Zusammenarbeit mit den für die Arbeitsförderung zuständigen Stellen

¹Beziehen erwerbsfähige Leistungsberechtigte auch Leistungen der Arbeitsförderung, so sind die Agenturen für Arbeit, die zugelassenen kommunalen Träger und die gemeinsamen Einrichtungen verpflichtet, bei der Wahrnehmung der Aufgaben nach diesem Buch mit den für die Arbeitsförderung zuständigen Dienststellen der Bundesagentur eng zusammenzuarbeiten. ²Sie unterrichten diese unverzüglich über die ihnen insoweit bekannten, für die Wahrnehmung der Aufgaben der Arbeitsförderung erforderlichen Tatsachen, insbesondere über

1. die für erwerbsfähige Leistungsberechtigte, die auch Leistungen der Arbeitsförderung beziehen, vorgesehenen und erbrachten Leistungen zur Eingliederung in Arbeit,
2. den Wegfall der Hilfebedürftigkeit bei diesen Personen.

§ 18b Kooperationsausschuss

(1) ¹Die zuständige oberste Landesbehörde und das Bundesministerium für Arbeit und Soziales bilden einen Kooperationsausschuss. ²Der Kooperationsausschuss koordiniert die Umsetzung der Grundsicherung für Arbeitsuchende auf Landesebene. ³Im Kooperationsausschuss vereinbaren das Land und der Bund jährlich die Ziele und Schwerpunkte der Arbeitsmarkt- und Integrationspolitik in der Grundsicherung für Arbeitsuchende auf Landesebene. ⁴§ 48b bleibt unberührt. ⁵Die Verfahren zum Abschluss der Vereinbarungen zwischen Bund und Ländern werden mit den Verfahren zum Abschluss der Zielvereinbarungen zwischen dem Bundesministerium für Arbeit und Soziales und der Bundesagentur sowie deren Konkretisierung in den Zielvereinbarungen der Bundesagentur und den gemeinsamen Einrichtungen abgestimmt. ⁶Der Kooperationsausschuss kann sich über die Angelegenheiten der gemeinsamen Einrichtungen unterrichten lassen. ⁷Der Kooperationsausschuss entscheidet darüber hinaus bei einer Meinungsverschiedenheit über die Weisungszuständigkeit im Verfahren nach § 44e, berät die Trägerversammlung bei der Bestellung und Abberufung eines Geschäftsführers nach § 44c Absatz 2 Nummer 1 und gibt in den Fällen einer Weisung in grundsätzlichen Angelegenheiten nach § 44b Absatz 3 Satz 4 eine Empfehlung ab.

(2) ¹Der Kooperationsausschuss besteht aus sechs Mitgliedern, von denen drei Mitglieder von der zuständigen obersten Landesbehörde und drei Mitglieder vom Bundesministerium für Arbeit und Soziales entsandt werden. ²Die Mitglieder des Kooperationsausschusses können sich vertreten lassen. ³An den Sitzungen soll in der Regel jeweils mindestens eine Mitarbeiterin oder ein Mitarbeiter der zuständigen obersten Landesbehörde und des Bundesministeriums für Arbeit und Soziales teilnehmen.

(3) ¹Die Mitglieder wählen eine Vorsitzende oder einen Vorsitzenden. ²Kann im Kooperationsausschuss keine Einigung über die Person der oder des Vorsitzenden erzielt werden, wird die oder der Vorsitzende von den Vertreterinnen und Vertretern des Bundesministeriums für Arbeit und Soziales oder den Vertreterinnen und Vertretern der zuständigen obersten Landesbehörde abwechselnd jeweils für zwei Jahre bestimmt; die erstmalige Bestimmung erfolgt durch die Vertreterinnen und Vertreter des Bundesministeriums für Arbeit und Soziales. ³Der Kooperationsausschuss gibt sich eine Geschäftsordnung.

§ 18c Bund-Länder-Ausschuss

(1) ¹Beim Bundesministerium für Arbeit und Soziales wird ein Ausschuss für die Grundsicherung für Arbeitsuchende gebildet. ²Er beobachtet und berät die zentralen Fragen der Umsetzung der Grundsicherung für Arbeitsuchende und Fragen der Aufsicht nach den §§ 47 und 48, Fragen des Kennzahlenvergleichs nach § 48a Absatz 2 sowie Fragen der zu

erhebenden Daten nach § 51b Absatz 1 Satz 2 und erörtert die Zielvereinbarungen nach § 48b Absatz 1.

(2) ¹Bei der Beobachtung und Beratung zentraler Fragen der Umsetzung der Grundsicherung für Arbeitsuchende sowie Fragen des Kennzahlenvergleichs nach § 48a Absatz 2 und Fragen der zu erhebenden Daten nach § 51b Absatz 1 Satz 2 ist der Ausschuss besetzt mit Vertreterinnen und Vertretern der Bundesregierung, der Länder, der kommunalen Spitzenverbände und der Bundesagentur. ²Der Ausschuss kann sich von den Trägern berichten lassen.

(3) ¹Bei der Beratung von Fragen der Aufsicht nach den §§ 47 und 48 ist der Ausschuss besetzt mit Vertreterinnen und Vertretern der Bundesregierung und der Aufsichtsbehörden der Länder. ²Bund und Länder können dazu einvernehmlich Vertreterinnen und Vertreter der kommunalen Spitzenverbände und der Bundesagentur einladen, sofern dies sachdienlich ist.

§ 18d Örtlicher Beirat

¹Bei jeder gemeinsamen Einrichtung nach § 44b wird ein Beirat gebildet. ²Der Beirat berät die Einrichtung bei der Auswahl und Gestaltung der Eingliederungsinstrumente und -maßnahmen; Stellungnahmen des Beirats, insbesondere diejenigen der Vertreter der Arbeitgeber und Arbeitnehmer, hat die gemeinsame Einrichtung zu berücksichtigen. ³Die Trägerversammlung beruft die Mitglieder des Beirats auf Vorschlag der Beteiligten des örtlichen Arbeitsmarktes, insbesondere den Trägern der freien Wohlfahrtspflege, den Vertreterinnen und Vertretern der Arbeitgeber und Arbeitnehmer sowie den Kammern und berufsständischen Organisationen. ⁴Vertreterinnen und Vertreter von Beteiligten des örtlichen Arbeitsmarktes, die Eingliederungsleistungen nach diesem Buch anbieten, dürfen nicht Mitglied des Beirats sein. ⁵Der Beirat gibt sich eine Geschäftsordnung. ⁶Die Sätze 1 bis 5 gelten entsprechend für die zugelassenen kommunalen Träger mit der Maßgabe, dass die Berufung der Mitglieder des Beirats durch den zugelassenen kommunalen Träger erfolgt.

§ 18e Beauftragte für Chancengleichheit am Arbeitsmarkt

(1) ¹Die Trägerversammlungen bei den gemeinsamen Einrichtungen bestellen Beauftragte für Chancengleichheit am Arbeitsmarkt aus dem Kreis der Beamtinnen und Beamten, Arbeitnehmerinnen und Arbeitnehmer, denen in den gemeinsamen Einrichtungen Tätigkeiten zugewiesen worden sind. ²Sie sind unmittelbar der jeweiligen Geschäftsführerin oder dem jeweiligen Geschäftsführer zugeordnet.

(2) ¹Die Beauftragten unterstützen und beraten die gemeinsamen Einrichtungen in Fragen der Gleichstellung von Frauen und Männern in der Grundsicherung für Arbeitsuchende, der Frauenförderung sowie der Vereinbarkeit von Familie und Beruf bei beiden Geschlechtern. ²Hierzu zählen insbesondere Fragen der Beratung, der Eingliederung in Arbeit und Ausbildung sowie des beruflichen Wiedereinstiegs von Frauen und Männern nach einer Familienphase.

(3) ¹Die Beauftragten sind bei der Erarbeitung des örtlichen Arbeitsmarkt- und Integrationsprogramms der Grundsicherung für Arbeitsuchende sowie bei der geschlechter- und familiengerechten fachlichen Aufgabenerledigung der gemeinsamen Einrichtung zu beteiligen. ²Sie haben ein Informations-, Beratungs- und Vorschlagsrecht in Fragen, die Auswirkungen auf die Chancengleichheit von Frauen und Männern haben.

(4) ¹Die Beauftragten unterstützen und beraten erwerbsfähige Leistungsberechtigte und die mit diesen in einer Bedarfsgemeinschaft lebenden Personen, Arbeitgeber sowie Arbeitnehmer- und Arbeitgeberorganisationen in übergeordneten Fragen der Gleichstellung von

Frauen und Männern in der Grundsicherung für Arbeitsuchende, der Frauenförderung sowie der Vereinbarkeit von Familie und Beruf bei beiden Geschlechtern. ²Zur Sicherung der gleichberechtigten Teilhabe von Frauen und Männern am Arbeitsmarkt arbeiten die Beauftragten mit den in Fragen der Gleichstellung im Erwerbsleben tätigen Stellen im Zuständigkeitsbereich der gemeinsamen Einrichtung zusammen.

(5) Die gemeinsamen Einrichtungen werden in den Sitzungen kommunaler Gremien zu Themen, die den Aufgabenbereich der Beauftragten betreffen, von den Beauftragten vertreten.

(6) Die Absätze 1 bis 5 gelten entsprechend für die zugelassenen kommunalen Träger.

Abschnitt 2: Leistungen zur Sicherung des Lebensunterhalts
Unterabschnitt 1: Leistungsanspruch

§ 19 ~~Arbeitslosengeld II, Sozialgeld und Leistungen für Bildung und Teilhabe~~
Bürgergeld und Leistungen für Bildung und Teilhabe

(1) ¹Erwerbsfähige Leistungsberechtigte erhalten ~~Arbeitslosengeld II~~ Bürgergeld. ²Nichterwerbsfähige Leistungsberechtigte, die mit erwerbsfähigen Leistungsberechtigten in einer Bedarfsgemeinschaft leben, erhalten ~~Sozialgeld~~ Bürgergeld, soweit sie keinen Anspruch auf Leistungen nach dem Vierten Kapitel des Zwölften Buches haben. ³Die Leistungen umfassen den Regelbedarf, Mehrbedarfe und den Bedarf für Unterkunft und Heizung.

(2) ¹Leistungsberechtigte haben unter den Voraussetzungen des § 28 Anspruch auf Leistungen für Bildung und Teilhabe, soweit sie keinen Anspruch auf Leistungen nach dem Vierten Kapitel des Zwölften Buches haben. ²Soweit für Kinder Leistungen zur Deckung von Bedarfen für Bildung und Teilhabe nach § 6b des Bundeskindergeldgesetzes gewährt werden, haben sie keinen Anspruch auf entsprechende Leistungen zur Deckung von Bedarfen nach § 28.

(3) ¹Die Leistungen zur Sicherung des Lebensunterhalts werden in Höhe der Bedarfe nach den Absätzen 1 und 2 erbracht, soweit diese nicht durch das zu berücksichtigende Einkommen und Vermögen gedeckt sind. ²Zu berücksichtigendes Einkommen und Vermögen deckt zunächst die Bedarfe nach den §§ 20, 21 und 23, darüber hinaus die Bedarfe nach § 22. ³Sind nur noch Leistungen für Bildung und Teilhabe zu leisten, deckt weiteres zu berücksichtigendes Einkommen und Vermögen die Bedarfe in der Reihenfolge der Absätze 2 bis 7 nach § 28.

Unterabschnitt 2: ~~Arbeitslosengeld II und Sozialgeld~~ Bürgergeld

§ 20 Regelbedarf zur Sicherung des Lebensunterhalts

(1) ¹Der Regelbedarf zur Sicherung des Lebensunterhalts umfasst insbesondere Ernährung, Kleidung, Körperpflege, Hausrat, Haushaltsenergie ohne die auf die Heizung und Erzeugung von Warmwasser entfallenden Anteile sowie persönliche Bedürfnisse des täglichen Lebens. ²Zu den persönlichen Bedürfnissen des täglichen Lebens gehört in vertretbarem Umfang eine Teilhabe am sozialen und kulturellen Leben in der Gemeinschaft. ³Der Regelbedarf wird als monatlicher Pauschalbetrag berücksichtigt. ⁴Über die Verwendung der zur Deckung des Regelbedarfs erbrachten Leistungen entscheiden die Leistungsberechtigten eigenverantwortlich; dabei haben sie das Eintreten unregelmäßig anfallender Bedarfe zu berücksichtigen.

(1a) ¹Der Regelbedarf wird in Höhe der jeweiligen Regelbedarfsstufe entsprechend § 28 des Zwölften Buches in Verbindung mit dem Regelbedarfs-Ermittlungsgesetz und den §§ 28a und 40 des Zwölften Buches in Verbindung mit der für das jeweilige Jahr geltenden Regelbedarfsstufen-Fortschreibungsverordnung anerkannt. [2]Soweit in diesem Buch auf einen Regelbedarf oder eine Regelbedarfsstufe verwiesen wird, ist auf den Betrag der für den jeweiligen Zeitraum geltenden Neuermittlung entsprechend § 28 des Zwölften Buches in Verbindung mit dem Regelbedarfs-Ermittlungsgesetz abzustellen. [3]In Jahren, in denen keine Neuermittlung nach § 28 des Zwölften Buches erfolgt, ist auf den Betrag abzustellen, der sich für den jeweiligen Zeitraum entsprechend der Regelbedarfsstufen-Fortschreibungsverordnung nach den §§ 28a und 40 des Zwölften Buches ergibt.

(2) [1]Als Regelbedarf wird bei Personen, die alleinstehend oder alleinerziehend sind oder deren Partnerin oder Partner minderjährig ist, monatlich ein Betrag in Höhe der Regelbedarfsstufe 1 anerkannt. [2]Für sonstige erwerbsfähige Angehörige der Bedarfsgemeinschaft wird als Regelbedarf anerkannt:
1. monatlich ein Betrag in Höhe der Regelbedarfsstufe 4, sofern sie das 18. Lebensjahr noch nicht vollendet haben,
2. monatlich ein Betrag in Höhe der Regelbedarfsstufe 3 in den übrigen Fällen.

(3) Abweichend von Absatz 2 Satz 1 ist bei Personen, die das 25. Lebensjahr noch nicht vollendet haben und ohne Zusicherung des zuständigen kommunalen Trägers nach § 22 Absatz 5 umziehen, bis zur Vollendung des 25. Lebensjahres der in Absatz 2 Satz 2 Nummer 2 genannte Betrag als Regelbedarf anzuerkennen.

(4) Haben zwei Partner der Bedarfsgemeinschaft das 18. Lebensjahr vollendet, ist als Regelbedarf für jede dieser Personen monatlich ein Betrag in Höhe der Regelbedarfsstufe 2 anzuerkennen.

§ 21 Mehrbedarfe

(1) Mehrbedarfe umfassen Bedarfe nach den Absätzen 2 bis 7, die nicht durch den Regelbedarf abgedeckt sind.

(2) Bei werdenden Müttern wird nach der zwölften Schwangerschaftswoche bis zum Ende des Monats, in welchen die Entbindung fällt, ein Mehrbedarf von 17 Prozent des nach § 20 maßgebenden Regelbedarfs anerkannt.

(3) Bei Personen, die mit einem oder mehreren minderjährigen Kindern zusammenleben und allein für deren Pflege und Erziehung sorgen, ist ein Mehrbedarf anzuerkennen
1. in Höhe von 36 Prozent des nach § 20 Absatz 2 maßgebenden Bedarfs, wenn sie mit einem Kind unter sieben Jahren oder mit zwei oder drei Kindern unter sechzehn Jahren zusammenleben, oder
2. in Höhe von 12 Prozent der nach § 20 Absatz 2 maßgebenden Bedarfs für jedes Kind, wenn sich dadurch ein höherer ProzentSatz als nach der Nummer 1 ergibt, höchstens jedoch in Höhe von 60 Prozent des nach § 20 Absatz 2 maßgebenden Regelbedarfs.

(4) [1]Bei erwerbsfähigen Leistungsberechtigten mit Behinderungen, denen Leistungen zur Teilhabe am Arbeitsleben nach § 49 des Neunten Buches mit Ausnahme der Leistungen nach § 49 Absatz 3 Nummer 2 und 5 des Neunten Buches sowie sonstige Hilfen zur Erlangung eines geeigneten Platzes im Arbeitsleben oder Eingliederungshilfen nach § 112 des Neunten Buches erbracht werden, wird ein Mehrbedarf von 35 Prozent des nach § 20 maßgebenden Regelbedarfs anerkannt. [2]Satz 1 kann auch nach Beendigung der dort genannten Maßnahmen während einer angemessenen Übergangszeit, vor allem einer Einarbeitungszeit, angewendet werden.

(5) Bei Leistungsberechtigten, die aus medizinischen Gründen einer kostenaufwändigen Ernährung bedürfen, wird ein Mehrbedarf in angemessener Höhe anerkannt.

(6) ¹Bei Leistungsberechtigten wird ein Mehrbedarf anerkannt, soweit im Einzelfall ein unabweisbarer, besonderer Bedarf besteht; bei einmaligen Bedarfen ist weitere Voraussetzung, dass ein Darlehen nach § 24 Absatz 1 ausnahmsweise nicht zumutbar oder wegen der Art des Bedarfs nicht möglich ist. ²Der Mehrbedarf ist unabweisbar, wenn er insbesondere nicht durch die Zuwendungen Dritter sowie unter Berücksichtigung von Einsparmöglichkeiten der Leistungsberechtigten gedeckt ist und seiner Höhe nach erheblich von einem durchschnittlichen Bedarf abweicht.

(6a) Soweit eine Schülerin oder ein Schüler aufgrund der jeweiligen schulrechtlichen Bestimmungen oder schulischen Vorgaben Aufwendungen zur Anschaffung oder Ausleihe von Schulbüchern oder gleichstehenden Arbeitsheften hat, sind sie als Mehrbedarf anzuerkennen.

(7) ¹Bei Leistungsberechtigten wird ein Mehrbedarf anerkannt, soweit Warmwasser durch in der Unterkunft installierte Vorrichtungen erzeugt wird (dezentrale Warmwassererzeugung) und deshalb keine Bedarfe für zentral bereitgestelltes Warmwasser nach § 22 anerkannt werden. ²Der Mehrbedarf beträgt für jede im Haushalt lebende leistungsberechtigte Person jeweils
1. 2,3 Prozent des für sie geltenden Regelbedarfs nach § 20 Absatz 2 Satz 1 oder Satz 2 Nummer 2, Absatz 3 oder 4,
2. 1,4 Prozent des für sie geltenden Regelbedarfs nach § 20 Absatz 2 Satz 2 Nummer 1 oder § 23 Nummer 1 bei Leistungsberechtigten im 15. Lebensjahr,
3. 1,2 Prozent des Regelbedarfs nach § 23 Nummer 1 bei Leistungsberechtigten vom Beginn des siebten bis zur Vollendung des 14. Lebensjahres oder
4. 0,8 Prozent des Regelbedarfs nach § 23 Nummer 1 bei Leistungsberechtigten bis zur Vollendung des sechsten Lebensjahres.

³Höhere Aufwendungen sind abweichend von Satz 2 nur zu berücksichtigen, soweit sie durch eine separate Messeinrichtung nachgewiesen werden.

(8) Die Summe des insgesamt anerkannten Mehrbedarfs nach den Absätzen 2 bis 5 darf die Höhe des für erwerbsfähige Leistungsberechtigte maßgebenden Regelbedarfs nicht übersteigen.

§ 22 Bedarfe für Unterkunft und Heizung

(1) ¹Bedarfe für Unterkunft und Heizung werden in Höhe der tatsächlichen Aufwendungen anerkannt, soweit diese angemessen sind. ²Für die Anerkennung der Bedarfe für Unterkunft gilt eine Karenzzeit von einem Jahr ab Beginn des Monats, für den erstmals Leistungen nach diesem Buch bezogen werden. ³Innerhalb dieser Karenzzeit werden die Bedarfe für Unterkunft in Höhe der tatsächlichen Aufwendungen anerkannt; Satz 6 bleibt unberührt. ⁴Wird der Leistungsbezug in der Karenzzeit für mindestens einen Monat unterbrochen, verlängert sich die Karenzzeit um volle Monate ohne Leistungsbezug. ⁵Eine neue Karenzzeit beginnt, wenn zuvor mindestens drei Jahre keine Leistungen nach diesem oder dem Zwölften Buch bezogen worden sind. ²⁶Erhöhen sich nach einem nicht erforderlichen Umzug die Aufwendungen für Unterkunft und Heizung, wird nur der bisherige Bedarf anerkannt. ³⁷Soweit die Aufwendungen für die Unterkunft und Heizung den der Besonderheit des Einzelfalles angemessenen Umfang übersteigen, sind sie nach Ablauf der Karenzzeit als Bedarf so lange anzuerkennen, wie es der oder dem alleinstehenden Leistungsberechtigten oder der Bedarfsgemeinschaft nicht möglich oder nicht zuzumuten ist, durch einen Wohnungswechsel, durch Vermieten oder auf andere Weise die Aufwendungen zu senken, in der Regel jedoch längstens für sechs Monate. ⁸Nach Ablauf der Karenzzeit ist Satz 7 mit der Maßgabe anzuwenden, dass der Zeitraum der Karenzzeit nicht auf die in Satz 7 genannte Frist anzurechnen ist. ⁹Verstirbt ein Mitglied der Bedarfs-

oder Haushaltsgemeinschaft und waren die Aufwendungen für die Unterkunft und Heizung davor angemessen, ist die Senkung der Aufwendungen für die weiterhin bewohnte Unterkunft für die Dauer von mindestens zwölf Monaten nach dem Sterbemonat nicht zumutbar. [4][10]Eine Absenkung der nach Satz 1 unangemessenen Aufwendungen muss nicht gefordert werden, wenn diese unter Berücksichtigung der bei einem Wohnungswechsel zu erbringenden Leistungen unwirtschaftlich wäre.

(1a) (weggefallen)

(2) [1]Als Bedarf für die Unterkunft werden auch unabweisbare Aufwendungen für Instandhaltung und Reparatur bei selbst bewohntem Wohneigentum im Sinne des ~~§ 12 Absatz 3 Satz 1 Nummer 4~~ § 12 Absatz 1 Satz 2 Nummer 5 anerkannt, soweit diese unter Berücksichtigung der im laufenden sowie den darauffolgenden elf Kalendermonaten anfallenden Aufwendungen insgesamt angemessen sind. [2]Übersteigen unabweisbare Aufwendungen für Instandhaltung und Reparatur den Bedarf für die Unterkunft nach Satz 1, kann der kommunale Träger zur Deckung dieses Teils der Aufwendungen ein Darlehen erbringen, das dinglich gesichert werden soll. [3]Für die Bedarfe nach Satz 1 gilt Absatz 1 Satz 2 bis 4 nicht.

(3) Rückzahlungen und Guthaben, die dem Bedarf für Unterkunft und Heizung zuzuordnen sind, mindern die Aufwendungen für Unterkunft und Heizung nach dem Monat der Rückzahlung oder der Gutschrift; Rückzahlungen, die sich auf die Kosten für Haushaltsenergie oder nicht anerkannte Aufwendungen für Unterkunft und Heizung beziehen, bleiben außer Betracht.

(4) [1]Vor Abschluss eines Vertrages über eine neue Unterkunft soll die leistungsberechtigte Person die Zusicherung des für die neue Unterkunft örtlich zuständigen kommunalen Trägers zur Berücksichtigung der Aufwendungen für die neue Unterkunft einholen. [2]Innerhalb der Karenzzeit nach Absatz 1 Satz 2 bis 5 werden nach einem Umzug höhere als angemessene Aufwendungen nur dann als Bedarf anerkannt, wenn der nach Satz 1 zuständige Träger die Anerkennung vorab zugesichert hat. [3][2]Der kommunale Träger ist zur Zusicherung verpflichtet, wenn die Aufwendungen für die neue Unterkunft angemessen sind.

(5) [1]Sofern Personen, die das 25. Lebensjahr noch nicht vollendet haben, umziehen, werden Bedarfe für Unterkunft und Heizung für die Zeit nach einem Umzug bis zur Vollendung des 25. Lebensjahres nur anerkannt, wenn der kommunale Träger dies vor Abschluss des Vertrages über die Unterkunft zugesichert hat. [2]Der kommunale Träger ist zur Zusicherung verpflichtet, wenn
1. die oder der Betroffene aus schwerwiegenden sozialen Gründen nicht auf die Wohnung der Eltern oder eines Elternteils verwiesen werden kann,
2. der Bezug der Unterkunft zur Eingliederung in den Arbeitsmarkt erforderlich ist oder
3. ein sonstiger, ähnlich schwerwiegender Grund vorliegt.

[3]Unter den Voraussetzungen des Satzes 2 kann vom Erfordernis der Zusicherung abgesehen werden, wenn es der oder dem Betroffenen aus wichtigem Grund nicht zumutbar war, die Zusicherung einzuholen. [4]Bedarfe für Unterkunft und Heizung werden bei Personen, die das 25. Lebensjahr noch nicht vollendet haben, nicht anerkannt, wenn diese vor der Beantragung von Leistungen in eine Unterkunft in der Absicht umziehen, die Voraussetzungen für die Gewährung der Leistungen herbeizuführen.

(6) [1]Wohnungsbeschaffungskosten und Umzugskosten können bei vorheriger Zusicherung durch den bis zum Umzug örtlich zuständigen kommunalen Träger als Bedarf anerkannt werden; Aufwendungen für eine Mietkaution und für den Erwerb von Genossenschaftsanteilen können bei vorheriger Zusicherung durch den am Ort der neuen

Unterkunft zuständigen kommunalen Träger als Bedarf anerkannt werden. ²Die Zusicherung soll erteilt werden, wenn der Umzug durch den kommunalen Träger veranlasst oder aus anderen Gründen notwendig ist und wenn ohne die Zusicherung eine Unterkunft in einem angemessenen Zeitraum nicht gefunden werden kann. ³Aufwendungen für eine Mietkaution und für Genossenschaftsanteile sollen als Darlehen erbracht werden.

(7) ¹Soweit ~~Arbeitslosengeld II~~ Bürgergeld für den Bedarf für Unterkunft und Heizung geleistet wird, ist es auf Antrag der leistungsberechtigten Person an den Vermieter oder andere Empfangsberechtigte zu zahlen. ²Es soll an den Vermieter oder andere Empfangsberechtigte gezahlt werden, wenn die zweckentsprechende Verwendung durch die leistungsberechtigte Person nicht sichergestellt ist. ³Das ist insbesondere der Fall, wenn
1. Mietrückstände bestehen, die zu einer außerordentlichen Kündigung des Mietverhältnisses berechtigen,
2. Energiekostenrückstände bestehen, die zu einer Unterbrechung der Energieversorgung berechtigen,
3. konkrete Anhaltspunkte für ein krankheits- oder suchtbedingtes Unvermögen der leistungsberechtigten Person bestehen, die Mittel zweckentsprechend zu verwenden, oder
4. konkrete Anhaltspunkte dafür bestehen, dass die im Schuldnerverzeichnis eingetragene leistungsberechtigte Person die Mittel nicht zweckentsprechend verwendet.

⁴Der kommunale Träger hat die leistungsberechtigte Person über eine Zahlung der Leistungen für die Unterkunft und Heizung an den Vermieter oder andere Empfangsberechtigte schriftlich zu unterrichten.

(8) ¹Sofern ~~Arbeitslosengeld II~~ Bürgergeld für den Bedarf für Unterkunft und Heizung erbracht wird, können auch Schulden übernommen werden, soweit dies zur Sicherung der Unterkunft oder zur Behebung einer vergleichbaren Notlage gerechtfertigt ist. ²Sie sollen übernommen werden, wenn dies gerechtfertigt und notwendig ist und sonst Wohnungslosigkeit einzutreten droht. ³Vermögen nach ~~§ 12 Absatz 2 Satz 1 Nummer 1~~ § 12 Absatz 2 Satz 1 und Absatz 4 Satz 1 ist vorrangig einzusetzen. ⁴Geldleistungen sollen als Darlehen erbracht werden.

(9) ¹Geht bei einem Gericht eine Klage auf Räumung von Wohnraum im Falle der Kündigung des Mietverhältnisses nach § 543 Absatz 1, 2 Satz 1 Nummer 3 in Verbindung mit § 569 Absatz 3 des Bürgerlichen Gesetzbuchs ein, teilt das Gericht dem örtlich zuständigen Träger nach diesem Buch oder der von diesem beauftragten Stelle zur Wahrnehmung der in Absatz 8 bestimmten Aufgaben unverzüglich Folgendes mit:
1. den Tag des Eingangs der Klage,
2. die Namen und die Anschriften der Parteien,
3. die Höhe der monatlich zu entrichtenden Miete,
4. die Höhe des geltend gemachten Mietrückstandes und der geltend gemachten Entschädigung und
5. den Termin zur mündlichen Verhandlung, sofern dieser bereits bestimmt ist.

²Außerdem kann der Tag der Rechtshängigkeit mitgeteilt werden. ³Die Übermittlung unterbleibt, wenn die Nichtzahlung der Miete nach dem Inhalt der Klageschrift offensichtlich nicht auf Zahlungsunfähigkeit der Mieterin oder des Mieters beruht.

(10) ¹Zur Beurteilung der Angemessenheit der Aufwendungen für Unterkunft und Heizung nach Absatz 1 Satz 1 ist die Bildung einer Gesamtangemessenheitsgrenze zulässig. ²Dabei kann für die Aufwendungen für Heizung der Wert berücksichtigt werden, der bei einer gesonderten Beurteilung der Angemessenheit der Aufwendungen für Unterkunft und der Aufwendungen für Heizung ohne Prüfung der Angemessenheit im Einzelfall höchstens anzuerkennen wäre. ³Absatz 1 Satz 2 bis 4 gilt entsprechend.

(11) ¹Die für die Erstellung von Mietspiegeln nach § 558c Absatz 1 des Bürgerlichen Gesetzbuchs nach Landesrecht zuständigen Behörden sind befugt, die in Artikel 238 § 2 Absatz 2 Nummer 1 Buchstabe a, d und e des Einführungsgesetzes zum Bürgerlichen Gesetzbuche genannten Daten zu verarbeiten, soweit dies für die Erstellung von Übersichten über die Angemessenheit von Aufwendungen für eine Unterkunft nach Absatz 1 Satz 1 erforderlich ist. ²Erstellen die nach Landesrecht zuständigen Behörden solche Übersichten nicht, so sind sie befugt, die Daten nach Satz 1 auf Ersuchen an die kommunalen Träger der Grundsicherung für Arbeitsuchende für ihren örtlichen Zuständigkeitsbereich zu übermitteln, soweit dies für die Erstellung von Übersichten über die Angemessenheit von Aufwendungen für die Unterkunft erforderlich ist. ³Werden den kommunalen Trägern der Grundsicherung für Arbeitsuchende die Übersichten nicht zur Verfügung gestellt, so sind sie befugt, die Daten nach Satz 1 für ihren örtlichen Zuständigkeitsbereich bei den nach Landesrecht für die Erstellung von Mietspiegeln zuständigen Behörden zu erheben und in sonstiger Weise zu verarbeiten, soweit dies für die Erstellung von Übersichten über und die Bestimmung der Angemessenheit von Aufwendungen für die Unterkunft nach Absatz 1 Satz 1 erforderlich ist.

(12) Die Daten nach Absatz 11 Satz 1 und 3 sind zu löschen, wenn sie für die dort genannten Zwecke nicht mehr erforderlich sind.

§ 22a Satzungsermächtigung

(1) ¹Die Länder können die Kreise und kreisfreien Städte durch Gesetz ermächtigen oder verpflichten, durch Satzung zu bestimmen, in welcher Höhe Aufwendungen für Unterkunft und Heizung in ihrem Gebiet angemessen sind. ²Eine solche Satzung bedarf der vorherigen Zustimmung der obersten Landesbehörde oder einer von ihr bestimmten Stelle, wenn dies durch Landesgesetz vorgesehen ist. ³Die Länder Berlin und Hamburg bestimmen, welche Form der Rechtsetzung an die Stelle einer nach Satz 1 vorgesehenen Satzung tritt. ⁴Das Land Bremen kann eine Bestimmung nach Satz 3 treffen.

(2) ¹Die Länder können die Kreise und kreisfreien Städte auch ermächtigen, abweichend von § 22 Absatz 1 Satz 1 die Bedarfe für Unterkunft und Heizung in ihrem Gebiet durch eine monatliche Pauschale zu berücksichtigen, wenn auf dem örtlichen Wohnungsmarkt ausreichend freier Wohnraum verfügbar ist und dies dem GrundSatz der Wirtschaftlichkeit entspricht. ²In der Satzung sind Regelungen für den Fall vorzusehen, dass die Pauschalierung im Einzelfall zu unzumutbaren Ergebnissen führt. ³Absatz 1 Satz 2 bis 4 gilt entsprechend.

(3) ¹Die Bestimmung der angemessenen Aufwendungen für Unterkunft und Heizung soll die Verhältnisse des einfachen Standards auf dem örtlichen Wohnungsmarkt abbilden. ²Sie soll die Auswirkungen auf den örtlichen Wohnungsmarkt berücksichtigen hinsichtlich:
1. der Vermeidung von Mietpreis erhöhenden Wirkungen,
2. der Verfügbarkeit von Wohnraum des einfachen Standards,
3. aller verschiedenen Anbietergruppen und
4. der Schaffung und Erhaltung sozial ausgeglichener Bewohnerstrukturen.

§ 22b Inhalt der Satzung

(1) ¹In der Satzung ist zu bestimmen,
1. welche Wohnfläche entsprechend der Struktur des örtlichen Wohnungsmarktes als angemessen anerkannt wird und
2. in welcher Höhe Aufwendungen für die Unterkunft als angemessen anerkannt werden.

²In der Satzung kann auch die Höhe des als angemessen anerkannten Verbrauchswertes oder der als angemessen anerkannten Aufwendungen für die Heizung bestimmt werden. ³Bei einer Bestimmung nach Satz 2 kann sowohl eine Quadratmeterhöchstmiete als auch

eine Gesamtangemessenheitsgrenze unter Berücksichtigung der in den Sätzen 1 und 2 genannten Werte gebildet werden. ⁴Um die Verhältnisse des einfachen Standards auf dem örtlichen Wohnungsmarkt realitätsgerecht abzubilden, können die Kreise und kreisfreien Städte ihr Gebiet in mehrere Vergleichsräume unterteilen, für die sie jeweils eigene Angemessenheitswerte bestimmen.

(2) ¹Der Satzung ist eine Begründung beizufügen. ²Darin ist darzulegen, wie die Angemessenheit der Aufwendungen für Unterkunft und Heizung ermittelt wird. ³Die Satzung ist mit ihrer Begründung ortsüblich bekannt zu machen.

(3) ¹In der Satzung soll für Personen mit einem besonderen Bedarf für Unterkunft und Heizung eine Sonderregelung getroffen werden. ²Dies gilt insbesondere für Personen, die einen erhöhten Raumbedarf haben wegen
1. einer Behinderung oder
2. der Ausübung ihres Umgangsrechts.

§ 22c Datenerhebung, -auswertung und -überprüfung

(1) ¹Zur Bestimmung der angemessenen Aufwendungen für Unterkunft und Heizung sollen die Kreise und kreisfreien Städte insbesondere
1. Mietspiegel, qualifizierte Mietspiegel und Mietdatenbanken und
2. geeignete eigene statistische Datenerhebungen und -auswertungen oder Erhebungen Dritter

einzeln oder kombiniert berücksichtigen. ²Hilfsweise können auch die monatlichen Höchstbeträge nach § 12 Absatz 1 des Wohngeldgesetzes berücksichtigt werden. ³In die Auswertung sollen sowohl Neuvertrags- als auch Bestandsmieten einfließen. ⁴Die Methodik der Datenerhebung und -auswertung ist in der Begründung der Satzung darzulegen.

(2) Die Kreise und kreisfreien Städte müssen die durch Satzung bestimmten Werte für die Unterkunft mindestens alle zwei Jahre und die durch Satzung bestimmten Werte für die Heizung mindestens jährlich überprüfen und gegebenenfalls neu festsetzen.

§ 23 ~~Besonderheiten beim Sozialgeld~~ Besonderheiten beim Bürgergeld für nichterwerbsfähige Leistungsberechtigte

Beim ~~Sozialgeld~~ Bürgergeld nach § 19 Absatz 1 Satz 2 gelten ergänzend folgende Maßgaben:
1. Als Regelbedarf wird bis zur Vollendung des sechsten Lebensjahres ein Betrag in Höhe der Regelbedarfsstufe 6, vom Beginn des siebten bis zur Vollendung des 14. Lebensjahres ein Betrag in Höhe der Regelbedarfsstufe 5 und im 15. Lebensjahr ein Betrag in Höhe der Regelbedarfsstufe 4 anerkannt;
2. Mehrbedarfe nach § 21 Absatz 4 werden auch bei Menschen mit Behinderungen, die das 15. Lebensjahr vollendet haben, anerkannt, wenn Leistungen der Eingliederungshilfe nach § 112 des Neunten Buches erbracht werden;
3. § 21 Absatz 4 Satz 2 gilt auch nach Beendigung der in § 112 des Neunten Buches genannten Maßnahmen;
4. bei nicht erwerbsfähigen Personen, die voll erwerbsgemindert nach dem Sechsten Buch sind, wird ein Mehrbedarf von 17 Prozent der nach § 20 maßgebenden Regelbedarfe anerkannt, wenn sie Inhaberin oder Inhaber eines Ausweises nach § 152 Absatz 5 des Neunten Buches mit dem Merkzeichen G sind; dies gilt nicht, wenn bereits ein Anspruch auf einen Mehrbedarf wegen Behinderung nach § 21 Absatz 4 oder nach der vorstehenden Nummer 2 oder 3 besteht.

Unterabschnitt 3: Abweichende Leistungserbringung und weitere Leistungen

§ 24 Abweichende Erbringung von Leistungen

(1) ¹Kann im Einzelfall ein vom Regelbedarf zur Sicherung des Lebensunterhalts umfasster und nach den Umständen unabweisbarer Bedarf nicht gedeckt werden, erbringt die Agentur für Arbeit bei entsprechendem Nachweis den Bedarf als Sachleistung oder als Geldleistung und gewährt der oder dem Leistungsberechtigten ein entsprechendes Darlehen. ²Bei Sachleistungen wird das Darlehen in Höhe des für die Agentur für Arbeit entstandenen Anschaffungswertes gewährt. ³Weiter gehende Leistungen sind ausgeschlossen.

(2) Solange sich Leistungsberechtigte, insbesondere bei Drogen- oder Alkoholabhängigkeit sowie im Falle unwirtschaftlichen Verhaltens, als ungeeignet erweisen, mit den Leistungen für den Regelbedarf nach § 20 ihren Bedarf zu decken, kann das ~~Arbeitslosengeld II~~ Bürgergeld bis zur Höhe des Regelbedarfs für den Lebensunterhalt in voller Höhe oder anteilig in Form von Sachleistungen erbracht werden.

(3) ¹Nicht vom Regelbedarf nach § 20 umfasst sind Bedarfe für
1. Erstausstattungen für die Wohnung einschließlich Haushaltsgeräten,
2. Erstausstattungen für Bekleidung und Erstausstattungen bei Schwangerschaft und Geburt sowie
3. Anschaffung und Reparaturen von orthopädischen Schuhen, Reparaturen von therapeutischen Geräten und Ausrüstungen sowie die Miete von therapeutischen Geräten.

²Leistungen für diese Bedarfe werden gesondert erbracht. ³Leistungen nach Satz 2 werden auch erbracht, wenn Leistungsberechtigte keine Leistungen zur Sicherung des Lebensunterhalts einschließlich der angemessenen Kosten für Unterkunft und Heizung benötigen, den Bedarf nach Satz 1 jedoch aus eigenen Kräften und Mitteln nicht voll decken können. ⁴In diesem Fall kann das Einkommen berücksichtigt werden, das Leistungsberechtigte innerhalb eines Zeitraumes von bis zu sechs Monaten nach Ablauf des Monats erwerben, in dem über die Leistung entschieden wird. ⁵Die Leistungen für Bedarfe nach Satz 1 Nummer 1 und 2 können als Sachleistung oder Geldleistung, auch in Form von Pauschalbeträgen, erbracht werden. ⁶Bei der Bemessung der Pauschalbeträge sind geeignete Angaben über die erforderlichen Aufwendungen und nachvollziehbare Erfahrungswerte zu berücksichtigen.

(4) ¹Leistungen zur Sicherung des Lebensunterhalts können als Darlehen erbracht werden, soweit in dem Monat, für den die Leistungen erbracht werden, voraussichtlich Einnahmen anfallen. ²Satz 1 gilt auch, soweit Leistungsberechtigte einmalige Einnahmen nach § 11 Absatz 3 Satz 4 vorzeitig verbraucht haben.

(5) ¹Soweit Leistungsberechtigten der sofortige Verbrauch oder die sofortige Verwertung von zu berücksichtigendem Vermögen nicht möglich ist oder für sie eine besondere Härte bedeuten würde, sind Leistungen als Darlehen zu erbringen. ²Die Leistungen können davon abhängig gemacht werden, dass der Anspruch auf Rückzahlung dinglich oder in anderer Weise gesichert wird.

(6) In Fällen des § 22 Absatz 5 werden Leistungen für Erstausstattungen für die Wohnung nur erbracht, wenn der kommunale Träger die Übernahme der Leistungen für Unterkunft und Heizung zugesichert hat oder vom Erfordernis der Zusicherung abgesehen werden konnte.

§ 25 Leistungen bei medizinischer Rehabilitation der Rentenversicherung und bei Anspruch auf Verletztengeld aus der Unfallversicherung

¹Haben Leistungsberechtigte dem Grunde nach Anspruch auf Übergangsgeld bei medizinischen Leistungen der gesetzlichen Rentenversicherung in Höhe des Betrages des ~~Arbeitslosengeldes II~~ Bürgergeldes nach § 19 Absatz 1 Satz 1, erbringen die Träger der Leistungen nach diesem Buch die bisherigen Leistungen als Vorschuss auf die Leistungen der Rentenversicherung weiter; dies gilt entsprechend bei einem Anspruch auf Verletztengeld aus der gesetzlichen Unfallversicherung (bis 30.06.2023). (ab 01.07.2023) ¹Haben Leistungsberechtigte dem Grunde nach Anspruch auf Verletztengeld der gesetzlichen Unfallversicherung, erbringen die Träger der Leistungen nach diesem Buch die bisherigen Leistungen als Vorschuss auf die Leistungen der gesetzlichen Unfallversicherung weiter. ²Werden Vorschüsse länger als einen Monat geleistet, erhalten die Träger der Leistungen nach diesem Buch von den zur Leistung verpflichteten Trägern monatliche Abschlagszahlungen in Höhe der Vorschüsse des jeweils abgelaufenen Monats. ³§ 102 des Zehnten Buches gilt entsprechend.

§ 26 Zuschüsse zu Beiträgen zur Krankenversicherung und Pflegeversicherung

(1) ¹Für Bezieherinnen und Bezieher von ~~Arbeitslosengeld II oder Sozialgeld~~ Bürgergeld, die gegen das Risiko Krankheit bei einem privaten Krankenversicherungsunternehmen im Rahmen von Versicherungsverträgen, die der Versicherungspflicht nach § 193 Absatz 3 des Versicherungsvertragsgesetzes genügen, versichert sind, wird für die Dauer des Leistungsbezugs ein Zuschuss zum Beitrag geleistet; der Zuschuss ist begrenzt auf die Höhe des nach § 152 Absatz 4 des Versicherungsaufsichtsgesetzes halbierten Beitrags für den Basistarif in der privaten Krankenversicherung, den Hilfebedürftige zu leisten haben. ²Für Bezieherinnen und Bezieher von ~~Sozialgeld~~ Bürgergeld nach § 19 Absatz 1 Satz 2, die in der gesetzlichen Krankenversicherung versicherungspflichtig oder freiwillig versichert sind, wird für die Dauer des Leistungsbezugs ein Zuschuss in Höhe des Beitrags geleistet, soweit dieser nicht nach § 11b Absatz 1 Satz 1 Nummer 2 abgesetzt wird; Gleiches gilt für Bezieherinnen und Bezieher von ~~Arbeitslosengeld II~~ Bürgergeld nach § 19 Absatz 1 Satz 1, die nicht nach § 5 Absatz 1 Nummer 2a des Fünften Buches versicherungspflichtig sind.

(2) ¹Für Personen, die
1. in der gesetzlichen Krankenversicherung versicherungspflichtig oder freiwillig versichert sind oder
2. unter den Voraussetzungen des Absatzes 1 Satz 1 erster HalbSatz privat krankenversichert sind und die

allein durch die Zahlung des Beitrags hilfebedürftig würden, wird ein Zuschuss zum Beitrag in Höhe des Betrages geleistet, der notwendig ist, um die Hilfebedürftigkeit zu vermeiden. ²In den Fällen des Satzes 1 Nummer 2 gilt die Begrenzung des Zuschusses nach Absatz 1 Satz 1 zweiter HalbSatz entsprechend.

(3) ¹Für Bezieherinnen und Bezieher von ~~Arbeitslosengeld II oder Sozialgeld~~ Bürgergeld, die gegen das Risiko Pflegebedürftigkeit bei einem privaten Versicherungsunternehmen in Erfüllung ihrer Versicherungspflicht nach § 23 des Elften Buches versichert sind, wird für die Dauer des Leistungsbezugs ein Zuschuss zum Beitrag geleistet; der Zuschuss ist begrenzt auf die Hälfte des Höchstbeitrags in der sozialen Pflegeversicherung. ²Für Bezieherinnen und Bezieher von ~~Sozialgeld~~ Bürgergeld nach § 19 Absatz 1 Satz 2, die in der sozialen Pflegeversicherung versicherungspflichtig sind, wird für die Dauer des Leistungsbezugs ein Zuschuss in Höhe des Beitrags geleistet, soweit dieser nicht nach § 11b Absatz 1 Satz 1 Nummer 2 abgesetzt wird; Gleiches gilt für Bezieherinnen und

Bezieher von ~~Arbeitslosengeld II~~ Bürgergeld nach § 19 Absatz 1 Satz 1, die nicht nach § 20 Absatz 1 Satz 2 Nummer 2a des Elften Buches versicherungspflichtig sind.

(4) ¹Für Personen, die
1. in der sozialen Pflegeversicherung versicherungspflichtig sind oder
2. unter den Voraussetzungen des Absatzes 3 Satz 1 erster HalbSatz privat pflegeversichert sind und die

allein durch die Zahlung des Beitrags hilfebedürftig würden, wird ein Zuschuss zum Beitrag in Höhe des Betrages geleistet, der notwendig ist, um die Hilfebedürftigkeit zu vermeiden. ²In den Fällen des Satzes 1 Nummer 2 gilt die Begrenzung des Zuschusses nach Absatz 3 Satz 1 zweiter HalbSatz entsprechend.

(5) ¹Der Zuschuss nach Absatz 1 Satz 1, nach Absatz 2 Satz 1 Nummer 2, nach Absatz 3 Satz 1 und nach Absatz 4 Satz 1 Nummer 2 ist an das private Versicherungsunternehmen zu zahlen, bei dem die leistungsberechtigte Person versichert ist. ²Der Zuschuss nach Absatz 1 Satz 2 und Absatz 3 Satz 2 ist an die Krankenkasse zu zahlen, bei der die leistungsberechtigte Person versichert ist.

§ 27 Leistungen für Auszubildende

(1) ¹Auszubildende im Sinne des § 7 Absatz 5 erhalten Leistungen zur Sicherung des Lebensunterhalts nach Maßgabe der folgenden Absätze. ²Die Leistungen für Auszubildende im Sinne des § 7 Absatz 5 gelten nicht als ~~Arbeitslosengeld II~~ Bürgergeld nach § 19 Absatz 1 Satz 1.

(2) Leistungen werden in Höhe der Mehrbedarfe nach § 21 Absatz 2, 3, 5 und 6 und in Höhe der Leistungen nach § 24 Absatz 3 Nummer 2 erbracht, soweit die Mehrbedarfe nicht durch zu berücksichtigendes Einkommen oder Vermögen gedeckt sind.

(3) ¹Leistungen können für Regelbedarfe, den Mehrbedarf nach § 21 Absatz 7, Bedarfe für Unterkunft und Heizung, Bedarfe für Bildung und Teilhabe und notwendige Beiträge zur Kranken- und Pflegeversicherung als Darlehen erbracht werden, sofern der Leistungsausschluss nach § 7 Absatz 5 eine besondere Härte bedeutet. ²Eine besondere Härte ist auch anzunehmen, wenn Auszubildenden, deren Bedarf sich nach §§ 12 oder 13 Absatz 1 Nummer 1 des Bundesausbildungsförderungsgesetzes bemisst, aufgrund von § 10 Absatz 3 des Bundesausbildungsförderungsgesetzes keine Leistungen zustehen, diese Ausbildung im Einzelfall für die Eingliederung der oder des Auszubildenden in das Erwerbsleben zwingend erforderlich ist und ohne die Erbringung von Leistungen zum Lebensunterhalt der Abbruch der Ausbildung droht; in diesem Fall sind Leistungen als Zuschuss zu erbringen. ³Für den Monat der Aufnahme einer Ausbildung können Leistungen entsprechend § 24 Absatz 4 Satz 1 erbracht werden. Leistungen nach Satz 1 sind gegenüber den Leistungen nach Absatz 2 nachrangig.

Unterabschnitt 4: Leistungen für Bildung und Teilhabe

§ 28 Bedarfe für Bildung und Teilhabe

(1) ¹Bedarfe für Bildung und Teilhabe am sozialen und kulturellen Leben in der Gemeinschaft werden bei Kindern, Jugendlichen und jungen Erwachsenen neben dem Regelbedarf nach Maßgabe der Absätze 2 bis 7 gesondert berücksichtigt. ²Bedarfe für Bildung werden nur bei Personen berücksichtigt, die das 25. Lebensjahr noch nicht vollendet haben, eine allgemein- oder berufsbildende Schule besuchen und keine Ausbildungsvergütung erhalten (Schülerinnen und Schüler).

(2) ¹Bei Schülerinnen und Schülern werden die tatsächlichen Aufwendungen anerkannt für

1. Schulausflüge und
2. mehrtägige Klassenfahrten im Rahmen der schulrechtlichen Bestimmungen.
²Für Kinder, die eine Tageseinrichtung besuchen oder für die Kindertagespflege geleistet wird, gilt Satz 1 entsprechend.

(3) Für die Ausstattung von Schülerinnen und Schülern mit persönlichem Schulbedarf ist § 34 Absatz 3 und 3a des Zwölften Buches mit der Maßgabe entsprechend anzuwenden, dass der nach § 34 Absatz 3 Satz 1 und Absatz 3a des Zwölften Buches anzuerkennende Bedarf für das erste Schulhalbjahr regelmäßig zum 1. August und für das zweite Schulhalbjahr regelmäßig zum 1. Februar zu berücksichtigen ist.

(4) ¹Bei Schülerinnen und Schülern, die für den Besuch der nächstgelegenen Schule des gewählten Bildungsgangs auf Schülerbeförderung angewiesen sind, werden die dafür erforderlichen tatsächlichen Aufwendungen berücksichtigt, soweit sie nicht von Dritten übernommen werden. ²Als nächstgelegene Schule des gewählten Bildungsgangs gilt auch eine Schule, die aufgrund ihres Profils gewählt wurde, soweit aus diesem Profil eine besondere inhaltliche oder organisatorische Ausgestaltung des Unterrichts folgt; dies sind insbesondere Schulen mit naturwissenschaftlichem, musischem, sportlichem oder sprachlichem Profil sowie bilinguale Schulen, und Schulen mit ganztägiger Ausrichtung.

(5) ¹Bei Schülerinnen und Schülern wird eine schulische Angebote ergänzende angemessene Lernförderung berücksichtigt, soweit diese geeignet und zusätzlich erforderlich ist, um die nach den schulrechtlichen Bestimmungen festgelegten wesentlichen Lernziele zu erreichen. ²Auf eine bestehende Versetzungsgefährdung kommt es dabei nicht an.

(6) ¹Bei Teilnahme an einer gemeinschaftlichen Mittagsverpflegung werden die entstehenden Aufwendungen berücksichtigt für
1. Schülerinnen und Schüler und
2. Kinder, die eine Tageseinrichtung besuchen oder für die Kindertagespflege geleistet wird.

²Für Schülerinnen und Schüler gilt dies unter der Voraussetzung, dass die Mittagsverpflegung in schulischer Verantwortung angeboten wird oder durch einen Kooperationsvertrag zwischen Schule und Tageseinrichtung vereinbart ist.

(6) ¹Für die Teilhabe am sozialen und kulturellen Leben in der Gemeinschaft werden pauschal 15 Euro monatlich berücksichtigt, sofern bei Leistungsberechtigten, die das 18. Lebensjahr noch nicht vollendet haben, tatsächliche Aufwendungen entstehen im Zusammenhang mit der Teilnahme an
1. Aktivitäten in den Bereichen Sport, Spiel, Kultur und Geselligkeit,
2. Unterricht in künstlerischen Fächern (zum Beispiel Musikunterricht) und vergleichbare angeleitete Aktivitäten der kulturellen Bildung und
3. Freizeiten.

²Neben der Berücksichtigung von Bedarfen nach Satz 1 können auch weitere tatsächliche Aufwendungen berücksichtigt werden, wenn sie im Zusammenhang mit der Teilnahme an Aktivitäten nach Satz 1 Nummer 1 bis 3 entstehen und es den Leistungsberechtigten im Einzelfall nicht zugemutet werden kann, diese aus den Leistungen nach Satz 1 und aus dem Regelbedarf zu bestreiten.

§ 29 Erbringung der Leistungen für Bildung und Teilhabe
(1) ¹Leistungen zur Deckung der Bedarfe nach § 28 Absatz 2 und 5 bis 7 werden erbracht durch
1. Sach- und Dienstleistungen, insbesondere in Form von personalisierten Gutscheinen,
2. Direktzahlungen an Anbieter von Leistungen zur Deckung dieser Bedarfe (Anbieter)

oder
3. Geldleistungen.
²Die kommunalen Träger bestimmen, in welcher Form sie die Leistungen erbringen. Die Leistungen zur Deckung der Bedarfe nach § 28 Absatz 3 und 4 werden jeweils durch Geldleistungen erbracht. Die kommunalen Träger können mit Anbietern pauschal abrechnen.

(2) ¹Werden die Bedarfe durch Gutscheine gedeckt, gelten die Leistungen mit Ausgabe des jeweiligen Gutscheins als erbracht. ²Die kommunalen Träger gewährleisten, dass Gutscheine bei geeigneten vorhandenen Anbietern oder zur Wahrnehmung ihrer eigenen Angebote eingelöst werden können. ³Gutscheine können für den gesamten Bewilligungszeitraum im Voraus ausgegeben werden. ⁴Die Gültigkeit von Gutscheinen ist angemessen zu befristen. ⁵Im Fall des Verlustes soll ein Gutschein erneut in dem Umfang ausgestellt werden, in dem er noch nicht in Anspruch genommen wurde.

(3) ¹Werden die Bedarfe durch Direktzahlungen an Anbieter gedeckt, gelten die Leistungen mit der Zahlung als erbracht. ²Eine Direktzahlung ist für den gesamten Bewilligungszeitraum im Voraus möglich.

(4) Werden die Leistungen für Bedarfe nach § 28 Absatz 2 und 5 bis 7 durch Geldleistungen erbracht, erfolgt dies
1. monatlich in Höhe der im Bewilligungszeitraum bestehenden Bedarfe oder
2. nachträglich durch Erstattung verauslagter Beträge.

(5) ¹Im Einzelfall kann ein Nachweis über eine zweckentsprechende Verwendung der Leistung verlangt werden. ²Soweit der Nachweis nicht geführt wird, soll die Bewilligungsentscheidung widerrufen werden.

(6) ¹Abweichend von den Absätzen 1 bis 4 können Leistungen nach § 28 Absatz 2 Satz 1 Nummer 1 gesammelt für Schülerinnen und Schüler an eine Schule ausgezahlt werden, wenn die Schule
1. dies bei dem örtlich zuständigen kommunalen Träger (§ 36 Absatz 3) beantragt,
2. die Leistungen für die leistungsberechtigten Schülerinnen und Schüler verauslagt und
3. sich die Leistungsberechtigung von den Leistungsberechtigten nachweisen lässt.
²Der kommunale Träger kann mit der Schule vereinbaren, dass monatliche oder schulhalbjährliche Abschlagszahlungen geleistet werden.

§ 30 Berechtigte Selbsthilfe

¹Geht die leistungsberechtigte Person durch Zahlung an Anbieter in Vorleistung, ist der kommunale Träger zur Übernahme der berücksichtigungsfähigen Aufwendungen verpflichtet, soweit
1. unbeschadet des Satzes 2 die Voraussetzungen einer Leistungsgewährung zur Deckung der Bedarfe im Zeitpunkt der Selbsthilfe nach § 28 Absatz 2 und 5 bis 7 vorlagen und
2. zum Zeitpunkt der Selbsthilfe der Zweck der Leistung durch Erbringung als Sach- oder Dienstleistung ohne eigenes Verschulden nicht oder nicht rechtzeitig zu erreichen war.
²War es dem Leistungsberechtigten nicht möglich, rechtzeitig einen Antrag zu stellen, gilt dieser als zum Zeitpunkt der Selbstvornahme gestellt.

Unterabschnitt 5: ~~Sanktionen~~ Leistungsminderungen

§ 31 Pflichtverletzungen

(1) ¹Erwerbsfähige Leistungsberechtigte verletzen ihre Pflichten, wenn sie trotz schriftlicher Belehrung über die Rechtsfolgen oder deren Kenntnis
1. sich weigern, in der Eingliederungsvereinbarung oder in dem diese ersetzenden Verwal-

tungsakt nach § 15 Absatz 3 Satz 3 festgelegte Pflichten zu erfüllen, insbesondere in ausreichendem Umfang Eigenbemühungen nachzuweisen (bis 30.06.2023),
1. (ab 01.07.2023) sich weigern, einer Aufforderung gemäß § 15 Absatz 5 oder Absatz 6 nachzukommen,
2. sich weigern, eine zumutbare Arbeit, Ausbildung, Arbeitsgelegenheit nach § 16d oder ein nach § 16e gefördertes Arbeitsverhältnis aufzunehmen, fortzuführen oder deren Anbahnung durch ihr Verhalten verhindern,
3. eine zumutbare Maßnahme zur Eingliederung in Arbeit nicht antreten, abbrechen oder Anlass für den Abbruch gegeben haben.

²Dies gilt nicht, wenn erwerbsfähige Leistungsberechtigte einen wichtigen Grund für ihr Verhalten darlegen und nachweisen.

(2) Eine Pflichtverletzung von erwerbsfähigen Leistungsberechtigten ist auch anzunehmen, wenn
1. sie nach Vollendung des 18. Lebensjahres ihr Einkommen oder Vermögen in der Absicht vermindert haben, die Voraussetzungen für die Gewährung oder Erhöhung des Arbeitslosengeldes II **Bürgergeldes nach § 19 Absatz 1 Satz 1** herbeizuführen,
2. sie trotz Belehrung über die Rechtsfolgen oder deren Kenntnis ihr unwirtschaftliches Verhalten fortsetzen,
3. ihr Anspruch auf Arbeitslosengeld ruht oder erloschen ist, weil die Agentur für Arbeit das Eintreten einer Sperrzeit oder das Erlöschen des Anspruchs nach den Vorschriften des Dritten Buches festgestellt hat, oder
4. sie die im Dritten Buch genannten Voraussetzungen für das Eintreten einer Sperrzeit erfüllen, die das Ruhen oder Erlöschen eines Anspruchs auf Arbeitslosengeld begründen.

§ 31a Rechtsfolgen bei Pflichtverletzungen

(1) ¹Bei einer Pflichtverletzung nach § 31 mindert sich das Arbeitslosengeld II in einer ersten Stufe um 30 Prozent des für die erwerbsfähige leistungsberechtigte Person nach § 20 maßgebenden Regelbedarfs. ²Bei der ersten wiederholten Pflichtverletzung nach § 31 mindert sich das Arbeitslosengeld II um 60 Prozent des für die erwerbsfähige leistungsberechtigte Person nach § 20 maßgebenden Regelbedarfs. ³Bei jeder weiteren wiederholten Pflichtverletzung nach § 31 entfällt das Arbeitslosengeld II vollständig. ⁴Eine wiederholte Pflichtverletzung liegt nur vor, wenn bereits zuvor eine Minderung festgestellt wurde. ⁵Sie liegt nicht vor, wenn der Beginn des vorangegangenen Minderungszeitraums länger als ein Jahr zurückliegt. ⁶Erklären sich erwerbsfähige Leistungsberechtigte nachträglich bereit, ihren Pflichten nachzukommen, kann der zuständige Träger die Minderung der Leistungen nach Satz 3 ab diesem Zeitpunkt auf 60 Prozent des für sie nach § 20 maßgebenden Regelbedarfs begrenzen.

(2) ¹Bei erwerbsfähigen Leistungsberechtigten, die das 25. Lebensjahr noch nicht vollendet haben, ist das Arbeitslosengeld II bei einer Pflichtverletzung nach § 31 auf die für die Bedarfe nach § 22 zu erbringenden Leistungen beschränkt. ²Bei wiederholter Pflichtverletzung nach § 31 entfällt das Arbeitslosengeld II vollständig. ³Absatz 1 Satz 4 und 5 gilt entsprechend. ⁴Erklären sich erwerbsfähige Leistungsberechtigte, die das 25. Lebensjahr noch nicht vollendet haben, nachträglich bereit, ihren Pflichten nachzukommen, kann der Träger unter Berücksichtigung aller Umstände des Einzelfalles ab diesem Zeitpunkt wieder die für die Bedarfe nach § 22 zu erbringenden Leistungen gewähren.

(3) ¹Bei einer Minderung des Arbeitslosengeldes II um mehr als 30 Prozent des nach § 20 maßgebenden Regelbedarfs kann der Träger auf Antrag in angemessenem Umfang

~~ergänzende Sachleistungen oder geldwerte Leistungen erbringen. ²Der Träger hat Leistungen nach Satz 1 zu erbringen, wenn Leistungsberechtigte mit minderjährigen Kindern in einem Haushalt leben. ³Bei einer Minderung des Arbeitslosengeldes II um mindestens 60 Prozent des für den erwerbsfähigen Leistungsberechtigten nach § 20 maßgebenden Regelbedarfs soll das Arbeitslosengeld II, soweit es für den Bedarf für Unterkunft und Heizung nach § 22 Absatz 1 erbracht wird, an den Vermieter oder andere Empfangsberechtigte gezahlt werden.~~
~~(4) Für nichterwerbsfähige Leistungsberechtigte gilt Absatz 1 und 3 bei Pflichtverletzungen nach § 31 Absatz 2 Nummer 1 und 2 entsprechend.~~

(1) ¹Bei einer Pflichtverletzung nach § 31 mindert sich das Bürgergeld um 10 Prozent des nach § 20 jeweils maßgebenden Regelbedarfs. ²Bei einer weiteren Pflichtverletzung nach § 31 mindert sich das Bürgergeld um 20 Prozent des nach § 20 jeweils maßgebenden Regelbedarfs. ³Bei jeder weiteren Pflichtverletzung nach § 31 mindert sich das Bürgergeld um 30 Prozent des nach § 20 jeweils maßgeblichen Regelbedarfs. ⁴Eine weitere Pflichtverletzung liegt nur vor, wenn bereits zuvor eine Minderung festgestellt wurde. ⁵Sie liegt nicht vor, wenn der Beginn des vorangegangenen Minderungszeitraums länger als ein Jahr zurückliegt. ⁶Minderungen nach den Sätzen 1 bis 3 sind aufzuheben, sobald erwerbsfähige Leistungsberechtigte diese Pflichten erfüllen oder sich nachträglich ernsthaft und nachhaltig dazu bereit erklären, diesen künftig nachzukommen. 7Abweichend von den Sätzen 1 bis 3 gelten bei Pflichtverletzungen nach § 31 Absatz 2 Nummer 3 in Fällen einer Sperrzeit bei Meldeversäumnis nach § 159 Absatz 1 Satz 2 Nummer 8 des Dritten Buches die Rechtsfolgen des § 32.

(2) ¹Vor der Feststellung der Minderung nach Absatz 1 soll auf Verlangen der erwerbsfähigen Leistungsberechtigten die Anhörung nach § 24 des Zehnten Buches persönlich erfolgen. ²Verletzen die erwerbsfähigen Leistungsberechtigten wiederholt ihre Pflichten oder versäumen wiederholt Meldetermine nach § 32, soll die Anhörung persönlich erfolgen.

(3) Eine Leistungsminderung erfolgt nicht, wenn sie im Einzelfall eine außergewöhnliche Härte bedeuten würde.

(4) ¹Leistungsminderungen bei wiederholten Pflichtverletzungen oder wiederholten Meldeversäumnissen nach § 32 sind auf insgesamt 30 Prozent des nach § 20 maßgebenden Regelbedarfs begrenzt. ²Die sich rechnerisch ergebenden Zahlbeträge für die Kosten der Unterkunft und Heizung dürfen durch eine Leistungsminderung nicht verringert werden.

(5) Für nichterwerbsfähige Leistungsberechtigte gelten die Absätze 1 bis 4 bei Pflichtverletzungen nach § 31 Absatz 2 Nummer 1 und 2 entsprechend.

(6) Erwerbsfähige Leistungsberechtigte, die das 25. Lebensjahr noch nicht vollendet haben, sollen innerhalb von vier Wochen nach Feststellung einer Leistungsminderung ein Beratungsangebot erhalten, in dem die Inhalte des Kooperationsplans überprüft und bei Bedarf fortgeschrieben werden.

§ 31b Beginn und Dauer der Minderung

(1) ¹Der Auszahlungsanspruch mindert sich mit Beginn des Kalendermonats, der auf das Wirksamwerden des Verwaltungsaktes folgt, der die Pflichtverletzung und den Umfang der Minderung der Leistung feststellt. ²In den Fällen des § 31 Absatz 2 Nummer 3 tritt die Minderung mit Beginn der Sperrzeit oder mit dem Erlöschen des Anspruchs nach dem Dritten Buch ein. ~~³Der Minderungszeitraum beträgt drei Monate. ⁴Bei erwerbsfähigen Leistungsberechtigten, die das 25. Lebensjahr noch nicht vollendet haben, kann der Träger die Minderung des Auszahlungsanspruchs in Höhe der Bedarfe nach den §§ 20 und 21~~

~~unter Berücksichtigung aller Umstände des Einzelfalls auf sechs Wochen verkürzen.~~ ⁵Die Feststellung der Minderung ist nur innerhalb von sechs Monaten ab dem Zeitpunkt der Pflichtverletzung zulässig.

(2) ¹Der Minderungszeitraum beträgt
1. in den Fällen des § 31a Absatz 1 Satz 1 einen Monat,
2. in den Fällen des § 31a Absatz 1 Satz 2 zwei Monate und
3. in den Fällen des § 31a Absatz 1 Satz 3 jeweils drei Monate.

²In den Fällen des § 31a Absatz 1 Satz 6 ist die Minderung ab dem Zeitpunkt der Pflichterfüllung oder der Erklärung der Bereitschaft zur Pflichterfüllung aufzuheben, soweit der Minderungszeitraum mindestens einen Monat betragen hat, andernfalls nach Ablauf dieses Monats.

~~(2)~~ (3) Während der Minderung des Auszahlungsanspruchs besteht kein Anspruch auf ergänzende Hilfe zum Lebensunterhalt nach den Vorschriften des Zwölften Buches.

§ 32 Meldeversäumnisse

(1) ¹Kommen Leistungsberechtigte trotz schriftlicher Belehrung über die Rechtsfolgen oder deren Kenntnis einer Aufforderung des zuständigen Trägers, sich bei ihm zu melden oder bei einem ärztlichen oder psychologischen Untersuchungstermin zu erscheinen, nicht nach, mindert sich das ~~Arbeitslosengeld II oder das Sozialgeld~~ Bürgergeld jeweils um 10 Prozent des für sie nach § 20 maßgebenden Regelbedarfs. ²Dies gilt nicht, wenn Leistungsberechtigte einen wichtigen Grund für ihr Verhalten darlegen und nachweisen.

(2) ¹~~Die Minderung nach dieser Vorschrift tritt zu einer Minderung nach § 31a hinzu.~~ ²~~§ 31a Absatz 3 und § 31b gelten entsprechend.~~ ¹§ 31a Absatz 2 bis 5 und § 31b Absatz 1 und 3 gelten entsprechend. ²Der Minderungszeitraum beträgt einen Monat.

Unterabschnitt 6: Verpflichtungen Anderer

§ 33 Übergang von Ansprüchen

(1) ¹Haben Personen, die Leistungen zur Sicherung des Lebensunterhalts beziehen, für die Zeit, für die Leistungen erbracht werden, einen Anspruch gegen einen Anderen, der nicht Leistungsträger ist, geht der Anspruch bis zur Höhe der geleisteten Aufwendungen auf die Träger der Leistungen nach diesem Buch über, wenn bei rechtzeitiger Leistung des Anderen Leistungen zur Sicherung des Lebensunterhalts nicht erbracht worden wären. ²Satz 1 gilt auch, soweit Kinder unter Berücksichtigung von Kindergeld nach § 11 Absatz 1 Satz 4 keine Leistungen empfangen haben und bei rechtzeitiger Leistung des Anderen keine oder geringere Leistungen an die Mitglieder der Haushaltsgemeinschaft erbracht worden wären. ³Der Übergang wird nicht dadurch ausgeschlossen, dass der Anspruch nicht übertragen, verpfändet oder gepfändet werden kann. ⁴Unterhaltsansprüche nach bürgerlichem Recht gehen zusammen mit dem unterhaltsrechtlichen Auskunftsanspruch auf die Träger der Leistungen nach diesem Buch über.

(2) ¹Ein Unterhaltsanspruch nach bürgerlichem Recht geht nicht über, wenn die unterhaltsberechtigte Person
1. mit der oder dem Verpflichteten in einer Bedarfsgemeinschaft lebt,
2. mit der oder dem Verpflichteten verwandt ist und den Unterhaltsanspruch nicht geltend macht; dies gilt nicht für Unterhaltsansprüche
    a) minderjähriger Leistungsberechtigter,
    b) Leistungsberechtigter, die das 25. Lebensjahr noch nicht vollendet und die Erstausbildung noch nicht abgeschlossen haben,
    gegen ihre Eltern,

3. in einem Kindschaftsverhältnis zur oder zum Verpflichteten steht und
   a) schwanger ist oder
   b) ihr leibliches Kind bis zur Vollendung seines sechsten Lebensjahres betreut.

²Der Übergang ist auch ausgeschlossen, soweit der Unterhaltsanspruch durch laufende Zahlung erfüllt wird. ³Der Anspruch geht nur über, soweit das Einkommen und Vermögen der unterhaltsverpflichteten Person das nach den §§ 11 bis 12 zu berücksichtigende Einkommen und Vermögen übersteigt.

(3) ¹Für die Vergangenheit können die Träger der Leistungen nach diesem Buch außer unter den Voraussetzungen des bürgerlichen Rechts nur von der Zeit an den Anspruch geltend machen, zu welcher sie der oder dem Verpflichteten die Erbringung der Leistung schriftlich mitgeteilt haben. ²Wenn die Leistung voraussichtlich auf längere Zeit erbracht werden muss, können die Träger der Leistungen nach diesem Buch bis zur Höhe der bisherigen monatlichen Aufwendungen auch auf künftige Leistungen klagen.

(4) ¹Die Träger der Leistungen nach diesem Buch können den auf sie übergegangenen Anspruch im Einvernehmen mit der Empfängerin oder dem Empfänger der Leistungen auf diese oder diesen zur gerichtlichen Geltendmachung rückübertragen und sich den geltend gemachten Anspruch abtreten lassen. ²Kosten, mit denen die Leistungsempfängerin oder der Leistungsempfänger dadurch selbst belastet wird, sind zu übernehmen. ³Über die Ansprüche nach Absatz 1 Satz 4 ist im Zivilrechtsweg zu entscheiden.

(5) Die §§ 115 und 116 des Zehnten Buches gehen der Regelung des Absatzes 1 vor.

§ 34 Ersatzansprüche bei sozialwidrigem Verhalten

(1) ¹Wer nach Vollendung des 18. Lebensjahres vorsätzlich oder grob fahrlässig die Voraussetzungen für die Gewährung von Leistungen nach diesem Buch an sich oder an Personen, die mit ihr oder ihm in einer Bedarfsgemeinschaft leben, ohne wichtigen Grund herbeigeführt hat, ist zum ErSatz der deswegen erbrachten Geld- und Sachleistungen verpflichtet. ²Als Herbeiführung im Sinne des Satzes 1 gilt auch, wenn die Hilfebedürftigkeit erhöht, aufrechterhalten oder nicht verringert wurde. ³Sachleistungen sind, auch wenn sie in Form eines Gutscheins erbracht wurden, in Geld zu ersetzen. ⁴§ 40 Absatz 6 Satz 2 gilt entsprechend. ⁵Der Ersatzanspruch umfasst auch die geleisteten Beiträge zur Sozialversicherung. ⁶Von der Geltendmachung eines Ersatzanspruchs ist abzusehen, soweit sie eine Härte bedeuten würde.

(2) ¹Eine nach Absatz 1 eingetretene Verpflichtung zum ErSatz der Leistungen geht auf den Erben über. ²Sie ist auf den Nachlasswert zum Zeitpunkt des Erbfalls begrenzt.

(3) ¹Der Ersatzanspruch erlischt drei Jahre nach Ablauf des Jahres, für das die Leistung erbracht worden ist. ²Die Bestimmungen des Bürgerlichen Gesetzbuchs über die Hemmung, die Ablaufhemmung, den Neubeginn und die Wirkung der Verjährung gelten sinngemäß; der Erhebung der Klage steht der Erlass eines Leistungsbescheides gleich.

§ 34a Ersatzansprüche für rechtswidrig erbrachte Leistungen

(1) ¹Zum ErSatz rechtswidrig erbrachter Geld- und Sachleistungen nach diesem Buch ist verpflichtet, wer diese durch vorsätzliches oder grob fahrlässiges Verhalten an Dritte herbeigeführt hat. ²Sachleistungen sind, auch wenn sie in Form eines Gutscheins erbracht wurden, in Geld zu ersetzen. ³§ 40 Absatz 6 Satz 2 gilt entsprechend. ⁴Der Ersatzanspruch umfasst auch die geleisteten Beiträge zur Sozialversicherung entsprechend § 40 Absatz 2 Nummer 5.

(2) ¹Der Ersatzanspruch verjährt in vier Jahren nach Ablauf des Kalenderjahres, in dem der Verwaltungsakt, mit dem die Erstattung nach § 50 des Zehnten Buches festgesetzt worden

ist, unanfechtbar geworden ist. ²Soweit gegenüber einer rechtswidrig begünstigten Person ein Verwaltungsakt nicht aufgehoben werden kann, beginnt die Frist nach Satz 1 mit dem Zeitpunkt, ab dem die Behörde Kenntnis von der Rechtswidrigkeit der Leistungserbringung hat. ³§ 34 Absatz 3 Satz 2 gilt entsprechend.

(3) ¹§ 34 Absatz 2 gilt entsprechend. ²Der Ersatzanspruch erlischt drei Jahre nach dem Tod der Person, die gemäß Absatz 1 zum ErSatz verpflichtet war; § 34 Absatz 3 Satz 2 gilt entsprechend.

(4) Zum ErSatz nach Absatz 1 und zur Erstattung nach § 50 des Zehnten Buches Verpflichtete haften als Gesamtschuldner.

§ 34b Erstattungsanspruch bei Doppelleistungen

(1) ¹Hat ein vorrangig verpflichteter Leistungsträger in Unkenntnis der Leistung durch Träger nach diesem Buch an eine leistungsberechtigte Person geleistet, ist diese zur Erstattung der Leistung des vorrangigen Trägers an die Träger nach diesem Buch verpflichtet. ²Der Erstattungsanspruch besteht in der Höhe, in der ein Erstattungsanspruch nach dem Zweiten Abschnitt des Dritten Kapitels des Zehnten Buches bestanden hätte. ³§ 34c ist entsprechend anwendbar.

(2) Ein Erstattungsanspruch besteht nicht, soweit der geleistete Betrag als Einkommen nach den Vorschriften dieses Buches berücksichtigt werden kann.

(3) Der Erstattungsanspruch verjährt vier Jahre nach Ablauf des Kalenderjahres, in dem der vorrangig verpflichtete Leistungsträger die Leistung erbracht hat.

§ 34c Ersatzansprüche nach sonstigen Vorschriften

Bestimmt sich das Recht des Trägers nach diesem Buch, ErSatz seiner Aufwendungen von einem anderen zu verlangen, gegen den die Leistungsberechtigten einen Anspruch haben, nach sonstigen gesetzlichen Vorschriften, die dem § 33 vorgehen, gelten als Aufwendungen auch solche Leistungen zur Sicherung des Lebensunterhalts, die an die mit der leistungsberechtigten Person in einer Bedarfsgemeinschaft lebenden Personen erbracht wurden.

§ 35 (weggefallen)

Kapitel 4: Gemeinsame Vorschriften für Leistungen

Abschnitt 1: Zuständigkeit und Verfahren

§ 36 Örtliche Zuständigkeit

(1) ¹Für die Leistungen nach § 6 Absatz 1 Satz 1 Nummer 1 ist die Agentur für Arbeit zuständig, in deren Bezirk die erwerbsfähige leistungsberechtigte Person ihren gewöhnlichen Aufenthalt hat. ²Für die Leistungen nach § 6 Absatz 1 Satz 1 Nummer 2 ist der kommunale Träger zuständig, in dessen Gebiet die erwerbsfähige leistungsberechtigte Person ihren gewöhnlichen Aufenthalt hat. ³Für Leistungen nach den Sätzen 1 und 2 an Minderjährige, die Leistungen für die Zeit der Ausübung des Umgangsrechts nur für einen kurzen Zeitraum beanspruchen, ist der jeweilige Träger an dem Ort zuständig, an dem die umgangsberechtigte Person ihren gewöhnlichen Aufenthalt hat. ⁴Kann ein gewöhnlicher Aufenthaltsort nicht festgestellt werden, so ist der Träger nach diesem Buch örtlich zuständig, in dessen Bereich sich die oder der erwerbsfähige Leistungsberechtigte tatsächlich aufhält. ⁵Für nicht erwerbsfähige Personen, deren Leistungsberechtigung sich aus § 7 Absatz 2 Satz 3 ergibt, gelten die Sätze 1 bis 4 entsprechend.

(2) ¹Abweichend von Absatz 1 ist für die jeweiligen Leistungen nach diesem Buch der Träger zuständig, in dessen Gebiet die leistungsberechtigte Person nach § 12a Absatz 1 bis 3 des Aufenthaltsgesetzes ihren Wohnsitz zu nehmen hat. ²Ist die leistungsberechtigte Person nach § 12a Absatz 4 des Aufenthaltsgesetzes verpflichtet, ihren Wohnsitz an einem bestimmten Ort nicht zu nehmen, kann eine Zuständigkeit der Träger in diesem Gebiet für die jeweiligen Leistungen nach diesem Buch nicht begründet werden; im Übrigen gelten die Regelungen des Absatzes 1.

(3) ¹Abweichend von den Absätzen 1 und 2 ist im Fall der Auszahlung der Leistungen nach § 28 Absatz 2 Satz 1 Nummer 1 nach § 29 Absatz 6 der kommunale Träger zuständig, in dessen Gebiet die Schule liegt. ²Die Zuständigkeit nach Satz 1 umfasst auch Leistungen an Schülerinnen und Schüler, für die im Übrigen ein anderer kommunaler Träger nach den Absätzen 1 oder 2 zuständig ist oder wäre.

§ 36a Kostenerstattung bei Aufenthalt im Frauenhaus
Sucht eine Person in einem Frauenhaus Zuflucht, ist der kommunale Träger am bisherigen gewöhnlichen Aufenthaltsort verpflichtet, dem durch die Aufnahme im Frauenhaus zuständigen kommunalen Träger am Ort des Frauenhauses die Kosten für die Zeit des Aufenthaltes im Frauenhaus zu erstatten.

§ 37 Antragserfordernis
(1) ¹Leistungen nach diesem Buch werden auf Antrag erbracht. ²Leistungen nach § 24 Absatz 1 und 3 und Leistungen für die Bedarfe nach § 28 Absatz 5 sind gesondert zu beantragen.

(2) ¹Leistungen nach diesem Buch werden nicht für Zeiten vor der Antragstellung erbracht. ²Der Antrag auf Leistungen zur Sicherung des Lebensunterhalts wirkt auf den Ersten des Monats zurück. ³Wird ein Antrag auf Leistungen zur Sicherung des Lebensunterhalts für einen einzelnen Monat gestellt, in dem aus Jahresabrechnungen von Heizenergiekosten oder aus der angemessenen Bevorratung mit Heizmitteln resultierende Aufwendungen für die Heizung fällig sind, wirkt dieser Antrag, wenn er bis zum Ablauf des dritten Monats nach dem Fälligkeitsmonat gestellt wird, auf den Ersten des Fälligkeitsmonats zurück. ⁴Satz 3 gilt nur für Anträge, die bis zum 31. Dezember 2023 gestellt werden.

§ 38 Vertretung der Bedarfsgemeinschaft
(1) ¹Soweit Anhaltspunkte dem nicht entgegenstehen, wird vermutet, dass die oder der erwerbsfähige Leistungsberechtigte bevollmächtigt ist, Leistungen nach diesem Buch auch für die mit ihm in einer Bedarfsgemeinschaft lebenden Personen zu beantragen und entgegenzunehmen. ²Leben mehrere erwerbsfähige Leistungsberechtigte in einer Bedarfsgemeinschaft, gilt diese Vermutung zugunsten der Antrag stellenden Person.

(2) Für Leistungen an Kinder im Rahmen der Ausübung des Umgangsrechts hat die umgangsberechtigte Person die Befugnis, Leistungen nach diesem Buch zu beantragen und entgegenzunehmen, soweit das Kind dem Haushalt angehört.

§ 39 Sofortige Vollziehbarkeit
Keine aufschiebende Wirkung haben Widerspruch und Anfechtungsklage gegen einen Verwaltungsakt,
1. der Leistungen der Grundsicherung für Arbeitsuchende aufhebt, zurücknimmt, widerruft, entzieht, die Pflichtverletzung und die Minderung des Auszahlungsanspruchs feststellt oder Leistungen zur Eingliederung in Arbeit oder Pflichten erwerbsfähiger Leistungsberechtigter bei der Eingliederung in Arbeit regelt,

2. mit dem zur Beantragung einer vorrangigen Leistung aufgefordert wird oder
3. mit dem nach § 59 in Verbindung mit § 309 des Dritten Buches zur persönlichen Meldung bei der Agentur für Arbeit aufgefordert wird.

§ 40 Anwendung von Verfahrensvorschriften

(1) ¹Für das Verfahren nach diesem Buch gilt das Zehnte Buch. ²Abweichend von Satz 1 gilt § 44 des Zehnten Buches mit der Maßgabe, dass
1. rechtswidrige nicht begünstigende Verwaltungsakte nach den Absätzen 1 und 2 nicht später als vier Jahre nach Ablauf des Jahres, in dem der Verwaltungsakt bekanntgegeben wurde, zurückzunehmen sind; ausreichend ist, wenn die Rücknahme innerhalb dieses Zeitraums beantragt wird,
2. anstelle des Zeitraums von vier Jahren nach Absatz 4 Satz 1 ein Zeitraum von einem Jahr tritt.

³Abweichend von Satz 1 gelten die §§ 45, 47 und 48 des Zehnten Buches mit der Maßgabe, dass ein Verwaltungsakt mit Wirkung für die Vergangenheit nicht aufzuheben ist, wenn sich ausschließlich Erstattungsforderungen nach § 50 Absatz 1 des Zehnten Buches von insgesamt weniger als 50 Euro für die Gesamtheit der Mitglieder der Bedarfsgemeinschaft ergäben. ⁴Bei der Prüfung der Aufhebung nach Satz 3 sind Umstände, die bereits Gegenstand einer vorherigen Prüfung nach Satz 3 waren, nicht zu berücksichtigen. ⁵Die Sätze 3 und 4 gelten in den Fällen des § 50 Absatz 2 des Zehnten Buches entsprechend.

(2) Entsprechend anwendbar sind die Vorschriften des Dritten Buches über
1. (weggefallen)
2. (weggefallen)
3. die Aufhebung von Verwaltungsakten (§ 330 Absatz 2, 3 Satz 1 und 4);
4. die vorläufige Zahlungseinstellung nach § 331 mit der Maßgabe, dass die Träger auch zur teilweisen Zahlungseinstellung berechtigt sind, wenn sie von Tatsachen Kenntnis erhalten, die zu einem geringeren Leistungsanspruch führen;
5. die Erstattung von Beiträgen zur Kranken-, Renten- und Pflegeversicherung (§ 335 Absatz 1, 2 und 5); § 335 Absatz 1 Satz 1 und Absatz 5 in Verbindung mit Absatz 1 Satz 1 ist nicht anwendbar, wenn in einem Kalendermonat für mindestens einen Tag rechtmäßig ~~Arbeitslosengeld II~~ Bürgergeld nach § 19 Absatz 1 Satz 1 gewährt wurde; in den Fällen des § 335 Absatz 1 Satz 2 und Absatz 5 in Verbindung mit Absatz 1 Satz 2 besteht kein Beitragserstattungsanspruch.

(3) ¹Liegen die in § 44 Absatz 1 Satz 1 des Zehnten Buches genannten Voraussetzungen für die Rücknahme eines rechtswidrigen nicht begünstigenden Verwaltungsaktes vor, weil dieser auf einer Rechtsnorm beruht, die nach Erlass des Verwaltungsaktes
1. durch eine Entscheidung des Bundesverfassungsgerichts für nichtig oder für unvereinbar mit dem Grundgesetz erklärt worden ist oder
2. in ständiger Rechtsprechung anders als durch den für die jeweilige Leistungsart zuständigen Träger der Grundsicherung für Arbeitsuchende ausgelegt worden ist,
so ist der Verwaltungsakt, wenn er unanfechtbar geworden ist, nur mit Wirkung für die Zeit nach der Entscheidung des Bundesverfassungsgerichts oder ab dem Bestehen der ständigen Rechtsprechung zurückzunehmen. ²Bei der Unwirksamkeit einer Satzung oder einer anderen im Rang unter einem Landesgesetz stehenden Rechtsvorschrift, die nach § 22a Absatz 1 und dem dazu ergangenen Landesgesetz erlassen worden ist, ist abweichend von Satz 1 auf die Zeit nach der Entscheidung durch das Landessozialgericht abzustellen.

(4) Der Verwaltungsakt, mit dem über die Gewährung von Leistungen nach diesem Buch abschließend entschieden wurde, ist mit Wirkung für die Zukunft ganz aufzuheben, wenn

in den tatsächlichen Verhältnissen der leistungsberechtigten Person Änderungen eintreten, aufgrund derer nach Maßgabe des § 41a vorläufig zu entscheiden wäre.

(5) ¹Verstirbt eine leistungsberechtigte Person oder eine Person, die mit der leistungsberechtigten Person in häuslicher Gemeinschaft lebt, bleiben im Sterbemonat allein die dadurch eintretenden Änderungen in den bereits bewilligten Leistungsansprüchen der leistungsberechtigten Person und der mit ihr in Bedarfsgemeinschaft lebenden Personen unberücksichtigt; die §§ 48 und 50 Absatz 2 des Zehnten Buches sind insoweit nicht anzuwenden. ²§ 118 Absatz 3 bis 4a des Sechsten Buches findet mit der Maßgabe entsprechend Anwendung, dass Geldleistungen, die für die Zeit nach dem Monat des Todes der leistungsberechtigten Person überwiesen wurden, als unter Vorbehalt erbracht gelten.

(6) ¹§ 50 Absatz 1 des Zehnten Buches ist mit der Maßgabe anzuwenden, dass Gutscheine in Geld zu erstatten sind. ²Die leistungsberechtigte Person kann die Erstattungsforderung auch durch Rückgabe des Gutscheins erfüllen, soweit dieser nicht in Anspruch genommen wurde. ³Eine Erstattung der Leistungen nach § 28 erfolgt nicht, soweit eine Aufhebungsentscheidung allein wegen dieser Leistungen zu treffen wäre. ⁴Satz 3 gilt nicht im Fall des Widerrufs einer Bewilligungsentscheidung nach § 29 Absatz 5 Satz 2.

(7) § 28 des Zehnten Buches gilt mit der Maßgabe, dass der Antrag unverzüglich nach Ablauf des Monats, in dem die Ablehnung oder Erstattung der anderen Leistung bindend geworden ist, nachzuholen ist.

(8) Für die Vollstreckung von Ansprüchen der in gemeinsamen Einrichtungen zusammenwirkenden Träger nach diesem Buch gilt das Verwaltungs-Vollstreckungsgesetz des Bundes; im Übrigen gilt § 66 des Zehnten Buches.

(9) 1629a des Bürgerlichen Gesetzbuches gilt mit der Maßgabe, dass sich die Haftung eines Kindes auf das Vermögen beschränkt, das bei Eintritt der Volljährigkeit den Betrag von 15 000 Euro übersteigt.

(10) ¹Erstattungsansprüche nach § 50 des Zehnten Buches, die auf die Aufnahme einer bedarfsdeckenden sozialversicherungspflichtigen Beschäftigung zurückzuführen sind, sind in monatlichen Raten in Höhe von 10 Prozent des maßgebenden Regelbedarfs zu tilgen. ²Dies gilt nicht, wenn vor Tilgung der gesamten Summe erneute Hilfebedürftigkeit eintritt.

§ 40a Erstattungsanspruch

¹Wird einer leistungsberechtigten Person für denselben Zeitraum, für den ein Träger der Grundsicherung für Arbeitsuchende Leistungen nach diesem Buch erbracht hat, eine andere Sozialleistung bewilligt, so steht dem Träger der Grundsicherung für Arbeitsuchende unter den Voraussetzungen des § 104 des Zehnten Buches ein Erstattungsanspruch gegen den anderen Sozialleistungsträger zu. ²Der Erstattungsanspruch besteht auch, soweit die Erbringung des Arbeitslosengeldes II allein auf Grund einer nachträglich festgestellten vollen Erwerbsminderung rechtswidrig war oder rückwirkend eine Rente wegen Alters oder eine Knappschaftsausgleichsleistung zuerkannt wird. ³Die §§ 106 bis 114 des Zehnten Buches gelten entsprechend. ⁴§ 44a Absatz 3 bleibt unberührt.

§ 41 Berechnung der Leistungen und Bewilligungszeitraum

(1) ¹Anspruch auf Leistungen zur Sicherung des Lebensunterhalts besteht für jeden Kalendertag. ²Der Monat wird mit 30 Tagen berechnet. ³Stehen die Leistungen nicht für einen vollen Monat zu, wird die Leistung anteilig erbracht.

(2) ¹Berechnungen werden auf zwei Dezimalstellen durchgeführt, wenn nichts Abweichendes bestimmt ist. ²Bei einer auf Dezimalstellen durchgeführten Berechnung wird die letzte Dezimalstelle um eins erhöht, wenn sich in der folgenden Dezimalstelle eine der

Ziffern 5 bis 9 ergeben würde.

(3) ¹Über den Anspruch auf Leistungen zur Sicherung des Lebensunterhalts ist in der Regel für ein Jahr zu entscheiden (Bewilligungszeitraum). ²Der Bewilligungszeitraum soll insbesondere in den Fällen regelmäßig auf sechs Monate verkürzt werden, in denen
1. über den Leistungsanspruch vorläufig entschieden wird (§ 41a) oder
2. die Aufwendungen für die Unterkunft und Heizung unangemessen sind.
³Die Festlegung des Bewilligungszeitraums erfolgt einheitlich für die Entscheidung über die Leistungsansprüche aller Mitglieder einer Bedarfsgemeinschaft. ⁴Wird mit dem Bescheid über Leistungen zur Sicherung des Lebensunterhalts nicht auch über die Leistungen zur Deckung der Bedarfe nach § 28 Absatz 2, 4, 6 und 7 entschieden, ist die oder der Leistungsberechtigte in dem Bescheid über Leistungen zur Sicherung des Lebensunterhalts darauf hinzuweisen, dass die Entscheidung über Leistungen zur Deckung der Bedarfe nach § 28 Absatz 2, 4, 6 und 7 gesondert erfolgt.

§ 41a Vorläufige Entscheidung

(1) ¹Über die Erbringung von Geld- und Sachleistungen ist vorläufig zu entscheiden, wenn
1. zur Feststellung der Voraussetzungen des Anspruchs auf Geld- und Sachleistungen voraussichtlich längere Zeit erforderlich ist und die Voraussetzungen für den Anspruch mit hinreichender Wahrscheinlichkeit vorliegen oder
2. ein Anspruch auf Geld- und Sachleistungen dem Grunde nach besteht und zur Feststellung seiner Höhe voraussichtlich längere Zeit erforderlich ist.
²Besteht eine Bedarfsgemeinschaft aus mehreren Personen, ist unter den Voraussetzungen des Satzes 1 über den Leistungsanspruch aller Mitglieder der Bedarfsgemeinschaft vorläufig zu entscheiden. ³Eine vorläufige Entscheidung ergeht nicht, wenn Leistungsberechtigte die Umstände, die einer sofortigen abschließenden Entscheidung entgegenstehen, zu vertreten haben.

(2) ¹Der Grund der Vorläufigkeit ist anzugeben. ²~~Die vorläufige Leistung ist so zu bemessen, dass der monatliche Bedarf der Leistungsberechtigten zur Sicherung des Lebensunterhalts gedeckt ist; dabei kann der Absetzbetrag nach § 11b Absatz 1 Satz 1 Nummer 6 ganz oder teilweise unberücksichtigt bleiben.~² ²Die vorläufige Leistung ist so zu bemessen, dass der monatliche Bedarf der Leistungsberechtigten zur Sicherung des Lebensunterhalts gedeckt ist; davon ist auszugehen, wenn das vorläufig berücksichtigte Einkommen voraussichtlich höchstens in Höhe des Absetzbetrages nach § 11b Absatz 1 Satz 1 Nummer 6 von dem nach Satz 3 zu Grunde zu legenden Einkommen abweicht. ³Hierbei sind die im Zeitpunkt der Entscheidung bekannten und prognostizierten Verhältnisse zugrunde zu legen. ⁴Soweit die vorläufige Entscheidung nach Absatz 1 rechtswidrig ist, ist sie für die Zukunft zurückzunehmen. ⁵§ 45 Absatz 2 des Zehnten Buches findet keine Anwendung.

(3) ¹Die Träger der Grundsicherung für Arbeitsuchende entscheiden abschließend über den monatlichen Leistungsanspruch, sofern die vorläufig bewilligte Leistung nicht der abschließend festzustellenden entspricht oder die leistungsberechtigte Person eine abschließende Entscheidung beantragt. ²Die leistungsberechtigte Person und die mit ihr in Bedarfsgemeinschaft lebenden Personen sind nach Ablauf des Bewilligungszeitraums verpflichtet, die von den Trägern der Grundsicherung für Arbeitsuchende zum Erlass einer abschließenden Entscheidung geforderten leistungserheblichen Tatsachen nachzuweisen; die §§ 60, 61, 65 und 65a des Ersten Buches gelten entsprechend. ³Kommen die leistungsberechtigte Person oder die mit ihr in Bedarfsgemeinschaft lebenden Personen ihrer Nachweis- oder Auskunftspflicht bis zur abschließenden Entscheidung nicht, nicht voll-

ständig oder trotz angemessener Fristsetzung und schriftlicher Belehrung über die Rechtsfolgen nicht fristgemäß nach, setzen die Träger der Grundsicherung für Arbeitsuchende den Leistungsanspruch für diejenigen Kalendermonate nur in der Höhe abschließend fest, in welcher seine Voraussetzungen ganz oder teilweise nachgewiesen wurden. ⁴Für die übrigen Kalendermonate wird festgestellt, dass ein Leistungsanspruch nicht bestand.

(4) Die abschließende Entscheidung nach Absatz 3 soll nach Ablauf des Bewilligungszeitraums erfolgen.

(5) ¹Ergeht innerhalb eines Jahres nach Ablauf des Bewilligungszeitraums keine abschließende Entscheidung nach Absatz 3, gelten die vorläufig bewilligten Leistungen als abschließend festgesetzt. ²Dies gilt nicht, wenn
1. die leistungsberechtigte Person innerhalb der Frist nach Satz 1 eine abschließende Entscheidung beantragt oder
2. der Leistungsanspruch aus einem anderen als dem nach Absatz 2 Satz 1 anzugebenden Grund nicht oder nur in geringerer Höhe als die vorläufigen Leistungen besteht und der Träger der Grundsicherung für Arbeitsuchende über den Leistungsanspruch innerhalb eines Jahres seit Kenntnis von diesen Tatsachen, spätestens aber nach Ablauf von zehn Jahren nach der Bekanntgabe der vorläufigen Entscheidung, abschließend entscheidet.

(6) ¹Die aufgrund der vorläufigen Entscheidung erbrachten Leistungen sind auf die abschließend festgestellten Leistungen anzurechnen. ²Soweit im Bewilligungszeitraum in einzelnen Kalendermonaten vorläufig zu hohe Leistungen erbracht wurden, sind die sich daraus ergebenden Überzahlungen auf die abschließend bewilligten Leistungen anzurechnen, die für andere Kalendermonate dieses Bewilligungszeitraums nachzuzahlen wären. ³~~Überzahlungen, die nach der Anrechnung fortbestehen, sind zu erstatten.~~ ³Überzahlungen, die nach der Anrechnung fortbestehen, sind zu erstatten, sofern sie insgesamt mindestens 50 Euro für die Gesamtheit der Mitglieder der Bedarfsgemeinschaft betragen. ⁴Das gilt auch im Fall des Absatzes 3 Satz 3 und 4.

(7) ¹Über die Erbringung von Geld- und Sachleistungen kann vorläufig entschieden werden, wenn
1. die Vereinbarkeit einer Vorschrift dieses Buches, von der die Entscheidung über den Antrag abhängt, mit höherrangigem Recht Gegenstand eines Verfahrens bei dem Bundesverfassungsgericht oder dem Gerichtshof der Europäischen Union ist oder
2. eine entscheidungserhebliche Rechtsfrage von grundsätzlicher Bedeutung Gegenstand eines Verfahrens beim Bundessozialgericht ist.
²Absatz 2 Satz 1, Absatz 3 Satz 2 bis 4 sowie Absatz 6 gelten entsprechend.

§ 42 Fälligkeit, Auszahlung und Unpfändbarkeit der Leistungen

(1) Leistungen sollen monatlich im Voraus erbracht werden.

(2) ¹Auf Antrag der leistungsberechtigten Person können durch Bewilligungsbescheid festgesetzte, zum nächsten Zahlungszeitpunkt fällige Leistungsansprüche vorzeitig erbracht werden. ²Die Höhe der vorzeitigen Leistung ist auf 100 Euro begrenzt. ³Der Auszahlungsanspruch im Folgemonat verringert sich entsprechend. ⁴Soweit eine Verringerung des Auszahlungsanspruchs im Folgemonat nicht möglich ist, verringert sich der Auszahlungsanspruch für den zweiten auf die Bewilligung der vorzeitigen Leistung folgenden Monat. ⁵Die vorzeitige Leistung ist ausgeschlossen,
1. wenn im laufenden Monat oder im Monat der Verringerung des Leistungsanspruches eine Aufrechnung zu erwarten ist,
2. wenn der Leistungsanspruch im Folgemonat durch eine Sanktion gemindert ist oder
3. wenn sie bereits in einem der vorangegangenen zwei Kalendermonate in Anspruch ge-

nommen wurde.

(3) (weggefallen)

(4) ¹Der Anspruch auf Leistungen zur Sicherung des Lebensunterhaltes kann nicht abgetreten, übertragen, verpfändet oder gepfändet werden. ²Die Abtretung und Übertragung nach § 53 Absatz 2 des Ersten Buches bleibt unberührt.

§ 42a Darlehen

(1) ¹Darlehen werden nur erbracht, wenn ein Bedarf weder durch Vermögen nach ~~§ 12 Absatz 2 Satz 1 Nummer 1, 1a und 4~~ § 12 Absatz 2 und Absatz 4 Satz 1 noch auf andere Weise gedeckt werden kann.²Darlehen können an einzelne Mitglieder von Bedarfsgemeinschaften oder an mehrere gemeinsam vergeben werden. ³Die Rückzahlungsverpflichtung trifft die Darlehensnehmer.

¹Solange Darlehensnehmer Leistungen zur Sicherung des Lebensunterhalts beziehen, werden Rückzahlungsansprüche aus Darlehen ab dem Monat, der auf die Auszahlung folgt, durch monatliche Aufrechnung in Höhe von 10 Prozent (bis 30.06.2023) (ab 01.07.2023) 5 Prozent des maßgebenden Regelbedarfs getilgt. ²§ 43 Absatz 3 gilt entsprechend. ³Die Aufrechnung ist gegenüber den Darlehensnehmern schriftlich durch Verwaltungsakt zu erklären. ~~⁴Satz 1 gilt nicht, soweit Leistungen zur Sicherung des Lebensunterhaltes als Darlehen erbracht werden.~~ ⁴Satz 1 gilt nicht, soweit Leistungen zur Sicherung des Lebensunterhalts als Darlehen erbracht werden oder soweit bereits gemäß § 43 in Höhe von mehr als 20 Prozent des für die Darlehensnehmer maßgebenden Regelbedarfs gegen deren Ansprüche auf Geldleistungen zur Sicherung des Lebensunterhalts aufgerechnet wird.

(2) ¹Rückzahlungsansprüche aus Darlehen nach § 24 Absatz 5 sind nach erfolgter Verwertung sofort in voller Höhe und Rückzahlungsansprüche aus Darlehen nach § 22 Absatz 6 bei Rückzahlung durch den Vermieter sofort in Höhe des noch nicht getilgten Darlehensbetrages fällig. ²Deckt der erlangte Betrag den noch nicht getilgten Darlehensbetrag nicht, soll eine Vereinbarung über die Rückzahlung des ausstehenden Betrags unter Berücksichtigung der wirtschaftlichen Verhältnisse der Darlehensnehmer getroffen werden.

(3) ¹Nach Beendigung des Leistungsbezuges ist der noch nicht getilgte Darlehensbetrag sofort fällig. ²Über die Rückzahlung des ausstehenden Betrags soll eine Vereinbarung unter Berücksichtigung der wirtschaftlichen Verhältnisse der Darlehensnehmer getroffen werden.

(4) ¹Rückzahlungsansprüche aus Darlehen nach § 27 Absatz 3 sind abweichend von Absatz 4 Satz 1 erst nach Abschluss der Ausbildung fällig. ²Absatz 4 Satz 2 gilt entsprechend.

(5) Sofern keine abweichende Tilgungsbestimmung getroffen wird, werden Zahlungen, die zur Tilgung der gesamten fälligen Schuld nicht ausreichen, zunächst auf das zuerst erbrachte Darlehen angerechnet.

§ 43 Aufrechnung

(1) Die Jobcenter können gegen Ansprüche von leistungsberechtigten Personen auf Geldleistungen zur Sicherung des Lebensunterhalts aufrechnen mit
1. Erstattungsansprüchen nach § 50 des Zehnten Buches,
2. Ersatzansprüchen nach den §§ 34 und 34a,
3. Erstattungsansprüchen nach § 34b oder
4. Erstattungsansprüchen nach § 41a Absatz 6 Satz 3.

(2) ¹Die Höhe der Aufrechnung beträgt bei Erstattungsansprüchen, die auf § 41a oder auf

§ 48 Absatz 1 Satz 2 Nummer 3 in Verbindung mit § 50 des Zehnten Buches beruhen, 10 Prozent des für die leistungsberechtigte Person maßgebenden Regelbedarfs, in den übrigen Fällen 30 Prozent. ²Die Aufrechnung, die zusammen mit bereits laufenden Aufrechnungen nach Absatz 1 und nach § 42a Absatz 2 insgesamt 30 Prozent des maßgebenden Regelbedarfs übersteigen würde, ist unzulässig.

(3) ¹Eine Aufrechnung ist nicht zulässig für Zeiträume, in denen der Auszahlungsanspruch nach § 31b Absatz 1 Satz 1 um mindestens 30 Prozent des maßgebenden Regelbedarfs gemindert ist. ²Ist die Minderung des Auszahlungsanspruchs geringer, ist die Höhe der Aufrechnung auf die Differenz zwischen dem Minderungsbetrag und 30 Prozent des maßgebenden Regelbedarfs begrenzt.

(4) ¹Die Aufrechnung ist gegenüber der leistungsberechtigten Person schriftlich durch Verwaltungsakt zu erklären. ²Sie endet spätestens drei Jahre nach dem Monat, der auf die Bestandskraft der in Absatz 1 genannten Entscheidungen folgt. ³Zeiten, in denen die Aufrechnung nicht vollziehbar ist, verlängern den Aufrechnungszeitraum entsprechend.

§ 43a Verteilung von Teilzahlungen

Teilzahlungen auf Ersatz- und Erstattungsansprüche der Träger nach diesem Buch gegen Leistungsberechtigte oder Dritte mindern die Aufwendungen der Träger der Aufwendungen im Verhältnis des jeweiligen Anteils an der Forderung zueinander.

§ 44 Veränderung von Ansprüchen

Die Träger von Leistungen nach diesem Buch dürfen Ansprüche erlassen, wenn deren Einziehung nach Lage des einzelnen Falles unbillig wäre.

Abschnitt 2: Einheitliche Entscheidung

§ 44a Feststellung von Erwerbsfähigkeit und Hilfebedürftigkeit

(1) ¹Die Agentur für Arbeit stellt fest, ob die oder der Arbeitsuchende erwerbsfähig ist. ²Der Entscheidung können widersprechen:
1. der kommunale Träger,
2. ein anderer Träger, der bei voller Erwerbsminderung zuständig wäre, oder
3. die Krankenkasse, die bei Erwerbsfähigkeit Leistungen der Krankenversicherung zu erbringen hätte.

³Der Widerspruch ist zu begründen. ⁴Im Widerspruchsfall entscheidet die Agentur für Arbeit, nachdem sie eine gutachterliche Stellungnahme eingeholt hat. ⁵Die gutachterliche Stellungnahme erstellt der nach § 109a Absatz 4 des Sechsten Buches zuständige Träger der Rentenversicherung. ⁶Die Agentur für Arbeit ist bei der Entscheidung über den Widerspruch an die gutachterliche Stellungnahme nach Satz 5 gebunden. ⁷Bis zu der Entscheidung über den Widerspruch erbringen die Agentur für Arbeit und der kommunale Träger bei Vorliegen der übrigen Voraussetzungen Leistungen der Grundsicherung für Arbeitsuchende.

(1a) ¹Der Einholung einer gutachterlichen Stellungnahme nach Absatz 1 Satz 4 bedarf es nicht, wenn der zuständige Träger der Rentenversicherung bereits nach § 109a Absatz 2 Satz 2 des Sechsten Buches eine gutachterliche Stellungnahme abgegeben hat. ²Die Agentur für Arbeit ist an die gutachterliche Stellungnahme gebunden.

(2) Die gutachterliche Stellungnahme des Rentenversicherungsträgers zur Erwerbsfähigkeit ist für alle gesetzlichen Leistungsträger nach dem Zweiten, Dritten, Fünften, Sechsten und Zwölften Buch bindend; § 48 des Zehnten Buches bleibt unberührt.

(3) ¹Entscheidet die Agentur für Arbeit, dass ein Anspruch auf Leistungen der Grundsicherung für Arbeitsuchende nicht besteht, stehen ihr und dem kommunalen Träger Erstattungsansprüche nach § 103 des Zehnten Buches zu, wenn der oder dem Leistungsberechtigten eine andere Sozialleistung zuerkannt wird. ²§ 103 Absatz 3 des Zehnten Buches gilt mit der Maßgabe, dass Zeitpunkt der Kenntnisnahme der Leistungsverpflichtung des Trägers der Sozialhilfe, der Kriegsopferfürsorge und der Jugendhilfe der Tag des Widerspruchs gegen die Feststellung der Agentur für Arbeit ist.

(4) ¹Die Agentur für Arbeit stellt fest, ob und in welchem Umfang die erwerbsfähige Person und die dem Haushalt angehörenden Personen hilfebedürftig sind. ²Sie ist dabei und bei den weiteren Entscheidungen nach diesem Buch an die Feststellung der Angemessenheit der Kosten für Unterkunft und Heizung durch den kommunalen Träger gebunden. ³Die Agentur für Arbeit stellt fest, ob die oder der erwerbsfähige Leistungsberechtigte oder die dem Haushalt angehörenden Personen vom Bezug von Leistungen nach diesem Buch ausgeschlossen sind.

(5) ¹Der kommunale Träger stellt die Höhe der in seiner Zuständigkeit zu erbringenden Leistungen fest. ²Er ist dabei und bei den weiteren Entscheidungen nach diesem Buch an die Feststellungen der Agentur für Arbeit nach Absatz 4 gebunden. ³Satz 2 gilt nicht, sofern der kommunale Träger zur vorläufigen Zahlungseinstellung berechtigt ist und dies der Agentur für Arbeit vor dieser Entscheidung mitteilt.

(6) ¹Der kommunale Träger kann einer Feststellung der Agentur für Arbeit nach Absatz 4 Satz 1 oder 3 innerhalb eines Monats schriftlich widersprechen, wenn er aufgrund der Feststellung höhere Leistungen zu erbringen hat. ²Der Widerspruch ist zu begründen; er befreit nicht von der Verpflichtung, die Leistungen entsprechend der Feststellung der Agentur für Arbeit zu gewähren. ³Die Agentur für Arbeit überprüft ihre Feststellung und teilt dem kommunalen Träger innerhalb von zwei Wochen ihre endgültige Feststellung mit. ⁴Hält der kommunale Träger seinen Widerspruch aufrecht, sind die Träger bis zu einer anderen Entscheidung der Agentur für Arbeit oder einer gerichtlichen Entscheidung an die Feststellung der Agentur für Arbeit gebunden.

§ 44b Gemeinsame Einrichtung

(1) ¹Zur einheitlichen Durchführung der Grundsicherung für Arbeitsuchende bilden die Träger im Gebiet jedes kommunalen Trägers nach § 6 Absatz 1 Satz 1 Nummer 2 eine gemeinsame Einrichtung. ²Die gemeinsame Einrichtung nimmt die Aufgaben der Träger nach diesem Buch wahr; die Trägerschaft nach § 6 sowie nach den §§ 6a und 6b bleibt unberührt. ³Die gemeinsame Einrichtung ist befugt, Verwaltungsakte und Widerspruchsbescheide zu erlassen. ⁴Die Aufgaben werden von Beamtinnen und Beamten sowie Arbeitnehmerinnen und Arbeitnehmern wahrgenommen, denen entsprechende Tätigkeiten zugewiesen worden sind.

(2) ¹Die Träger bestimmen den Standort sowie die nähere Ausgestaltung und Organisation der gemeinsamen Einrichtung durch Vereinbarung. ²Die Ausgestaltung und Organisation der gemeinsamen Einrichtung sollen die Besonderheiten der beteiligten Träger, des regionalen Arbeitsmarktes und der regionalen Wirtschaftsstruktur berücksichtigen. ³Die Träger können die Zusammenlegung mehrerer gemeinsamer Einrichtungen zu einer gemeinsamen Einrichtung vereinbaren.

(3) ¹Den Trägern obliegt die Verantwortung für die rechtmäßige und zweckmäßige Erbringung ihrer Leistungen. ²Sie haben in ihrem Aufgabenbereich nach § 6 Absatz 1 Nummer 1 oder 2 gegenüber der gemeinsamen Einrichtung ein Weisungsrecht; dies gilt nicht im Zuständigkeitsbereich der Trägerversammlung nach § 44c. ³Die Träger sind

berechtigt, von der gemeinsamen Einrichtung die Erteilung von Auskunft und Rechenschaftslegung über die Leistungserbringung zu fordern, die Wahrnehmung der Aufgaben in der gemeinsamen Einrichtung zu prüfen und die gemeinsame Einrichtung an ihre Auffassung zu binden. [4]Vor Ausübung ihres Weisungsrechts in Angelegenheiten grundsätzlicher Bedeutung befassen die Träger den Kooperationsausschuss nach § 18b. [5]Der Kooperationsausschuss kann innerhalb von zwei Wochen nach Anrufung eine Empfehlung abgeben.

(4) [1]Die gemeinsame Einrichtung kann einzelne Aufgaben auch durch die Träger wahrnehmen lassen. [2]Im Übrigen gelten die §§ 88 bis 92 des Zehnten Buches für die gemeinsamen Einrichtungen im Aufgabenbereich dieses Buches entsprechend.

(5) Die Bundesagentur stellt der gemeinsamen Einrichtung Angebote an Dienstleistungen zur Verfügung.

(6) Die Träger teilen der gemeinsamen Einrichtung alle Tatsachen und Feststellungen mit, von denen sie Kenntnis erhalten und die für die Leistungen erforderlich sind.

§ 44c Trägerversammlung

(1) [1]Die gemeinsame Einrichtung hat eine Trägerversammlung. [2]In der Trägerversammlung sind Vertreterinnen und Vertreter der Agentur für Arbeit und des kommunalen Trägers je zur Hälfte vertreten. [3]In der Regel entsenden die Träger je drei Vertreterinnen oder Vertreter. [4]Jede Vertreterin und jeder Vertreter hat eine Stimme. [5]Die Vertreterinnen und Vertreter wählen eine Vorsitzende oder einen Vorsitzenden für eine Amtszeit von bis zu fünf Jahren. [6]Kann in der Trägerversammlung keine Einigung über die Person der oder des Vorsitzenden erzielt werden, wird die oder der Vorsitzende von den Vertreterinnen und Vertretern der Agentur für Arbeit und des kommunalen Trägers abwechselnd jeweils für zwei Jahre bestimmt; die erstmalige Bestimmung erfolgt durch die Vertreterinnen und Vertreter der Agentur für Arbeit. [7]Die Trägerversammlung entscheidet durch Beschluss mit Stimmenmehrheit. [8]Bei Stimmengleichheit entscheidet die Stimme der oder des Vorsitzenden; dies gilt nicht für Entscheidungen nach Absatz 2 Satz 2 Nummer 1, 4 und 8. [9]Die Beschlüsse sind von der oder dem Vorsitzenden schriftlich oder elektronisch niederzulegen. [10]Die Trägerversammlung gibt sich eine Geschäftsordnung.

(2) [1]Die Trägerversammlung entscheidet über organisatorische, personalwirtschaftliche, personalrechtliche und personalvertretungsrechtliche Angelegenheiten der gemeinsamen Einrichtung. [2]Dies sind insbesondere
1. die Bestellung und Abberufung der Geschäftsführerin oder des Geschäftsführers,
2. der Verwaltungsablauf und die Organisation,
3. die Änderung des Standorts der gemeinsamen Einrichtung,
4. die Entscheidungen nach § 6 Absatz 1 Satz 2 und § 44b Absatz 4, ob einzelne Aufgaben durch die Träger oder durch Dritte wahrgenommen werden,
5. die Regelung der Ordnung in der Dienststelle und des Verhaltens der Beschäftigten,
6. die Arbeitsplatzgestaltung,
7. die Genehmigung von Dienstvereinbarungen mit der Personalvertretung,
8. die Aufstellung des Stellenplans und der Richtlinien zur Stellenbewirtschaftung,
9. die grundsätzlichen Regelungen der innerdienstlichen, sozialen und persönlichen Angelegenheiten der Beschäftigten.

(3) Die Trägerversammlung nimmt in Streitfragen zwischen Personalvertretung und Geschäftsführerin oder Geschäftsführer die Aufgaben einer übergeordneten Dienststelle und obersten Dienstbehörde nach den §§ 71 bis 75, 77 und 82 des Bundespersonalvertretungsgesetzes wahr.

(4) ¹Die Trägerversammlung berät zu gemeinsamen Betreuungsschlüsseln. ²Sie hat dabei die zur Verfügung stehenden Haushaltsmittel zu berücksichtigen. ³Bei der Personalbedarfsermittlung sind im Regelfall folgende Anteilsverhältnisse zwischen eingesetztem Personal und Leistungsberechtigten nach diesem Buch zu berücksichtigen:
1. 1 : 75 bei der Gewährung der Leistungen zur Eingliederung in Arbeit von erwerbsfähigen Leistungsberechtigten bis zur Vollendung des 25. Lebensjahres,
2. 1 : 150 bei der Gewährung der Leistungen zur Eingliederung in Arbeit von erwerbsfähigen Leistungsberechtigten, die das 25. Lebensjahr vollendet und die Altersgrenze nach § 7a noch nicht erreicht haben.

(5) ¹Die Trägerversammlung stellt einheitliche Grundsätze der Qualifizierungsplanung und Personalentwicklung auf, die insbesondere der individuellen Entwicklung der Mitarbeiterinnen und Mitarbeiter dienen und ihnen unter Beachtung ihrer persönlichen Interessen und Fähigkeiten die zur Wahrnehmung ihrer Aufgaben erforderliche Qualifikation vermitteln sollen. ²Die Trägerversammlung stimmt die Grundsätze der Personalentwicklung mit den Personalentwicklungskonzepten der Träger ab. ³Die Geschäftsführerin oder der Geschäftsführer berichtet der Trägerversammlung regelmäßig über den Stand der Umsetzung.

(6) In der Trägerversammlung wird das örtliche Arbeitsmarkt- und Integrationsprogramm der Grundsicherung für Arbeitsuchende unter Beachtung von Zielvorgaben der Träger abgestimmt.

§ 44d Geschäftsführerin, Geschäftsführer

(1) ¹Die Geschäftsführerin oder der Geschäftsführer führt hauptamtlich die Geschäfte der gemeinsamen Einrichtung, soweit durch Gesetz nichts Abweichendes bestimmt ist. ²Sie oder er vertritt die gemeinsame Einrichtung gerichtlich und außergerichtlich. ³Sie oder er hat die von der Trägerversammlung in deren Aufgabenbereich beschlossenen Maßnahmen auszuführen und nimmt an deren Sitzungen beratend teil.

(2) ¹Die Geschäftsführerin oder der Geschäftsführer wird für fünf Jahre bestellt. ²Für die Ausschreibung der zu besetzenden Stelle findet § 4 der Bundeslaufbahnverordnung entsprechende Anwendung. ³Kann in der Trägerversammlung keine Einigung über die Person der Geschäftsführerin oder des Geschäftsführers erzielt werden, unterrichtet die oder der Vorsitzende der Trägerversammlung den Kooperationsausschuss. ⁴Der Kooperationsausschuss hört die Träger der gemeinsamen Einrichtung an und unterbreitet einen Vorschlag. ⁵Können sich die Mitglieder des Kooperationsausschusses nicht auf einen Vorschlag verständigen oder kann in der Trägerversammlung trotz Vorschlags keine Einigung erzielt werden, wird die Geschäftsführerin oder der Geschäftsführer von der Agentur für Arbeit und dem kommunalen Träger abwechselnd jeweils für zweieinhalb Jahre bestimmt. ⁶Die erstmalige Bestimmung erfolgt durch die Agentur für Arbeit; abweichend davon erfolgt die erstmalige Bestimmung durch den kommunalen Träger, wenn die Agentur für Arbeit erstmalig die Vorsitzende oder den Vorsitzenden der Trägerversammlung bestimmt hat. ⁷Die Geschäftsführerin oder der Geschäftsführer kann auf Beschluss der Trägerversammlung vorzeitig abberufen werden. ⁸Bis zur Bestellung einer neuen Geschäftsführerin oder eines neuen Geschäftsführers führt sie oder er die Geschäfte der gemeinsamen Einrichtung kommissarisch.

(3) ¹Die Geschäftsführerin oder der Geschäftsführer ist Beamtin, Beamter, Arbeitnehmerin oder Arbeitnehmer eines Trägers und untersteht dessen Dienstaufsicht. ²Soweit sie oder er Beamtin, Beamter, Arbeitnehmerin oder Arbeitnehmer einer nach § 6 Absatz 2 Satz 1 herangezogenen Gemeinde ist, untersteht sie oder er der Dienstaufsicht ihres oder seines Dienstherrn oder Arbeitgebers.

(4) Die Geschäftsführerin oder der Geschäftsführer übt über die Beamtinnen und Beamten sowie die Arbeitnehmerinnen und Arbeitnehmer, denen in der gemeinsamen Einrichtung Tätigkeiten zugewiesen worden sind, die dienst-, personal- und arbeitsrechtlichen Befugnisse der Bundesagentur und des kommunalen Trägers und die Dienstvorgesetzten- und Vorgesetztenfunktion, mit Ausnahme der Befugnisse zur Begründung und Beendigung der mit den Beamtinnen und Beamten sowie Arbeitnehmerinnen und Arbeitnehmern bestehenden Rechtsverhältnisse, aus.

(5) Die Geschäftsführerin ist Leiterin, der Geschäftsführer ist Leiter der Dienststelle im personalvertretungsrechtlichen Sinn und Arbeitgeber im Sinne des Arbeitsschutzgesetzes.

(6) Bei personalrechtlichen Entscheidungen, die in der Zuständigkeit der Träger liegen, hat die Geschäftsführerin oder der Geschäftsführer ein Anhörungs- und Vorschlagsrecht.

(7) [1]Bei der besoldungsrechtlichen Einstufung der Dienstposten der Geschäftsführerinnen und der Geschäftsführer sind Höchstgrenzen einzuhalten. [2]Die Besoldungsgruppe A 16 der Bundesbesoldungsordnung A, in Ausnahmefällen die Besoldungsgruppe B 3 der Bundesbesoldungsordnung B, oder die entsprechende landesrechtliche Besoldungsgruppe darf nicht überschritten werden. [3]Das Entgelt für Arbeitnehmerinnen und Arbeitnehmer darf die für Beamtinnen und Beamte geltende Besoldung nicht übersteigen.

§ 44e Verfahren bei Meinungsverschiedenheit über die Weisungszuständigkeit

(1) [1]Zur Beilegung einer Meinungsverschiedenheit über die Zuständigkeit nach § 44b Absatz 3 und § 44c Absatz 2 können die Träger oder die Trägerversammlung den Kooperationsausschuss anrufen. [2]Stellt die Geschäftsführerin oder der Geschäftsführer fest, dass sich Weisungen der Träger untereinander oder mit einer Weisung der Trägerversammlung widersprechen, unterrichtet sie oder er unverzüglich die Träger, um diesen Gelegenheit zur Überprüfung der Zuständigkeit zum Erlass der Weisungen zu geben. [3]Besteht die Meinungsverschiedenheit danach fort, kann die Geschäftsführerin oder der Geschäftsführer den Kooperationsausschuss anrufen.

(2) [1]Der Kooperationsausschuss entscheidet nach Anhörung der Träger und der Geschäftsführerin oder des Geschäftsführers durch Beschluss mit Stimmenmehrheit. [2]Bei Stimmengleichheit entscheidet die Stimme der oder des Vorsitzenden. [3]Die Beschlüsse des Ausschusses sind von der Vorsitzenden oder von dem Vorsitzenden schriftlich oder elektronisch niederzulegen. [4]Die oder der Vorsitzende teilt den Trägern, der Trägerversammlung sowie der Geschäftsführerin oder dem Geschäftsführer die Beschlüsse mit.

(3) [1]Die Entscheidung des Kooperationsausschusses bindet die Träger. [2]Soweit nach anderen Vorschriften der Rechtsweg gegeben ist, wird er durch die Anrufung des Kooperationsausschusses nicht ausgeschlossen.

§ 44f Bewirtschaftung von Bundesmitteln

(1) [1]Die Bundesagentur überträgt der gemeinsamen Einrichtung die Bewirtschaftung von Haushaltsmitteln des Bundes, die sie im Rahmen von § 46 bewirtschaftet. [2]Für die Übertragung und die Bewirtschaftung gelten die haushaltsrechtlichen Bestimmungen des Bundes.

(2) [1]Zur Bewirtschaftung der Haushaltsmittel des Bundes bestellt die Geschäftsführerin oder der Geschäftsführer eine Beauftragte oder einen Beauftragten für den Haushalt. [2]Die Geschäftsführerin oder der Geschäftsführer und die Trägerversammlung haben die Beauftragte oder den Beauftragten für den Haushalt an allen Maßnahmen von finanzieller Bedeutung zu beteiligen.

(3) Die Bundesagentur hat die Übertragung der Bewirtschaftung zu widerrufen, wenn die

gemeinsame Einrichtung bei der Bewirtschaftung wiederholt oder erheblich gegen Rechts- oder Verwaltungsvorschriften verstoßen hat und durch die Bestellung einer oder eines anderen Beauftragten für den Haushalt keine Abhilfe zu erwarten ist.

(4) ¹Näheres zur Übertragung und Durchführung der Bewirtschaftung von Haushaltsmitteln des Bundes kann zwischen der Bundesagentur und der gemeinsamen Einrichtung vereinbart werden. ²Der kommunale Träger kann die gemeinsame Einrichtung auch mit der Bewirtschaftung von kommunalen Haushaltsmitteln beauftragen.

(5) Auf Beschluss der Trägerversammlung kann die Befugnis nach Absatz 1 auf die Bundesagentur zurückübertragen werden.

§ 44g Zuweisung von Tätigkeiten bei der gemeinsamen Einrichtung

(1) ¹Beamtinnen und Beamten sowie Arbeitnehmerinnen und Arbeitnehmern der Träger und der nach § 6 Absatz 2 Satz 1 herangezogenen Gemeinden und Gemeindeverbände können mit Zustimmung der Geschäftsführerin oder des Geschäftsführers der gemeinsamen Einrichtung nach den beamten- und tarifrechtlichen Regelungen Tätigkeiten bei den gemeinsamen Einrichtungen zugewiesen werden; diese Zuweisung kann auch auf Dauer erfolgen. ²Die Zuweisung ist auch ohne Zustimmung der Beamtinnen und Beamten sowie Arbeitnehmerinnen und Arbeitnehmer zulässig, wenn dringende dienstliche Interessen es erfordern.

(2) ~~Bei einer Zuweisung von Tätigkeiten bei den gemeinsamen Einrichtungen an Beschäftigte, denen bereits eine Tätigkeit in diesen gemeinsamen Einrichtungen zugewiesen worden war, ist die Zustimmung der Geschäftsführerin oder des Geschäftsführers der gemeinsamen Einrichtung nicht erforderlich.~~ (weggefallen)

(3) ¹Die Rechtsstellung der Beamtinnen und Beamten bleibt unberührt. ²Ihnen ist eine ihrem Amt entsprechende Tätigkeit zu übertragen.

(4) ¹Die mit der Bundesagentur, dem kommunalen Träger oder einer nach § 6 Absatz 2 Satz 1 herangezogenen Gemeinde oder einem Gemeindeverband bestehenden Arbeitsverhältnisse bleiben unberührt. ²Werden einer Arbeitnehmerin oder einem Arbeitnehmer aufgrund der Zuweisung Tätigkeiten übertragen, die einer niedrigeren Entgeltgruppe oder Tätigkeitsebene zuzuordnen sind, bestimmt sich die Eingruppierung nach der vorherigen Tätigkeit.

(5) ¹Die Zuweisung kann
1. aus dienstlichen Gründen mit einer Frist von drei Monaten,
2. auf Verlangen der Beamtin, des Beamten, der Arbeitnehmerin oder des Arbeitnehmers aus wichtigem Grund jederzeit

beendet werden. ²Die Geschäftsführerin oder der Geschäftsführer kann der Beendigung nach Nummer 2 aus zwingendem dienstlichem Grund widersprechen.

§ 44h Personalvertretung

(1) ¹In den gemeinsamen Einrichtungen wird eine Personalvertretung gebildet. ²Die Regelungen des Bundespersonalvertretungsgesetzes gelten entsprechend.

(2) Die Beamtinnen und Beamten sowie Arbeitnehmerinnen und Arbeitnehmer in der gemeinsamen Einrichtung besitzen für den Zeitraum, für den ihnen Tätigkeiten in der gemeinsamen Einrichtung zugewiesen worden sind, ein aktives und passives Wahlrecht zu der Personalvertretung.

(3) Der Personalvertretung der gemeinsamen Einrichtung stehen alle Rechte entsprechend den Regelungen des Bundespersonalvertretungsgesetzes zu, soweit der Trägerversammlung oder der Geschäftsführerin oder dem Geschäftsführer Entscheidungsbefugnisse in

personalrechtlichen, personalwirtschaftlichen, sozialen oder die Ordnung der Dienststelle betreffenden Angelegenheiten zustehen.

(4) ¹Zur Erörterung und Abstimmung gemeinsamer personalvertretungsrechtlich relevanter Angelegenheiten wird eine Arbeitsgruppe der Vorsitzenden der Personalvertretungen der gemeinsamen Einrichtungen eingerichtet. ²Die Arbeitsgruppe hält bis zu zwei Sitzungen im Jahr ab. ³Sie beschließt mit der Mehrheit der Stimmen ihrer Mitglieder eine Geschäftsordnung, die Regelungen über den Vorsitz, das Verfahren zur internen Willensbildung und zur Beschlussfassung enthalten muss. ⁴Die Arbeitsgruppe kann Stellungnahmen zu Maßnahmen der Träger, die Einfluss auf die Arbeitsbedingungen aller Arbeitnehmerinnen und Arbeitnehmer sowie Beamtinnen und Beamten in den gemeinsamen Einrichtungen haben können, an die zuständigen Träger abgeben.

(5) Die Rechte der Personalvertretungen der abgebenden Dienstherren und Arbeitgeber bleiben unberührt, soweit die Entscheidungsbefugnisse bei den Trägern verbleiben.

§ 44i Schwerbehindertenvertretung; Jugend- und Auszubildendenvertretung

Auf die Schwerbehindertenvertretung und Jugend- und Auszubildendenvertretung ist § 44h entsprechend anzuwenden.

§ 44j Gleichstellungsbeauftragte

¹In der gemeinsamen Einrichtung wird eine Gleichstellungsbeauftragte bestellt. ²Das Bundesgleichstellungsgesetz gilt entsprechend. ³Der Gleichstellungsbeauftragten stehen die Rechte entsprechend den Regelungen des Bundesgleichstellungsgesetzes zu, soweit die Trägerversammlung und die Geschäftsführer entscheidungsbefugt sind.

§ 44k Stellenbewirtschaftung

(1) Mit der Zuweisung von Tätigkeiten nach § 44g Absatz 1 ~~und 2~~ übertragen die Träger der gemeinsamen Einrichtung die entsprechenden Planstellen und Stellen sowie Ermächtigungen für die Beschäftigung von Arbeitnehmerinnen und Arbeitnehmern mit befristeten Arbeitsverträgen zur Bewirtschaftung.

(2) ¹Der von der Trägerversammlung aufzustellende Stellenplan bedarf der Genehmigung der Träger. ²Bei Aufstellung und Bewirtschaftung des Stellenplanes unterliegt die gemeinsame Einrichtung den Weisungen der Träger.

§ 45 (weggefallen)

Kapitel 5: Finanzierung und Aufsicht

§ 46 Finanzierung aus Bundesmitteln

(1) ¹Der Bund trägt die Aufwendungen der Grundsicherung für Arbeitsuchende einschließlich der Verwaltungskosten, soweit die Leistungen von der Bundesagentur erbracht werden. ²Der Bundesrechnungshof prüft die Leistungsgewährung. ³Dies gilt auch, soweit die Aufgaben von gemeinsamen Einrichtungen nach § 44b wahrgenommen werden. ⁴Eine Pauschalierung von Eingliederungsleistungen und Verwaltungskosten ist zulässig. ⁵Die Mittel für die Erbringung von Eingliederungsleistungen und Verwaltungskosten werden in einem Gesamtbudget veranschlagt.

(2) ¹Der Bund kann festlegen, nach welchen Maßstäben die Mittel nach Absatz 1 Satz 4 auf die Agenturen für Arbeit zu verteilen sind. ²Bei der Zuweisung wird die Zahl der erwerbsfähigen Leistungsberechtigten nach diesem Buch zugrunde gelegt.

(3) ¹Der Anteil des Bundes an den Gesamtverwaltungskosten der gemeinsamen Einrich-

tungen beträgt 84,8 Prozent. ²Durch Rechtsverordnung mit Zustimmung des Bundesrates kann das Bundesministerium für Arbeit und Soziales im Einvernehmen mit dem Bundesministerium der Finanzen festlegen, nach welchen Maßstäben
1. kommunale Träger die Aufwendungen der Grundsicherung für Arbeitsuchende bei der Bundesagentur abrechnen, soweit sie Aufgaben nach § 6 Absatz 1 Satz 1 Nummer 1 wahrnehmen,
2. die Gesamtverwaltungskosten, die der Berechnung des Finanzierungsanteils nach Satz 1 zugrunde liegen, zu bestimmen sind.

(4) (weggefallen)

(5) ¹Der Bund beteiligt sich zweckgebunden an den Ausgaben für die Leistungen für Unterkunft und Heizung nach § 22 Absatz 1. ²Der Bund beteiligt sich höchstens mit 74 Prozent an den bundesweiten Ausgaben für die Leistungen nach § 22 Absatz 1. ³Es gelten landesspezifische Beteiligungsquoten, deren Höhe sich nach den Absätzen 6 bis 10 bestimmt.

(6) Der Bund beteiligt sich an den Ausgaben für die Leistungen nach § 22 Absatz 1 ab dem Jahr 2016
3. im Land Baden-Württemberg mit 31,6 Prozent,
4. im Land Rheinland-Pfalz mit 37,6 Prozent sowie
5. in den übrigen Ländern mit 27,6 Prozent.

(7) Die in Absatz 6 genannten Prozentsätze erhöhen sich jeweils
1. im Jahr 2018 um 7,9 Prozentpunkte,
2. im Jahr 2019 um 3,3 Prozentpunkte,
3. im Jahr 2020 um 27,7 Prozentpunkte,
4. im Jahr 2021 um 26,2 Prozentpunkte sowie
5. ab dem Jahr 2022 um 35,2 Prozentpunkte.

(8) ¹Die in Absatz 6 genannten Prozentsätze erhöhen sich jeweils um einen landesspezifischen Wert in Prozentpunkten. ²Dieser entspricht den Gesamtausgaben des jeweiligen Landes für die Leistungen nach § 28 dieses Gesetzes sowie nach § 6b des Bundeskindergeldgesetzes des abgeschlossenen Vorjahres geteilt durch die Gesamtausgaben des jeweiligen Landes für die Leistungen nach § 22 Absatz 1 des abgeschlossenen Vorjahres multipliziert mit 100.

(9) Die in Absatz 6 genannten Prozentsätze erhöhen sich in den Jahren 2016 bis 2021 jeweils um einen weiteren landesspezifischen Wert in Prozentpunkten.

(10) ¹Das Bundesministerium für Arbeit und Soziales wird ermächtigt, durch Rechtsverordnung mit Zustimmung des Bundesrates
1. die landesspezifischen Werte nach Absatz 8 Satz 1 jährlich für das Folgejahr festzulegen und für das laufende Jahr rückwirkend anzupassen,
2. die weiteren landesspezifischen Werte nach Absatz 9
   a) im Jahr 2019 für das Jahr 2020 festzulegen sowie für das laufende Jahr 2019 und das Vorjahr 2018 rückwirkend anzupassen,
   b) im Jahr 2020 für das Jahr 2021 festzulegen sowie für das laufende Jahr 2020 und das Vorjahr 2019 rückwirkend anzupassen,
   c) im Jahr 2021 für das laufende Jahr 2021 und das Vorjahr 2020 rückwirkend anzupassen,
   d) im Jahr 2022 für das Vorjahr 2021 rückwirkend anzupassen sowie
3. die landesspezifischen Beteiligungsquoten jährlich für das Folgejahr festzulegen und für das laufende Jahr rückwirkend anzupassen sowie in den Jahren 2019 bis 2022 für das jeweilige Vorjahr rückwirkend anzupassen.

²Die Festlegung und Anpassung der Werte nach Satz 1 Nummer 1 erfolgen in Höhe des

jeweiligen Wertes nach Absatz 8 Satz 2 des abgeschlossenen Vorjahres. ³Für die Festlegung und Anpassung der Werte nach Satz 1 Nummer 2 werden auf der Grundlage statistischer Daten die Vorjahresausgaben eines Landes für Leistungen nach § 22 Absatz 1 für solche Bedarfsgemeinschaften ermittelt, in denen mindestens eine erwerbsfähige leistungsberechtigte Person, die nicht vor Oktober 2015 erstmals leistungsberechtigt war, über eine Aufenthaltsgestattung, eine Duldung oder eine Aufenthaltserlaubnis aus völkerrechtlichen, humanitären oder politischen Gründen nach den §§ 22 bis 26 des Aufenthaltsgesetzes verfügt. ⁴Bei der Ermittlung der Vorjahresausgaben nach Satz 3 ist nur der Teil zu berücksichtigen, der nicht vom Bund auf Basis der geltenden landesspezifischen Werte nach Absatz 6 erstattet wurde. ⁵Die Festlegung und Anpassung der Werte nach Satz 1 Nummer 2 erfolgen in Höhe des prozentualen Verhältnisses der nach den Sätzen 3 und 4 abgegrenzten Ausgaben zu den entsprechenden Vorjahresausgaben eines Landes für die Leistungen nach § 22 Absatz 1 für alle Bedarfsgemeinschaften. ⁶Soweit die Festlegung und Anpassung nach Satz 1 Nummer 1 und 2 zu landesspezifischen Beteiligungsquoten führen, auf Grund derer sich der Bund mit mehr als 74 Prozent an den bundesweiten Gesamtausgaben für die Leistungen nach § 22 Absatz 1 beteiligt, sind die Werte nach Absatz 7 proportional in dem Umfang zu mindern, dass die Beteiligung an den bundesweiten Gesamtausgaben für die Leistungen nach § 22 Absatz 1 nicht mehr als 74 Prozent beträgt. ⁷Soweit eine vollständige Minderung nach Satz 6 nicht ausreichend ist, sind anschließend die Werte nach Absatz 9 proportional in dem Umfang zu mindern, dass die Beteiligung an den bundesweiten Gesamtausgaben für die Leistungen nach § 22 Absatz 1 nicht mehr als 74 Prozent beträgt.

(11) ¹Die Anteile des Bundes an den Leistungen nach § 22 Absatz 1 werden den Ländern erstattet. ²Der Abruf der Erstattungen ist höchstens zweimal monatlich zulässig. ³Soweit eine Bundesbeteiligung für Zahlungen geltend gemacht wird, die wegen des fristgerechten Eingangs beim Empfänger bereits am Ende eines Haushaltsjahres geleistet wurden, aber erst im folgenden Haushaltsjahr fällig werden, ist die für das folgende Haushaltsjahr geltende Bundesbeteiligung maßgeblich. ⁴ Im Rahmen der rückwirkenden Anpassung nach Absatz 10 Satz 1 wird die Differenz, die sich aus der Anwendung der bis zur Anpassung geltenden landesspezifischen Beteiligungsquoten und der durch die Verordnung rückwirkend geltenden landesspezifischen Beteiligungsquoten ergibt, zeitnah im Erstattungsverfahren ausgeglichen. ⁵Die Gesamtausgaben für die Leistungen nach § 28 sowie nach § 6b des Bundeskindergeldgesetzes sowie die Gesamtausgaben für Leistungen nach § 22 Absatz 1 sind durch die Länder bis zum 31. März des Folgejahres zu ermitteln und dem Bundesministerium für Arbeit und Soziales mitzuteilen. ⁶Bei der Ermittlung ist maßgebend, dass diese Ausgaben im entsprechenden Jahr vom kommunalen Träger tatsächlich geleistet wurden; davon abweichend sind geleistete Ausgaben in Fällen des Satzes 3 den Gesamtausgaben des Jahres zuzurechnen, in dem sie fällig geworden sind. ⁷Die Ausgaben nach Satz 6 sind um entsprechende Einnahmen für die jeweiligen Leistungen im entsprechenden Jahr zu mindern. ⁸Die Länder gewährleisten, dass geprüft wird, dass die Ausgaben der kommunalen Träger nach Satz 5 begründet und belegt sind und den Grundsätzen der Wirtschaftlichkeit und Sparsamkeit entsprechen.

§ 47 Aufsicht

(1) ¹Das Bundesministerium für Arbeit und Soziales führt die Rechts- und Fachaufsicht über die Bundesagentur, soweit dieser nach § 44b Absatz 3 ein Weisungsrecht gegenüber den gemeinsamen Einrichtungen zusteht. ²Das Bundesministerium für Arbeit und Soziales kann der Bundesagentur Weisungen erteilen und sie an seine Auffassung binden; es kann organisatorische Maßnahmen zur Wahrung der Interessen des Bundes an der Umsetzung der Grundsicherung für Arbeitsuchende treffen.

(2) ¹Die zuständigen Landesbehörden führen die Aufsicht über die kommunalen Träger, soweit diesen nach § 44b Absatz 3 ein Weisungsrecht gegenüber den gemeinsamen Einrichtungen zusteht. ²Im Übrigen bleiben landesrechtliche Regelungen unberührt.

(3) ¹Im Aufgabenbereich der Trägerversammlung führt das Bundesministerium für Arbeit und Soziales die Rechtsaufsicht über die gemeinsamen Einrichtungen im Einvernehmen mit der zuständigen obersten Landesbehörde. ²Kann ein Einvernehmen nicht hergestellt werden, gibt der Kooperationsausschuss eine Empfehlung ab. ³Von der Empfehlung kann das Bundesministerium für Arbeit und Soziales nur aus wichtigem Grund abweichen. ⁴Im Übrigen ist der Kooperationsausschuss bei Aufsichtsmaßnahmen zu unterrichten.

(4) Das Bundesministerium für Arbeit und Soziales kann durch Rechtsverordnung ohne Zustimmung des Bundesrates die Wahrnehmung seiner Aufgaben nach den Absätzen 1 und 3 auf eine Bundesoberbehörde übertragen.

(5) Die aufsichtführenden Stellen sind berechtigt, die Wahrnehmung der Aufgaben bei den gemeinsamen Einrichtungen zu prüfen.

§ 48 Aufsicht über die zugelassenen kommunalen Träger

(1) Die Aufsicht über die zugelassenen kommunalen Träger obliegt den zuständigen Landesbehörden.

(2) ¹Die Rechtsaufsicht über die obersten Landesbehörden übt die Bundesregierung aus, soweit die zugelassenen kommunalen Träger Aufgaben anstelle der Bundesagentur erfüllen. ²Zu diesem Zweck kann die Bundesregierung mit Zustimmung des Bundesrates allgemeine Verwaltungsvorschriften zu grundsätzlichen Rechtsfragen der Leistungserbringung erlassen. ³Die Bundesregierung kann die Ausübung der Rechtsaufsicht auf das Bundesministerium für Arbeit und Soziales übertragen.

(3) Das Bundesministerium für Arbeit und Soziales kann mit Zustimmung des Bundesrates allgemeine Verwaltungsvorschriften für die Abrechnung der Aufwendungen der Grundsicherung für Arbeitsuchende erlassen.

§ 48a Vergleich der Leistungsfähigkeit

(1) Zur Feststellung und Förderung der Leistungsfähigkeit der örtlichen Aufgabenwahrnehmung der Träger der Grundsicherung für Arbeitsuchende erstellt das Bundesministerium für Arbeit und Soziales auf der Grundlage der Kennzahlen nach § 51b Absatz 3 Nummer 3 Kennzahlenvergleiche und veröffentlicht die Ergebnisse vierteljährlich.

(2) Das Bundesministerium für Arbeit und Soziales wird ermächtigt, durch Rechtsverordnung mit Zustimmung des Bundesrates die für die Vergleiche erforderlichen Kennzahlen sowie das Verfahren zu deren Weiterentwicklung und die Form der Veröffentlichung der Ergebnisse festzulegen.

§ 48b Zielvereinbarungen

(1) ¹Zur Erreichung der Ziele nach diesem Buch schließen
1. das Bundesministerium für Arbeit und Soziales im Einvernehmen mit dem Bundesministerium der Finanzen mit der Bundesagentur,
2. die Bundesagentur und die kommunalen Träger mit den Geschäftsführerinnen und Geschäftsführern der gemeinsamen Einrichtungen,
3. das Bundesministerium für Arbeit und Soziales mit der zuständigen Landesbehörde sowie
4. die zuständige Landesbehörde mit den zugelassenen kommunalen Trägern

Vereinbarungen ab. ²Die Vereinbarungen nach Satz 1 Nummer 2 bis 4 umfassen alle Leistungen dieses Buches. ³Die Beratungen über die Vereinbarung nach Satz 1 Nummer 3 führen die Kooperationsausschüsse nach § 18b. ⁴Im Bund-Länder-Ausschuss nach § 18c wird für die Vereinbarungen nach diesem Absatz über einheitliche Grundlagen beraten.

(2) Die Vereinbarungen werden nach Beschlussfassung des Bundestages über das jährliche Haushaltsgesetz abgeschlossen.

(3) ¹Die Vereinbarungen umfassen insbesondere die Ziele der Verringerung der Hilfebedürftigkeit, Verbesserung der Integration in Erwerbstätigkeit und Vermeidung von langfristigem Leistungsbezug. ²Die Vereinbarungen nach Absatz 1 Satz 1 Nummer 2 bis 4 umfassen zusätzlich das Ziel der Verbesserung der sozialen Teilhabe.

(4) Die Vereinbarungen nach Absatz 1 Satz 1 Nummer 4 sollen sich an den Vereinbarungen nach Absatz 1 Satz 1 Nummer 3 orientieren.

(5) Für den Abschluss der Vereinbarungen und die Nachhaltung der Zielerreichung sind die Daten nach § 51b und die Kennzahlen nach § 48a Absatz 2 maßgeblich.

(6) Die Vereinbarungen nach Absatz 1 Satz 1 Nummer 1 können
1. erforderliche Genehmigungen oder Zustimmungen des Bundesministeriums für Arbeit und Soziales ersetzen,
2. die Selbstbewirtschaftung von Haushaltsmitteln für Leistungen zur Eingliederung in Arbeit sowie für Verwaltungskosten zulassen.

§ 49 Innenrevision

(1) ¹Die Bundesagentur stellt durch organisatorische Maßnahmen sicher, dass in allen Dienststellen und gemeinsamen Einrichtungen durch eigenes, nicht der Dienststelle angehörendes Personal geprüft wird, ob von ihr Leistungen nach diesem Buch unter Beachtung der gesetzlichen Bestimmungen nicht hätten erbracht werden dürfen oder zweckmäßiger oder wirtschaftlicher hätten eingesetzt werden können. ²Mit der Durchführung der Prüfungen können Dritte beauftragt werden.

(2) Das Prüfpersonal der Bundesagentur ist für die Zeit seiner Prüftätigkeit fachlich unmittelbar der Leitung der Dienststelle unterstellt, in der es beschäftigt ist.

(3) Der Vorstand legt die Berichte nach Absatz 1 unverzüglich dem Bundesministerium für Arbeit und Soziales vor.

Kapitel 6: Datenverarbeitung und datenschutzrechtliche Verantwortung

§ 50 Datenübermittlung

(1) ¹Die Bundesagentur, die kommunalen Träger, die zugelassenen kommunalen Träger, gemeinsame Einrichtungen, die für die Bekämpfung von Leistungsmissbrauch und illegaler Beschäftigung zuständigen Stellen und mit der Wahrnehmung von Aufgaben beauftragte Dritte sollen sich gegenseitig Sozialdaten übermitteln, soweit dies zur Erfüllung ihrer Aufgaben nach diesem Buch oder dem Dritten Buch erforderlich ist. ²Hat die Agentur für Arbeit oder ein zugelassener kommunaler Träger eine externe Gutachterin oder einen externen Gutachter beauftragt, eine ärztliche oder psychologische Untersuchung oder Begutachtung durchzuführen, ist die Übermittlung von Daten an die Agentur für Arbeit oder den zugelassenen kommunalen Träger durch die externe Gutachterin oder den externen Gutachter zulässig, soweit dies zur Erfüllung des Auftrages erforderlich ist.

(2) Die gemeinsame Einrichtung ist Verantwortliche für die Verarbeitung von Sozialdaten nach § 67 Absatz 4 des Zehnten Buches sowie Stelle im Sinne des § 35 Absatz 1 des Ersten Buches.

(3) ¹Die gemeinsame Einrichtung nutzt zur Erfüllung ihrer Aufgaben durch die Bundesagentur zentral verwaltete Verfahren der Informationstechnik. ²Sie ist verpflichtet, auf einen auf dieser Grundlage erstellten gemeinsamen zentralen Datenbestand zuzugreifen. ³Verantwortliche für die zentral verwalteten Verfahren der Informationstechnik nach § 67 Absatz 4 des Zehnten Buches ist die Bundesagentur.
(4) ¹Eine Verarbeitung von Sozialdaten durch die gemeinsame Einrichtung ist nur unter den Voraussetzungen der Verordnung (EU) 2016/679 des Europäischen Parlaments und des Rates vom 27. April 2016 zum Schutz natürlicher Personen bei der Verarbeitung personenbezogener Daten, zum freien Datenverkehr und zur Aufhebung der Richtlinie 95/46/EG (Datenschutz-Grundverordnung) (ABl. L 119 vom 4.5.2016, S. 1; L 314 vom 22.11.2016, S. 72; L 127 vom 23.5.2018, S. 2) in der jeweils geltenden Fassung sowie des Zweiten Kapitels des Zehnten Buches und der übrigen Bücher des Sozialgesetzbuches zulässig. ²Der Anspruch auf Zugang zu amtlichen Informationen gegenüber der gemeinsamen Einrichtung richtet sich nach dem Informationsfreiheitsgesetz des Bundes. ³Die Datenschutzkontrolle und die Kontrolle der Einhaltung der Vorschriften über die Informationsfreiheit bei der gemeinsamen Einrichtung sowie für die zentralen Verfahren der Informationstechnik obliegen nach § 9 Absatz 1 Satz 1 des Bundesdatenschutzgesetzes der oder dem Bundesbeauftragten für den Datenschutz und die Informationsfreiheit.

§ 50a Speicherung, Veränderung, Nutzung, Übermittlung, Einschränkung der Verarbeitung oder Löschung von Daten für die Ausbildungsvermittlung
¹Gemeinsame Einrichtungen und zugelassene kommunale Träger dürfen die ihnen nach § 282b Absatz 4 des Dritten Buches von der Bundesagentur übermittelten Daten über eintragungsfähige oder eingetragene Ausbildungsverhältnisse ausschließlich speichern, verändern, nutzen, übermitteln oder in der Verarbeitung einschränken zur Verbesserung der
1. Ausbildungsvermittlung,
2. Zuverlässigkeit und Aktualität der Ausbildungsvermittlungsstatistik oder
3. Feststellung von Angebot und Nachfrage auf dem Ausbildungsmarkt.
²Die zu diesen Zwecken übermittelten Daten sind spätestens zum Ende des Kalenderjahres zu löschen.

§ 51 Verarbeitung von Sozialdaten durch nicht-öffentliche Stellen
Die Träger der Leistungen nach diesem Buch dürfen abweichend von § 80 Absatz 3 des Zehnten Buches zur Erfüllung ihrer Aufgaben nach diesem Buch einschließlich der Erbringung von Leistungen zur Eingliederung in Arbeit und Bekämpfung von Leistungsmissbrauch nicht-öffentliche Stellen mit der Verarbeitung von Sozialdaten beauftragen.

§ 51a Kundennummer
¹Jeder Person, die Leistungen nach diesem Gesetz bezieht, wird einmalig eine eindeutige, von der Bundesagentur oder im Auftrag der Bundesagentur von den zugelassenen kommunalen Trägern vergebene Kundennummer zugeteilt. ²Die Kundennummer ist vom Träger der Grundsicherung für Arbeitsuchende als Identifikationsmerkmal zu nutzen und dient ausschließlich diesem Zweck sowie den Zwecken nach § 51b Absatz 3. ³Soweit vorhanden, ist die schon beim Vorbezug von Leistungen nach dem Dritten Buch vergebene Kunden-Nummer der Bundesagentur zu verwenden. ⁴Die Kundennummer bleibt der jeweiligen Person auch zugeordnet, wenn sie den Träger wechselt. ⁵Bei erneuter Leistung nach längerer Zeit ohne Inanspruchnahme von Leistungen nach diesem Buch oder nach dem Dritten Buch wird eine neue Kundennummer vergeben. ⁶Diese Regelungen gelten entsprechend auch für Bedarfsgemeinschaften. ⁷Als Bedarfsgemeinschaft im Sinne dieser Vorschrift gel-

ten auch ein oder mehrere Kinder eines Haushalts, die nach § 7 Absatz 2 Satz 3 Leistungen erhalten. ⁸Bei der Übermittlung der Daten verwenden die Träger eine eindeutige, von der Bundesagentur vergebene Trägernummer.

§ 51b Verarbeitung von Daten durch die Träger der Grundsicherung für Arbeitsuchende

(1) ¹Die zuständigen Träger der Grundsicherung für Arbeitsuchende erheben laufend die für die Durchführung der Grundsicherung für Arbeitsuchende erforderlichen Daten. ²Das Bundesministerium für Arbeit und Soziales wird ermächtigt, durch Rechtsverordnung mit Zustimmung des Bundesrates die nach Satz 1 zu erhebenden Daten, die zur Nutzung für die in Absatz 3 genannten Zwecke erforderlich sind, einschließlich des Verfahrens zu deren Weiterentwicklung festzulegen.

(2) Die kommunalen Träger und die zugelassenen kommunalen Träger übermitteln der Bundesagentur die Daten nach Absatz 1 unter Angabe eines eindeutigen Identifikationsmerkmals, personenbezogene Datensätze unter Angabe der Kundennummer sowie der Nummer der Bedarfsgemeinschaft nach § 51a.

(3) Die nach den Absätzen 1 und 2 erhobenen und an die Bundesagentur übermittelten Daten dürfen nur – unbeschadet auf sonstiger gesetzlicher Grundlagen bestehender Mitteilungspflichten – für folgende Zwecke gespeichert, verändert, genutzt, übermittelt, in der Verarbeitung eingeschränkt oder gelöscht werden:
1. die zukünftige Gewährung von Leistungen nach diesem und dem Dritten Buch an die von den Erhebungen betroffenen Personen,
2. Überprüfungen der Träger der Grundsicherung für Arbeitsuchende auf korrekte und wirtschaftliche Leistungserbringung,
3. die Erstellung von Statistiken, Kennzahlen für die Zwecke nach § 48a Absatz 2 und § 48b Absatz 5, Eingliederungsbilanzen und Controllingberichten durch die Bundesagentur, der laufenden Berichterstattung und der Wirkungsforschung nach den §§ 53 bis 55,
4. die Durchführung des automatisierten Datenabgleichs nach § 52,
5. die Bekämpfung von Leistungsmissbrauch.

(4) ¹Die Bundesagentur regelt im Benehmen mit den kommunalen Spitzenverbänden auf Bundesebene den genauen Umfang der nach den Absätzen 1 bis 2 zu übermittelnden Informationen, einschließlich einer Inventurmeldung, sowie die Fristen für deren Übermittlung. ²Sie regelt ebenso die zu verwendenden Systematiken, die Art der Übermittlung der Datensätze einschließlich der Datenformate, sowie Aufbau, Vergabe, Verwendung und Löschungsfristen von Kunden- und Bedarfsgemeinschaftsnummern nach § 51a.

§ 52 Automatisierter Datenabgleich

(1) ¹Die Bundesagentur und die zugelassenen kommunalen Träger überprüfen Personen, die Leistungen nach diesem Buch beziehen, zum 1. Januar, 1. April, 1. Juli und 1. Oktober im Wege des automatisierten Datenabgleichs daraufhin,
1. ob und in welcher Höhe und für welche Zeiträume von ihnen Leistungen der Träger der gesetzlichen Unfall- oder Rentenversicherung bezogen werden oder wurden,
2. ob und in welchem Umfang Zeiten des Leistungsbezuges nach diesem Buch mit Zeiten einer Versicherungspflicht oder Zeiten einer geringfügigen Beschäftigung zusammentreffen,
3. ob und welche Daten nach § 45d Absatz 1 und § 45e des Einkommensteuergesetzes an das Bundeszentralamt für Steuern übermittelt worden sind,
4. ob und in welcher Höhe ein Kapital nach § 12 Absatz 2 Satz 1 Nummer 2 nicht mehr

dem Zweck einer geförderten zusätzlichen Altersvorsorge im Sinne des § 10a oder des Abschnitts XI des Einkommensteuergesetzes dient,
5. ob und in welcher Höhe und für welche Zeiträume von ihnen Leistungen der Bundesagentur als Träger der Arbeitsförderung nach dem Dritten Buch bezogen werden oder wurden,
6. ob und in welcher Höhe und für welche Zeiträume von ihnen Leistungen anderer Träger der Grundsicherung für Arbeitsuchende bezogen werden oder wurden.

²Satz 1 gilt entsprechend für nicht leistungsberechtigte Personen, die mit Personen, die Leistungen nach diesem Buch beziehen, in einer Bedarfsgemeinschaft leben. ³Abweichend von Satz 1 können die dort genannten Träger die Überprüfung nach Satz 1 Nummer 2 zum ersten jedes Kalendermonats durchführen.

(2) Zur Durchführung des automatisierten Datenabgleichs dürfen die Träger der Leistungen nach diesem Buch die folgenden Daten einer Person, die Leistungen nach diesem Buch bezieht, an die in Absatz 1 genannten Stellen übermitteln:
1. Name und Vorname,
2. Geburtsdatum und -ort,
3. Anschrift,
4. Versicherungsnummer.

(2a) ¹Die Datenstelle der Rentenversicherung darf als Vermittlungsstelle die nach den Absätzen 1 und 2 übermittelten Daten speichern und nutzen, soweit dies für die Datenabgleiche nach den Absätzen 1 und 2 erforderlich ist. ²Sie darf die Daten der Stammsatzdatei (§ 150 des Sechsten Buches) und des bei ihr für die Prüfung bei den Arbeitgebern geführten Dateisystems (§ 28p Absatz 8 Satz 2 des Vierten Buches) nutzen, soweit die Daten für die Datenabgleiche erforderlich sind. ³Die nach Satz 1 bei der Datenstelle der Rentenversicherung gespeicherten Daten sind unverzüglich nach Abschluss des Datenabgleichs zu löschen.

(3) ¹Die den in Absatz 1 genannten Stellen überlassenen Daten und Datenträger sind nach Durchführung des Abgleichs unverzüglich zurückzugeben, zu löschen oder zu vernichten. ²Die Träger der Leistungen nach diesem Buch dürfen die ihnen übermittelten Daten nur zur Überprüfung nach Absatz 1 nutzen. ³Die übermittelten Daten der Personen, bei denen die Überprüfung zu keinen abweichenden Feststellungen führt, sind unverzüglich zu löschen.

(4) Das Bundesministerium für Arbeit und Soziales wird ermächtigt, durch Rechtsverordnung das Nähere über das Verfahren des automatisierten Datenabgleichs und die Kosten des Verfahrens zu regeln; dabei ist vorzusehen, dass die Übermittlung an die Auskunftsstellen durch eine zentrale Vermittlungsstelle (Kopfstelle) zu erfolgen hat, deren Zuständigkeitsbereich zumindest das Gebiet eines Bundeslandes umfasst.

§ 52a Überprüfung von Daten

(1) Die Agentur für Arbeit darf bei Personen, die Leistungen nach diesem Buch beantragt haben, beziehen oder bezogen haben, Auskunft einholen
1. über die in § 39 Absatz 1 Nummer 5 und 11 des Straßenverkehrsgesetzes angeführten Daten über ein Fahrzeug, für das die Person als Halter eingetragen ist, bei dem Zentralen Fahrzeugregister;
2. aus dem Melderegister nach den §§ 34 und 38 bis 41 des Bundesmeldegesetzes und dem Ausländerzentralregister, soweit dies zur Bekämpfung von Leistungsmissbrauch erforderlich ist.

(2) ¹Die Agentur für Arbeit darf Daten von Personen, die Leistungen nach diesem Buch

beantragt haben, beziehen oder bezogen haben und die Wohngeld beantragt haben, beziehen oder bezogen haben, an die nach dem Wohngeldgesetz zuständige Behörde übermitteln, soweit dies zur Feststellung der Voraussetzungen des Ausschlusses vom Wohngeld (§§ 7 und 8 Absatz 1 des Wohngeldgesetzes) erforderlich ist. ²Die Übermittlung der in § 52 Absatz 2 Nummer 1 bis 3 genannten Daten ist zulässig. ³Die in Absatz 1 genannten Behörden führen die Überprüfung durch und teilen das Ergebnis der Überprüfungen der Agentur für Arbeit unverzüglich mit. ⁴Die in Absatz 1 und Satz 1 genannten Behörden haben die ihnen übermittelten Daten nach Abschluss der Überprüfung unverzüglich zu löschen.

Kapitel 7: Statistik und Forschung

§ 53 Statistik und Übermittlung statistischer Daten

(1) ¹Die Bundesagentur erstellt aus den bei der Durchführung der Grundsicherung für Arbeitsuchende von ihr nach § 51b erhaltenen und den ihr von den kommunalen Trägern und den zugelassenen kommunalen Trägern nach § 51b übermittelten Daten Statistiken. ²Sie übernimmt die laufende Berichterstattung und bezieht die Leistungen nach diesem Buch in die Arbeitsmarkt- und Berufsforschung ein.

(2) Das Bundesministerium für Arbeit und Soziales kann Art und Umfang sowie Tatbestände und Merkmale der Statistiken und der Berichterstattung näher bestimmen.

(3) ¹Die Bundesagentur legt die Statistiken nach Absatz 1 dem Bundesministerium für Arbeit und Soziales vor und veröffentlicht sie in geeigneter Form. ²Sie gewährleistet, dass auch kurzfristigem Informationsbedarf des Bundesministeriums für Arbeit und Soziales entsprochen werden kann.

(4) Die Bundesagentur stellt den statistischen Stellen der Kreise und kreisfreien Städte die für Zwecke der Planungsunterstützung und für die Sozialberichterstattung erforderlichen Daten und Tabellen der Arbeitsmarkt- und Grundsicherungsstatistik zur Verfügung.

(5) ¹Die Bundesagentur kann dem Statistischen Bundesamt und den statistischen Ämtern der Länder für Zwecke der Planungsunterstützung und für die Sozialberichterstattung für ihren Zuständigkeitsbereich Daten und Tabellen der Arbeitsmarkt- und Grundsicherungsstatistik zur Verfügung stellen. ²Sie ist berechtigt, dem Statistischen Bundesamt und den statistischen Ämtern der Länder für ergänzende Auswertungen anonymisierte und pseudonymisierte Einzeldaten zu übermitteln. ³Bei der Übermittlung von pseudonymisierten Einzeldaten sind die Namen durch jeweils neu zu generierende Pseudonyme zu ersetzen. ⁴Nicht pseudonymisierte Anschriften dürfen nur zum Zwecke der Zuordnung zu statistischen Blöcken übermittelt werden.

(6) ¹Die Bundesagentur ist berechtigt, für ausschließlich statistische Zwecke den zur Durchführung statistischer Aufgaben zuständigen Stellen der Gemeinden und Gemeindeverbände für ihren Zuständigkeitsbereich Daten und Tabellen der Arbeitsmarkt- und Grundsicherungsstatistik sowie anonymisierte und pseudonymisierte Einzeldaten zu übermitteln, soweit die Voraussetzungen nach § 16 Absatz 5 Satz 2 des Bundesstatistikgesetzes gegeben sind. ²Bei der Übermittlung von pseudonymisierten Einzeldaten sind die Namen durch jeweils neu zu generierende Pseudonyme zu ersetzen. ³Dabei dürfen nur Angaben zu kleinräumigen Gebietseinheiten, nicht aber die genauen Anschriften übermittelt werden.

(7) ¹Die §§ 280 und 281 des Dritten Buches gelten entsprechend. ²§ 282a des Dritten Buches gilt mit der Maßgabe, dass Daten und Tabellen der Arbeitsmarkt- und

Grundsicherungsstatistik auch den zur Durchführung statistischer Aufgaben zuständigen Stellen der Kreise und kreisfreien Städte sowie der Gemeinden und Gemeindeverbänden übermittelt werden dürfen, soweit die Voraussetzungen nach § 16 Absatz 5 Satz 2 des Bundesstatistikgesetzes gegeben sind.

§ 53a Arbeitslose

(1) Arbeitslose im Sinne dieses Gesetzes sind erwerbsfähige Leistungsberechtigte, die die Voraussetzungen des § 16 des Dritten Buches in sinngemäßer Anwendung erfüllen.

(2) ~~Erwerbsfähige Leistungsberechtigte, die nach Vollendung des 58. Lebensjahres mindestens für die Dauer von zwölf Monaten Leistungen der Grundsicherung für Arbeitsuchende bezogen haben, ohne dass ihnen eine sozialversicherungspflichtige Beschäftigung angeboten worden ist, gelten nach Ablauf dieses Zeitraums für die Dauer des jeweiligen Leistungsbezugs nicht als arbeitslos.~~ (weggefallen)

§ 54 ~~Eingliederungsbilanz~~ (weggefallen)

¹~~Jede Agentur für Arbeit erstellt für die Leistungen zur Eingliederung in Arbeit eine Eingliederungsbilanz.~~ ²~~§ 11 des Dritten Buches gilt entsprechend.~~ ³~~Soweit einzelne Maßnahmen nicht unmittelbar zur Eingliederung in Arbeit führen, sind von der Bundesagentur andere Indikatoren zu entwickeln, die den Integrationsfortschritt der erwerbsfähigen Leistungsberechtigten in geeigneter Weise abbilden.~~

§ 55 Wirkungsforschung

(1) ¹Die Wirkungen der Leistungen zur Eingliederung und der Leistungen zur Sicherung des Lebensunterhalts sind regelmäßig und zeitnah zu untersuchen und in die Arbeitsmarkt- und Berufsforschung nach § 282 des Dritten Buches einzubeziehen. ²Das Bundesministerium für Arbeit und Soziales und die Bundesagentur können in Vereinbarungen Einzelheiten der Wirkungsforschung festlegen. ³Soweit zweckmäßig, können Dritte mit der Wirkungsforschung beauftragt werden.

(2) Das Bundesministerium für Arbeit und Soziales untersucht vergleichend die Wirkung der örtlichen Aufgabenwahrnehmung durch die Träger der Leistungen nach diesem Buch.

Kapitel 8: Mitwirkungspflichten

§ 56 Anzeige- und Bescheinigungspflicht bei Arbeitsunfähigkeit

(1) ¹Die Agentur für Arbeit soll erwerbsfähige Leistungsberechtigte, die Leistungen zur Sicherung des Lebensunterhalts beantragt haben oder beziehen, in der Eingliederungsvereinbarung oder in dem diese ersetzenden Verwaltungsakt nach § 15 Absatz 3 Satz 3 verpflichten,
1. eine eingetretene Arbeitsunfähigkeit und deren voraussichtliche Dauer unverzüglich anzuzeigen und
2. spätestens vor Ablauf des dritten Kalendertages nach Eintritt der Arbeitsunfähigkeit eine ärztliche Bescheinigung über die Arbeitsunfähigkeit und deren voraussichtliche Dauer vorzulegen.

(ab 01.07.2023) ¹Erwerbsfähige Leistungsberechtigte, die Leistungen zur Sicherung des Lebensunterhalts beantragt haben oder beziehen, sind verpflichtet,
1. eine eingetretene Arbeitsunfähigkeit und deren voraussichtliche Dauer unverzüglich anzuzeigen und
2. spätestens vor Ablauf des dritten Kalendertages nach Eintritt der Arbeitsunfähigkeit eine

ärztliche Bescheinigung über die Arbeitsunfähigkeit und deren voraussichtliche Dauer vorzulegen. ²§ 31 Absatz 1 findet keine Anwendung. ³Die Agentur für Arbeit ist berechtigt, die Vorlage der ärztlichen Bescheinigung früher zu verlangen. ⁴Dauert die Arbeitsunfähigkeit länger als in der Bescheinigung angegeben, so ist der Agentur für Arbeit eine neue ärztliche Bescheinigung vorzulegen. ⁵Die Bescheinigungen müssen einen Vermerk des behandelnden Arztes darüber enthalten, dass dem Träger der Krankenversicherung unverzüglich eine Bescheinigung über die Arbeitsunfähigkeit mit Angaben über den Befund und die voraussichtliche Dauer der Arbeitsunfähigkeit übersandt wird. ⁶Zweifelt die Agentur für Arbeit an der Arbeitsunfähigkeit der oder des erwerbsfähigen Leistungsberechtigten, so gilt § 275 Absatz 1 Nummer 3b und Absatz 1a des Fünften Buches entsprechend.

(2) ¹Absatz 1 Satz 1 gilt nicht für erwerbsfähige Leistungsberechtigte, die einen Anspruch auf Arbeitslosengeld oder Teilarbeitslosengeld haben. ²Die Agentur für Arbeit kann erwerbsfähige Leistungsberechtigte im Einzelfall von der Verpflichtung nach Absatz 1 Satz 1 befreien. ³Sie soll erwerbsfähige Leistungsberechtigte befreien, sofern die Eingliederung in Arbeit oder Ausbildung hierdurch nicht gefährdet wird.

(2) (3) ¹Die Bundesagentur erstattet den Krankenkassen die Kosten für die Begutachtung durch den Medizinischen Dienst nach Absatz 1 Satz 6. ²Die Bundesagentur und der Spitzenverband Bund der Krankenkassen vereinbaren das Nähere über das Verfahren und die Höhe der Kostenerstattung; der Medizinische Dienst Bund ist zu beteiligen. ³In der Vereinbarung kann auch eine pauschale Abgeltung der Kosten geregelt werden.

§ 57 Auskunftspflicht von Arbeitgebern

¹Arbeitgeber haben der Agentur für Arbeit auf deren Verlangen Auskunft über solche Tatsachen zu geben, die für die Entscheidung über einen Anspruch auf Leistungen nach diesem Buch erheblich sein können; die Agentur für Arbeit kann hierfür die Benutzung eines Vordrucks verlangen. ²Die Auskunftspflicht erstreckt sich auch auf Angaben über das Ende und den Grund für die Beendigung des Beschäftigungsverhältnisses.

§ 58 Einkommensbescheinigung

(1) ¹Wer jemanden, der laufende Geldleistungen nach diesem Buch beantragt hat oder bezieht, gegen Arbeitsentgelt beschäftigt, ist verpflichtet, diesem unverzüglich Art und Dauer dieser Erwerbstätigkeit sowie die Höhe des Arbeitsentgelts oder der Vergütung für die Zeiten zu bescheinigen, für die diese Leistung beantragt worden ist oder bezogen wird. ²Dabei ist der von der Agentur für Arbeit vorgesehene Vordruck zu benutzen. ³Die Bescheinigung ist der- oder demjenigen, die oder der die Leistung beantragt hat oder bezieht, unverzüglich auszuhändigen.

(2) Wer eine laufende Geldleistung nach diesem Buch beantragt hat oder bezieht und gegen Arbeitsentgelt beschäftigt wird, ist verpflichtet, dem Arbeitgeber den für die Bescheinigung des Arbeitsentgelts vorgeschriebenen Vordruck unverzüglich vorzulegen.

§ 59 Meldepflicht

Die Vorschriften über die allgemeine Meldepflicht, § 309 des Dritten Buches, und über die Meldepflicht bei Wechsel der Zuständigkeit, § 310 des Dritten Buches, sind entsprechend anzuwenden.

§ 60 Auskunftspflicht und Mitwirkungspflicht Dritter

(1) Wer jemandem, der Leistungen nach diesem Buch beantragt hat oder bezieht, Leistungen erbringt, die geeignet sind, diese Leistungen nach diesem Buch auszuschließen

oder zu mindern, hat der Agentur für Arbeit auf Verlangen hierüber Auskunft zu erteilen, soweit es zur Durchführung der Aufgaben nach diesem Buch erforderlich ist.

(2) ¹Wer jemandem, der eine Leistung nach diesem Buch beantragt hat oder bezieht, zu Leistungen verpflichtet ist, die geeignet sind, Leistungen nach diesem Buch auszuschließen oder zu mindern, oder wer für ihn Guthaben führt oder Vermögensgegenstände verwahrt, hat der Agentur für Arbeit auf Verlangen hierüber sowie über damit im Zusammenhang stehendes Einkommen oder Vermögen Auskunft zu erteilen, soweit es zur Durchführung der Aufgaben nach diesem Buch erforderlich ist. ²§ 21 Absatz 3 Satz 4 des Zehnten Buches gilt entsprechend. ³Für die Feststellung einer Unterhaltsverpflichtung ist § 1605 Absatz 1 des Bürgerlichen Gesetzbuchs anzuwenden.

(3) Wer jemanden, der
1. Leistungen nach diesem Buch beantragt hat oder bezieht oder dessen Partnerin oder Partner oder
2. nach Absatz 2 zur Auskunft verpflichtet ist,

beschäftigt, hat der Agentur für Arbeit auf Verlangen über die Beschäftigung, insbesondere über das Arbeitsentgelt, Auskunft zu erteilen, soweit es zur Durchführung der Aufgaben nach diesem Buch erforderlich ist.

(4) ¹Sind Einkommen oder Vermögen der Partnerin oder des Partners zu berücksichtigen, haben
1. diese Partnerin oder dieser Partner,
2. Dritte, die für diese Partnerin oder diesen Partner Guthaben führen oder Vermögensgegenstände verwahren,

der Agentur für Arbeit auf Verlangen hierüber Auskunft zu erteilen, soweit es zur Durchführung der Aufgaben nach diesem Buch erforderlich ist. ²§ 21 Absatz 3 Satz 4 des Zehnten Buches gilt entsprechend.

(5) Wer jemanden, der Leistungen nach diesem Buch beantragt hat, bezieht oder bezogen hat, beschäftigt, hat der Agentur für Arbeit auf Verlangen Einsicht in Geschäftsbücher, Geschäftsunterlagen und Belege sowie in Listen, Entgeltverzeichnisse und Entgeltbelege für Heimarbeiterinnen oder Heimarbeiter zu gewähren, soweit es zur Durchführung der Aufgaben nach diesem Buch erforderlich ist.

§ 61 Auskunftspflichten bei Leistungen zur Eingliederung in Arbeit

(1) ¹Träger, die eine Leistung zur Eingliederung in Arbeit erbracht haben oder erbringen, haben der Agentur für Arbeit unverzüglich Auskünfte über Tatsachen zu erteilen, die Aufschluss darüber geben, ob und inwieweit Leistungen zu Recht erbracht worden sind oder werden. ²Sie haben Änderungen, die für die Leistungen erheblich sind, unverzüglich der Agentur für Arbeit mitzuteilen.

(2) ¹Die Teilnehmerinnen und Teilnehmer an Maßnahmen zur Eingliederung sind verpflichtet,
1. der Agentur für Arbeit auf Verlangen Auskunft über den Eingliederungserfolg der Maßnahme sowie alle weiteren Auskünfte zu erteilen, die zur Qualitätsprüfung benötigt werden, und
2. eine Beurteilung ihrer Leistung und ihres Verhaltens durch den Maßnahmeträger zuzulassen.

²~~Die Maßnahmeträger sind verpflichtet, ihre Beurteilungen der Teilnehmerin oder des Teilnehmers unverzüglich der Agentur für Arbeit zu übermitteln.~~ ²Die Maßnahmeträger sind verpflichtet,
1. ihre Beurteilung der oder des Teilnehmenden unverzüglich der Agentur für Arbeit zu

übermitteln,
2. der für die einzelne Teilnehmerin oder den einzelnen Teilnehmer zuständigen Agentur für Arbeit kalendermonatlich die Fehltage der Teilnehmerin oder des Teilnehmers sowie die Gründe für die Fehltage mitzuteilen.
³Dabei haben sie jeweils die von der Agentur für Arbeit vorgegebenen Verfahren und Formate zu nutzen.

§ 62 Schadenersatz
Wer vorsätzlich oder fahrlässig
1. eine Einkommensbescheinigung nicht, nicht richtig oder nicht vollständig ausfüllt,
2. eine Auskunft nach § 57 oder § 60 nicht, nicht richtig oder nicht vollständig erteilt,
ist zum ErSatz des daraus entstehenden Schadens verpflichtet.

Kapitel 9: Straf- und Bußgeldvorschriften

§ 63 Bußgeldvorschriften
(1) Ordnungswidrig handelt, wer vorsätzlich oder fahrlässig
1. entgegen § 57 Satz 1 eine Auskunft nicht, nicht richtig, nicht vollständig oder nicht rechtzeitig erteilt,
2. entgegen § 58 Absatz 1 Satz 1 oder 3 Art oder Dauer der Erwerbstätigkeit oder die Höhe des Arbeitsentgelts oder der Vergütung nicht, nicht richtig, nicht vollständig oder nicht rechtzeitig bescheinigt oder eine Bescheinigung nicht oder nicht rechtzeitig aushändigt,
3. entgegen § 58 Absatz 2 einen Vordruck nicht oder nicht rechtzeitig vorlegt,
4. entgegen § 60 Absatz 1, 2 Satz 1, Absatz 3 oder 4 Satz 1 oder als privater Träger entgegen § 61 Absatz 1 Satz 1 eine Auskunft nicht, nicht richtig, nicht vollständig oder nicht rechtzeitig erteilt,
5. entgegen § 60 Absatz 5 Einsicht nicht oder nicht rechtzeitig gewährt,
6. entgegen § 60 Absatz 1 Satz 1 Nummer 1 des Ersten Buches eine Angabe nicht, nicht richtig, nicht vollständig oder nicht rechtzeitig macht oder
7. entgegen § 60 Absatz 1 Satz 1 Nummer 2 des Ersten Buches eine Änderung in den Verhältnissen, die für einen Anspruch auf eine laufende Leistung erheblich ist, nicht, nicht richtig, nicht vollständig oder nicht rechtzeitig mitteilt.

(1a) Die Bestimmungen des Absatzes 1 Nummer 1, 4, 5, 6 und 7 gelten auch in Verbindung mit § 6b Absatz 1 Satz 2 oder § 44b Absatz 1 Satz 2 erster Halbsatz.

(2) Die Ordnungswidrigkeit kann in den Fällen des Absatzes 1 Nummer 6 und 7 mit einer Geldbuße bis zu fünftausend Euro, in den übrigen Fällen mit einer Geldbuße bis zu zweitausend Euro geahndet werden.

§ 63a (weggefallen)

§ 63b (weggefallen)

Kapitel 10: Bekämpfung von Leistungsmissbrauch

§ 64 Zuständigkeit und Zusammenarbeit mit anderen Behörden
(1) Für die Bekämpfung von Leistungsmissbrauch gilt § 319 des Dritten Buches entsprechend.

(2) Verwaltungsbehörden im Sinne des § 36 Absatz 1 Nummer 1 des Gesetzes über Ordnungswidrigkeiten sind in den Fällen
1. des § 63 Absatz 1 Nummer 1 bis 5 die gemeinsame Einrichtung oder der nach § 6a zugelassene kommunale Träger,
2. des § 63 Absatz 1 Nummer 6 und 7
   a) die gemeinsame Einrichtung oder der nach § 6a zugelassene kommunale Träger sowie
   b) die Behörden der Zollverwaltung jeweils für ihren Geschäftsbereich.

(3) Bei der Verfolgung und Ahndung der Ordnungswidrigkeiten nach § 63 Absatz 1 Nummer 6 und 7 arbeiten die Behörden nach Absatz 2 Nummer 2 mit den in § 2 Absatz 4 des Schwarzarbeitsbekämpfungsgesetzes genannten Behörden zusammen.

(4) ¹Soweit die gemeinsame Einrichtung Verwaltungsbehörde nach Absatz 2 ist, fließen die Geldbußen in die Bundeskasse. ²§ 66 des Zehnten Buches gilt entsprechend. ³Die Bundeskasse trägt abweichend von § 105 Absatz 2 des Gesetzes über Ordnungswidrigkeiten die notwendigen Auslagen. ⁴Sie ist auch ersatzpflichtig im Sinne des § 110 Absatz 4 des Gesetzes über Ordnungswidrigkeiten.

Kapitel 11: Übergangs- und Schlussvorschriften

~~§ 65 Allgemeine Übergangsvorschriften~~
~~(1) ¹Ist eine leistungsberechtigte Person in einer Gemeinschaftsunterkunft ohne Selbstversorgungsmöglichkeit untergebracht, kann der Anspruch auf Arbeitslosengeld II und Sozialgeld, soweit er sich auf Ernährung und Haushaltsenergie bezieht, bis zum Ablauf des 31. Dezember 2018 in Form von Sachleistungen erfüllt werden. ²Der Wert der Sachleistung nach Satz 1 beträgt~~
~~1. bei Erwachsenen, bei denen der Regelbedarf für eine alleinstehende Person anerkannt wird, 170 Euro,~~
~~2. bei den übrigen Erwachsenen 159 Euro,~~
~~3. bei Kindern von 0 bis unter 6 Jahren 86 Euro,~~
~~4. bei Kindern von 6 bis unter 14 Jahren 125 Euro und~~
~~5. bei Jugendlichen von 14 bis unter 18 Jahren 158 Euro.~~
~~³Wird die Sachleistung im Auftrag oder mit Zustimmung der Agentur für Arbeit durch einen anderen öffentlich-rechtlichen Träger oder einen privaten Dritten erbracht, gilt dies als Leistung nach diesem Buch. ⁴Die Agentur für Arbeit hat dem öffentlich-rechtlichen Träger der Gemeinschaftsunterkunft oder, soweit ein solcher nicht vorhanden ist, dem privaten Betreiber der Gemeinschaftsunterkunft Aufwendungen für die Verpflegung einschließlich Haushaltsstrom in Höhe der in Satz 2 benannten Beträge zu erstatten. ⁵Bei Teilnahme von Kindern und Jugendlichen im Sinne des Satzes 2 Nummer 3 bis 5 an einer gemeinschaftlichen Mittagsverpflegung in schulischer Verantwortung, in einer Tageseinrichtung oder in der Kindertagespflege gilt § 28 Absatz 6 Satz 1 mit der Maßgabe, dass die entstehenden Aufwendungen berücksichtigt werden.~~
~~(2) und (3) (weggefallen)~~
~~(4) ¹Abweichend von § 2 haben auch erwerbsfähige Leistungsberechtigte Anspruch auf Leistungen zur Sicherung des Lebensunterhaltes, die das 58. Lebensjahr vollendet haben und die Regelvoraussetzungen des Anspruchs auf Leistungen zur Sicherung des Lebensunterhalts allein deshalb nicht erfüllen, weil sie nicht arbeitsbereit sind und nicht alle Möglichkeiten nutzen und nutzen wollen, ihre Hilfebedürftigkeit durch Aufnahme~~

~~einer Arbeit zu beenden. ³Vom 1. Januar 2008 an gilt Satz 1 nur noch, wenn der Anspruch vor dem 1. Januar 2008 entstanden ist und der erwerbsfähige Leistungsberechtigte vor diesem Tag das 58. Lebensjahr vollendet hat. ³§ 428 des Dritten Buches gilt entsprechend. ⁴Satz 1 gilt entsprechend für erwerbsfähige Personen, die bereits vor dem 1. Januar 2008 unter den Voraussetzungen des § 428 Absatz 1 des Dritten Buches Arbeitslosengeld bezogen haben und erstmals nach dem 31. Dezember 2007 hilfebedürftig werden.~~

~~(5) § 12 Absatz 2 Nummer 1 gilt mit der Maßgabe, dass für die in § 4 Absatz 2 Satz 2 der Arbeitslosenhilfe-Verordnung vom 13. Dezember 2001 (BGBl. I S. 3734) in der Fassung vom 31. Dezember 2004 genannten Personen an die Stelle des Grundfreibetrags in Höhe von 150 Euro je vollendetem Lebensjahr ein Freibetrag von 520 Euro, an die Stelle des Höchstfreibetrags in Höhe von jeweils 9750 Euro ein Höchstfreibetrag in Höhe von 33 800 Euro tritt.~~

§ 65 Übergangsregelungen aus Anlass des Zwölften Gesetzes zur Änderung des Zweiten Buches Sozialgesetzbuch und anderer Gesetze – Einführung eines Bürgergeldes

(1) § 3 Absatz 2a in der bis zum 31. Dezember 2022 geltenden Fassung findet bis zur erstmaligen Erstellung eines Kooperationsplans nach § 15, spätestens bis zum Ablauf des 31. Dezember 2023, weiter Anwendung.

(2) Sofern die Träger der Grundsicherung für Arbeitsuchende vor dem 1. Januar 2023 nach § 5 Absatz 3 Satz 1 Leistungsberechtigte aufgefordert haben, eine Rente wegen Alters vorzeitig in Anspruch zu nehmen, ist die Stellung eines entsprechenden Antrages durch die Träger nach diesem Buch nach dem 31. Dezember 2022 unzulässig.

(3) Zeiten eines Leistungsbezugs bis zum 31. Dezember 2022 bleiben bei den Karenzzeiten nach § 12 Absatz 3 Satz 1 und § 22 Absatz 1 Satz 2 unberücksichtigt.

(4) § 15 ist in der bis zum Ablauf des 30. Juni 2023 geltenden Fassung für bis zu diesem Zeitpunkt abgeschlossene Eingliederungsvereinbarungen bis zur erstmaligen Erstellung eines Kooperationsplans nach § 15, spätestens bis zum Ablauf des 31. Dezember 2023, weiter anzuwenden.

(5) Abweichend von § 20 Absatz 1a Satz 3 SGB II ist für das Jahr 2023 auf den Betrag abzustellen, der sich aus der Tabelle in der Anlage zu § 28 SGB XII in Verbindung mit § 134 Absatz 2 SGB XII ergibt.

(6) § 22 Absatz 1 Satz 2 gilt nicht in den Fällen, in denen in einem der vorangegangenen Bewilligungszeiträume für die aktuell bewohnte Unterkunft die angemessenen und nicht die tatsächlichen Aufwendungen als Bedarf anerkannt wurden.

(6a) In den Fällen des Absatz 4 ist § 31 Absatz 1 Nummer 1 in der bis zum Ablauf des 30. Juni 2022 geltenden Fassung weiter anzuwenden.

(7) ¹§ 40 Absatz 1 Satz 3 bis 5 ist bei Prüfungen ab dem 1. Januar 2023 anzuwenden. ²§ 41a Absatz 6 Satz 3 in der ab dem 1. Januar 2023 geltenden Fassung ist bei abschließenden Entscheidungen anzuwenden, die ab dem 1. Januar 2023 getroffen werden.

(8) ¹Erwerbsfähige Leistungsberechtigte, die am 31. Dezember 2022 aufgrund von § 53a Absatz 2 in der bis zum 31. Dezember 2022 geltenden Fassung nicht als arbeitslos galten, gelten auch weiterhin nicht als arbeitslos, sofern die Voraussetzungen des § 53a Absatz 2 in der bis zum 31. Dezember 2022 geltenden Fassung weiter vorliegen. ²Die Vorschrift hat keine Auswirkungen auf die Erbringung von Eingliederungsleistungen.

(9) Bis zum Ablauf des 30. Juni 2023 kann von den zuständigen Behörden für den Begriff Bürgergeld auch der Begriff Arbeitslosengeld II oder Sozialgeld verwendet werden.

§ 65a (weggefallen)
§ 65b (weggefallen)
§ 65c (weggefallen)
§ 65d Übermittlung von Daten
(1) Der Träger der Sozialhilfe und die Agentur für Arbeit machen dem zuständigen Leistungsträger auf Verlangen die bei ihnen vorhandenen Unterlagen über die Gewährung von Leistungen für Personen, die Leistungen der Grundsicherung für Arbeitsuchende beantragt haben oder beziehen, zugänglich, soweit deren Kenntnis im Einzelfall für die Erfüllung der Aufgaben nach diesem Buch erforderlich ist.

(2) Die Bundesagentur erstattet den Trägern der Sozialhilfe die Sachkosten, die ihnen durch das Zugänglichmachen von Unterlagen entstehen; eine Pauschalierung ist zulässig.

§ 65e Übergangsregelung zur Aufrechnung
[1]Der zuständige Träger der Leistungen nach diesem Buch kann mit Zustimmung des Trägers der Sozialhilfe dessen Ansprüche gegen den Leistungsberechtigten mit Geldleistungen zur Sicherung des Lebensunterhalts nach den Voraussetzungen des § 43 Absatz 2, 3 und 4 Satz 1 aufrechnen. [2]Die Aufrechnung wegen eines Anspruchs nach Satz 1 ist auf die ersten zwei Jahre der Leistungserbringung nach diesem Buch beschränkt.

§ 66 Rechtsänderungen bei Leistungen zur Eingliederung in Arbeit
(1) Wird dieses Gesetzbuch geändert, so sind, soweit nichts Abweichendes bestimmt ist, auf Leistungen zur Eingliederung in Arbeit bis zum Ende der Leistungen oder der Maßnahme die Vorschriften in der vor dem Tag des Inkrafttretens der Änderung geltenden Fassung weiter anzuwenden, wenn vor diesem Tag
1. der Anspruch entstanden ist,
2. die Leistung zuerkannt worden ist oder
3. die Maßnahme begonnen hat, wenn die Leistung bis zum Beginn der Maßnahme beantragt worden ist.

(2) Ist eine Leistung nur für einen begrenzten Zeitraum zuerkannt worden, richtet sich eine Verlängerung nach den zum Zeitpunkt der Entscheidung über die Verlängerung geltenden Vorschriften.

§ 67 Vereinfachtes Verfahren für den Zugang zu sozialer Sicherung aus Anlass der COVID-19-Pandemie; Verordnungsermächtigung
(1) Leistungen für Bewilligungszeiträume, die in der Zeit vom 1. März 2020 bis zum 31. März 2022 beginnen, werden nach Maßgabe der Absätze 2 bis 4 erbracht.

(2) [1]Abweichend von den §§ 9, 12 und 19 Absatz 3 wird Vermögen für die Dauer von sechs Monaten nicht berücksichtigt. [2]Satz 1 gilt nicht, wenn das Vermögen erheblich ist; es wird vermutet, dass kein erhebliches Vermögen vorhanden ist, wenn die Antragstellerin oder der Antragsteller dies im Antrag erklärt.

(3) [1]§ 22 Absatz 1 ist mit der Maßgabe anzuwenden, dass die tatsächlichen Aufwendungen für Unterkunft und Heizung für die Dauer von sechs Monaten als angemessen gelten. [2]Nach Ablauf des Zeitraums nach Satz 1 ist § 22 Absatz 1 Satz 3 mit der Maßgabe anzuwenden, dass der Zeitraum nach Satz 1 nicht auf die in § 22 Absatz 1 Satz 3 genannte Frist anzurechnen ist. [3]Satz 1 gilt nicht in den Fällen, in denen im vorangegangenen Bewilligungszeitraum die angemessenen und nicht die tatsächlichen Aufwendungen als Bedarf anerkannt wurden.

(4) ¹Sofern über die Leistungen nach § 41a Absatz 1 Satz 1 vorläufig zu entscheiden ist, ist über den Anspruch auf Leistungen zur Sicherung des Lebensunterhalts abweichend von § 41 Absatz 3 Satz 1 und 2 für sechs Monate zu entscheiden. ²In den Fällen des Satzes 1 entscheiden die Träger der Grundsicherung für Arbeitsuchende für Bewilligungszeiträume, die bis zum 31. März 2021 begonnen haben, abweichend von § 41a Absatz 3 nur auf Antrag abschließend über den monatlichen Leistungsanspruch.

(5) Die Bundesregierung wird ermächtigt, den in Absatz 1 genannten Zeitraum durch Rechtsverordnung ohne Zustimmung des Bundesrates längstens bis zum 31. Dezember 2022 zu verlängern.

(6) (weggefallen)

§ 68 ~~Regelungen zu Bedarfen für Bildung aus Anlass der COVID-19-Pandemie~~ (weggefallen)

~~¹Abweichend von § 28 Absatz 6 Satz 1 kommt es im Zeitraum vom 1. März 2020 bis zur Aufhebung der Feststellung einer epidemischen Lage von nationaler Tragweite wegen der dynamischen Ausbreitung der Coronavirus-Krankheit-2019 (COVID-19) nach § 5 Absatz 1 Satz 2 des Infektionsschutzgesetzes durch den Deutschen Bundestag, längstens jedoch bis zum Ablauf des 31. Dezember 2021, auf eine Gemeinschaftlichkeit der Mittagsverpflegung nicht an. ²Zu den Aufwendungen im Sinne des § 28 Absatz 6 Satz 1 zählen bei den Leistungsberechtigten anfallende Zahlungsverpflichtungen auch, wenn sie pandemiebedingt in geänderter Höhe oder aufgrund abweichender Abgabewege berechnet werden. ³Dies umfasst auch die Kosten einer Belieferung. ⁴§ 28 Absatz 6 Satz 2 findet keine Anwendung.~~

§ 69 Übergangsregelung zum Freibetrag für Grundrentenzeiten und vergleichbare Zeiten

Über die Erbringung der Leistungen zur Sicherung des Lebensunterhalts ist ohne Berücksichtigung eines möglichen Freibetrages nach § 11b Absatz 2a in Verbindung mit § 82a des Zwölften Buches zu entscheiden, solange nicht durch eine Mitteilung des Rentenversicherungsträgers oder einer berufsständischen Versicherungs- oder Versorgungseinrichtung nachgewiesen ist, dass die Voraussetzungen für die Einräumung des Freibetrages vorliegen.

§ 70 Einmalzahlung aus Anlass der COVID-19-Pandemie

¹Leistungsberechtigte, die für den Monat Mai 2021 Anspruch auf Arbeitslosengeld II oder Sozialgeld haben und deren Bedarf sich nach Regelbedarfsstufe 1 oder 2 richtet, erhalten für den Zeitraum vom 1. Januar 2021 bis zum 30. Juni 2021 zum Ausgleich der mit der COVID-19-Pandemie in Zusammenhang stehenden Mehraufwendungen eine Einmalzahlung in Höhe von 150 Euro. ²Satz 1 gilt auch für Leistungsberechtigte, deren Bedarf sich nach Regelbedarfsstufe 3 richtet, sofern bei ihnen kein Kindergeld als Einkommen berücksichtigt wird.

§ 71 Kinderfreizeitbonus und weitere Regelung aus Anlass der COVID-19-Pandemie

(1) ¹Abweichend von § 37 Absatz 1 Satz 2 gilt der Antrag auf Leistungen nach § 28 Absatz 5 in der Zeit vom 1. Juli 2021 bis zum Ablauf des 31. Dezember 2023 als von dem Antrag auf Leistungen zur Sicherung des Lebensunterhalts mit umfasst. ²Dies gilt für ab dem 1. Juli 2021 entstehende Lernförderungsbedarfe auch dann, wenn die jeweiligen Bewilligungszeiträume nur teilweise in den in Satz 1 genannten Zeitraum fallen, weil sie entweder bereits vor dem 1. Juli 2021 begonnen haben oder erst nach dem 31. Dezember 2023 enden.

(2) ¹Leistungsberechtigte, die für den Monat August 2021 Anspruch auf Arbeitslosengeld II oder Sozialgeld und das 18. Lebensjahr noch nicht vollendet haben, erhalten eine Einmalzahlung in Höhe von 100 Euro. ²Satz 1 gilt nicht für Leistungsberechtigte, für die im Monat August 2021 Kinderzuschlag nach § 6a des Bundeskindergeldgesetzes gezahlt wird. ³Eines gesonderten Antrags bedarf es nicht. ⁴Erhält die leistungsberechtigte Person Arbeitslosengeld II oder Sozialgeld in zwei Bedarfsgemeinschaften, wird die Leistung nach Satz 1 in der Bedarfsgemeinschaft erbracht, in der das Kindergeld für die leistungsberechtigte Person berücksichtigt wird.

§ 72 Sofortzuschlag

(1) ¹Kinder, Jugendliche und junge Erwachsene, die Anspruch auf ~~Arbeitslosengeld II oder Sozialgeld~~ Bürgergeld haben, dem ein Regelbedarf nach den Regelbedarfsstufen 3, 4, 5 oder 6 zu Grunde liegt, haben zusätzlich Anspruch auf einen monatlichen Sofortzuschlag in Höhe von 20 Euro. ²Satz 1 gilt auch für Kinder, Jugendliche und junge Erwachsene, die
1. nur einen Anspruch auf eine Bildungs- und Teilhabeleistung haben oder
2. nur deshalb keinen Anspruch auf ~~Arbeitslosengeld II oder Sozialgeld~~ Bürgergeld haben, weil im Rahmen der Prüfung der Hilfebedürftigkeit Kindergeld berücksichtigt wurde (§ 11 Absatz 1 Satz 5).

³Der Sofortzuschlag wird erstmalig für den Monat Juli 2022 erbracht.

(2) ¹Wird die Entscheidung über die Bewilligung von ~~Arbeitslosengeld II, Sozialgeld~~ Bürgergeld oder der Bildungs- und Teilhabeleistung rückwirkend geändert oder fällt sie rückwirkend weg, erfolgt keine rückwirkende Aufhebung der Bewilligung und keine Rückforderung des Sofortzuschlages. ²Dies gilt auch, wenn sich aufgrund einer abschließenden Entscheidung nach § 41a Absatz 3 kein Anspruch auf ~~Arbeitslosengeld II, Sozialgeld~~ Bürgergeld oder eine Bildungs- und Teilhabeleistung ergibt.

(3) § 42 Absatz 4 gilt auch für den Anspruch auf den Sofortzuschlag.

§ 73 Einmalzahlung für den Monat Juli 2022

Leistungsberechtigte, die für den Monat Juli 2022 Anspruch auf Arbeitslosengeld II oder Sozialgeld haben und deren Bedarf sich nach der Regelbedarfsstufe 1 oder 2 richtet, erhalten für diesen Monat zum Ausgleich der mit der COVID-19-Pandemie in Zusammenhang stehenden Mehraufwendungen eine Einmalzahlung in Höhe von 200 Euro.

§ 74 Ansprüche von Ausländerinnen und Ausländern mit einer Fiktionsbescheinigung

(1) ¹Abweichend von § 7 Absatz 1 Satz 2 Nummer 1 und 2 erhalten Leistungen nach diesem Buch auch Personen, die gemäß § 49 des Aufenthaltsgesetzes erkennungsdienstlich behandelt worden sind, eine Aufenthaltserlaubnis nach § 24 Absatz 1 des Aufenthaltsgesetzes beantragt haben und denen eine entsprechende Fiktionsbescheinigung nach § 81 Absatz 5 in Verbindung mit Absatz 3 des Aufenthaltsgesetzes ausgestellt worden ist. ²§ 7 Absatz 1 Satz 1 Nummer 4 und § 8 Absatz 2 sind nicht anzuwenden. 3Der Bewilligungszeitraum ist abweichend von § 41 Absatz 3 Satz 1 auf längstens sechs Monate zu verkürzen.

(2) Absatz 1 gilt auch für Personen, die gemäß § 49 des Aufenthaltsgesetzes erkennungsdienstlich behandelt worden sind, eine Aufenthaltserlaubnis nach § 24 Absatz 1 des Aufenthaltsgesetzes beantragt haben und denen daher eine entsprechende Fiktionsbescheinigung nach § 81 Absatz 5 in Verbindung mit Absatz 4 des Aufenthaltsgesetzes ausgestellt worden ist.

(3) ¹Die Absätze 1 und 2 sind bei Personen, denen nach dem 24. Februar 2022 und vor dem 1. Juni 2022 auf Grund eines Antrages auf eine Aufenthaltserlaubnis nach § 24 Absatz 1 des Aufenthaltsgesetzes eine entsprechende Fiktionsbescheinigung nach § 81 Absatz 5 in

Verbindung mit Absatz 3 oder Absatz 4 des Aufenthaltsgesetzes ausgestellt worden ist, mit der Maßgabe anzuwenden, dass anstelle der erkennungsdienstlichen Behandlung die Speicherung der Daten nach § 3 Absatz 1 des AZR-Gesetzes erfolgt ist. ²Eine nicht durchgeführte erkennungsdienstliche Behandlung nach § 49 des Aufenthaltsgesetzes oder nach § 16 des Asylgesetzes ist in diesen Fällen durch die zuständige Behörde bis zum Ablauf des 31. Oktober 2022 nachzuholen.

(4) Das Erfordernis des Nachholens einer erkennungsdienstlichen Behandlung in Absatz 3 gilt nicht, soweit eine erkennungsdienstliche Behandlung nach § 49 des Aufenthaltsgesetzes nicht vorgesehen ist.

(5) ¹In der Zeit vom 1. Juni 2022 bis einschließlich 31. August 2022 gilt der Antrag auf Leistungen zur Sicherung des Lebensunterhalts nach diesem Buch für Leistungsberechtigte nach § 18 des Asylbewerberleistungsgesetzes als gestellt. ²Die Leistungen nach diesem Buch sind gegenüber den Leistungen nach § 18 des Asylbewerberleistungsgesetzes vorrangig. ³Wenn die Träger der Grundsicherung für Arbeitsuchende Leistungsberechtigten nach § 18 des Asylbewerberleistungsgesetzes laufende Leistungen zur Sicherung des Lebensunterhalts bewilligt haben, haben sie den Zeitpunkt der Aufnahme der laufenden Leistungsgewährung den für die Durchführung des Asylbewerberleistungsgesetzes zuständigen Behörden unverzüglich anzuzeigen. ⁴Der für die Durchführung des Asylbewerberleistungsgesetzes zuständigen Behörde stehen Erstattungsansprüche nach Maßgabe des § 104 des Zehnten Buches zu.

§ 75 (weggefallen)

§ 76 Gesetz zur Weiterentwicklung der Organisation der Grundsicherung für Arbeitsuchende

(1) Nimmt im Gebiet eines kommunalen Trägers nach § 6 Absatz 1 Satz 1 Nummer 2 mehr als eine Arbeitsgemeinschaft nach § 44b in der bis zum 31. Dezember 2010 geltenden Fassung die Aufgaben nach diesem Buch wahr, kann insoweit abweichend von § 44b Absatz 1 Satz 1 mehr als eine gemeinsame Einrichtung gebildet werden.

(2) ¹Bei Wechsel der Trägerschaft oder der Organisationsform tritt der zuständige Träger oder die zuständige Organisationsform an die Stelle des bisherigen Trägers oder der bisherigen Organisationsform; dies gilt auch für laufende Verwaltungs- und Gerichtsverfahren. ²Die Träger teilen sich alle Tatsachen mit, die zur Vorbereitung eines Wechsels der Organisationsform erforderlich sind. ³Sie sollen sich auch die zu diesem Zweck erforderlichen Sozialdaten in automatisierter und standardisierter Form übermitteln.

§ 77 ~~Gesetz zur Ermittlung von Regelbedarfen und zur Änderung des Zweiten und Zwölften Buches Sozialgesetzbuch~~ (weggefallen)

~~(1) § 7 Absatz 4a in der bis zum 31. Dezember 2010 geltenden Fassung gilt weiter bis zum Inkrafttreten einer nach § 13 Absatz 3 erlassenen Rechtsverordnung.~~

~~(2) Abweichend von § 11a Absatz 3 Satz 2 Nummer 2 sind bis zum 31. Dezember 2011 die Leistungen nach § 23 des Achten Buches als Einkommen zu berücksichtigen~~
~~1. für das erste und zweite Pflegekind nicht,~~
~~2. für das dritte Pflegekind zu 75 Prozent und~~
~~3. für das vierte und jedes weitere Pflegekind vollständig.~~

~~(3) § 30 in der bis zum 31. Dezember 2010 geltenden Fassung ist für Einkommen aus Erwerbstätigkeit, das im Zeitraum vom 1. Januar 2011 bis zum 31. März 2011 zufließt, weiter anzuwenden und gilt anstelle des § 11b Absatz 3 weiter für Bewilligungszeiträume (§ 41 Satz 4), die vor dem 1. Juli 2011 beginnen, längstens jedoch bis zur Aufnahme einer~~

Erwerbstätigkeit ab dem 1. Juli 2011.

(4) Für die Regelbedarfe nach § 20 Absatz 2 Satz 2 Nummer 1 und § 23 Nummer 1 tritt an die Stelle der Beträge nach
1. § 20 Absatz 2 Satz 2 Nummer 1 der Betrag von 287 Euro,
2. § 23 Nummer 1 für Leistungsberechtigte bis zur Vollendung des sechsten Lebensjahres der Betrag von 215 Euro,
3. § 23 Nummer 1 für Leistungsberechtigte vom Beginn des siebten bis zur Vollendung des 14. Lebensjahres der Betrag von 251 Euro,
4. § 23 Nummer 1 für Leistungsberechtigte im 15. Lebensjahr der Betrag von 287 Euro, solange sich durch die Fortschreibung der Beträge nach § 20 Absatz 2 Satz 2 Nummer 1 und § 23 Nummer 1 nach § 20 Absatz 5 jeweils kein höherer Betrag ergibt.

(5) § 21 ist bis zum 31. Dezember 2011 mit der Maßgabe anzuwenden, dass Beträge, die nicht volle Euro-Beträge ergeben, bei einem Betrag von unter 0,50 Euro abzurunden und von 0,50 Euro an aufzurunden sind.

(6) Sofern Leistungen ohne Berücksichtigung der tatsächlichen Aufwendungen für die Erzeugung von Warmwasser festgesetzt wurden, weil sie nach den §§ 20 und 28 in der bis zum 31. Dezember 2010 geltenden Fassung mit der Regelleistung zur Sicherung des Lebensunterhalts abgegolten waren, ist der Verwaltungsakt, auch nachdem er unanfechtbar geworden ist, bis zum Ablauf eines Monats nach dem Ende des Bewilligungs-zeitraums zurückzunehmen und die Nachzahlung zu erbringen.

(7) Der Bedarf nach § 28 Absatz 3 wird erstmals zum 1. August 2011 anerkannt.

(8) Werden Leistungen für Bedarfe nach § 28 Absatz 2 und 4 bis 7 für den Zeitraum vom 1. Januar bis zum 31. Mai 2011 bis zum 30. Juni 2011 rückwirkend beantragt, gilt dieser Antrag abweichend von § 37 Absatz 2 Satz 2 als zum 1. Januar 2011 gestellt.

(9) [1]In den Fällen des Absatzes 8 sind Leistungen für die Bedarfe nach § 28 Absatz 2 Satz 1 Nummer 1, Satz 2 und Absatz 5 für den Zeitraum vom 1. Januar bis zum 31. Mai 2011 abweichend von § 29 Absatz 1 Satz 1 durch Direktzahlung an den Anbieter zu erbringen, wenn bei der leistungsberechtigten Person noch keine Aufwendungen zur Deckung dieser Bedarfe entstanden sind. [2]Soweit die leistungsberechtigte Person in den Fällen des Absatzes 8 nachweist, dass ihr bereits Aufwendungen zur Deckung der in Satz 1 genannten Bedarfe entstanden sind, werden diese Aufwendungen abweichend von § 29 Absatz 1 Satz 1 durch Geldleistung an die leistungsberechtigte Person erstattet.

(10) Auf Klassenfahrten im Rahmen der schulrechtlichen Bestimmungen, an denen Schülerinnen und Schüler in der Zeit vom 1. Januar bis zum 29. März 2011 teilgenommen haben, ist § 23 Absatz 3 Satz 1 Nummer 3 und Satz 2 bis 4 in der bis zum 31. Dezember 2010 geltenden Fassung anstelle des § 19 Absatz 3 Satz 3 und des § 28 Absatz 2 Satz 1 Nummer 2 anzuwenden.

(11) [1]Für Schülerinnen und Schüler, die eine Schule besuchen, an der eine gemeinschaftliche Mittagsverpflegung in schulischer Verantwortung angeboten wird, sowie für Kinder, für die Kindertagespflege geleistet wird oder die eine Tageseinrichtung besuchen, an der eine gemeinschaftliche Mittagsverpflegung angeboten wird, werden die entstehenden Mehraufwendungen abweichend von § 28 Absatz 6 für die Zeit vom 1. Januar bis zum 31. März 2011 in Höhe von monatlich 26 Euro berücksichtigt. [2]Bei Leistungsberechtigten bis zur Vollendung des 18. Lebensjahres, denen für die Zeit vom 1. Januar bis zum 31. März 2011 Aufwendungen für Teilhabe am sozialen und kulturellen Leben entstanden sind, werden abweichend von § 28 Absatz 7 als Bedarf monatlich 10 Euro berücksichtigt. [3]Die im Zeitraum vom 1. Januar bis zum 31. März 2011 nach den Sätzen 1 und 2 zu berücksichtigenden

~~Bedarfe werden abweichend von § 29 Absatz 1 Satz 1 durch Geldleistung gedeckt; die im Zeitraum vom 1. April bis zum 31. Mai 2011 nach den Sätzen 1 und 2 zu berücksichtigenden Bedarfe können in den Fällen des Absatzes 8 abweichend von § 29 Absatz 1 Satz 1 auch durch Geldleistung gedeckt werden. ⁴Bis zum 31. Dezember 2013 gilt § 28 Absatz 6 Satz 2 mit der Maßgabe, dass die Mehraufwendungen auch berücksichtigt werden, wenn Schülerinnen und Schüler das Mittagessen in einer Einrichtung nach § 22 des Achten Buches einnehmen.~~

~~(12) § 31 in der bis zum 31. März 2011 geltenden Fassung ist weiterhin anzuwenden für Pflichtverletzungen, die vor dem 1. April 2011 begangen worden sind.~~

~~(13) § 40 Absatz 1 Satz 2 ist nicht anwendbar auf Anträge nach § 44 des Zehnten Buches, die vor dem 1. April 2011 gestellt worden sind.~~

~~(14) § 41 Absatz 2 Satz 2 ist bis zum 31. Dezember 2011 mit der Maßgabe anzuwenden, dass bei einer auf zwei Dezimalstellen durchzuführenden Berechnung weitere sich ergebende Dezimalstellen wegfallen.~~

§ 78 ~~Gesetz zur Verbesserung der Eingliederungschancen am Arbeitsmarkt~~ (weggefallen)
~~Bei der Ermittlung der Zuweisungshöchstdauer nach § 16d Absatz 6 werden Zuweisungsdauern, die vor dem 1. April 2012 liegen, nicht berücksichtigt.~~

§ 79 Achtes Gesetz zur Änderung des Zweiten Buches Sozialgesetzbuch – Ergänzung personalrechtlicher Bestimmungen
(1) Hat ein nach § 40a zur Erstattung verpflichteter Sozialleistungsträger in der Zeit vom 31. Oktober 2012 bis zum 5. Juni 2014 in Unkenntnis des Bestehens der Erstattungspflicht bereits an die leistungsberechtigte Person geleistet, entfällt der Erstattungsanspruch.
(2) Eine spätere Zuweisung von Tätigkeiten in den gemeinsamen Einrichtungen, die nach § 44g Absatz 2 in der bis zum 31. Dezember 2014 geltenden Fassung erfolgt ist, gilt fort.

§ 80 ~~Neuntes Gesetz zur Änderung des Zweiten Buches Sozialgesetzbuch – Rechtsvereinfachung – sowie zur vorübergehenden Aussetzung der Insolvenzantragspflicht~~ (weggefallen)
~~(1) § 41 Absatz 1 Satz 4 und 5 in der bis zum 31. Juli 2016 geltenden Fassung gilt weiter für Bewilligungszeiträume, die vor dem 1. August 2016 begonnen haben.~~
~~(2) Für die abschließende Entscheidung über zunächst vorläufig beschiedene Leistungsansprüche für Bewilligungszeiträume,~~
~~1. die vor dem 1. August 2016 beendet waren, gilt § 41a Absatz 5 Satz 1 mit der Maßgabe, dass die Jahresfrist mit dem 1. August 2016 beginnt;~~
~~2. die vor dem 1. August 2016 noch nicht beendet sind, ist § 41a anzuwenden.~~
~~(3) ¹§ 43 gilt entsprechend für die Aufrechnung von Erstattungsansprüchen nach § 40 Absatz 2 Nummer 1 in der bis zum 31. Juli 2016 geltenden Fassung sowie nach § 42 Absatz 2 Satz 2 des Ersten Buches. ²Die Höhe der Aufrechnung beträgt 10 Prozent des für die leistungsberechtigte Person maßgebenden Regelbedarfs.~~

§ 81 ~~Teilhabechancengesetz~~ (weggefallen)
~~§ 16i tritt mit Wirkung zum 1. Januar 2025 außer Kraft.~~

§ 82 Gesetz zur Förderung der beruflichen Weiterbildung im Strukturwandel und zur Weiterentwicklung der Ausbildungsförderung
Für Maßnahmen der ausbildungsbegleitenden Hilfen, die bis zum 28. Februar 2021 beginnen und bis zum 30. September 2021, im Fall des § 75 Absatz 2 Satz 2 des Dritten Buches in der bis zum 28. Mai 2020 geltenden Fassung bis zum 31. März 2022, enden, und für Maßnahmen der Assistierten Ausbildung, die bis zum 30. September 2020 beginnen, gelten § 16 Absatz 1 Satz 2 Nummer 3 in der bis zum 28. Mai 2020 geltenden Fassung in Verbindung mit § 450 Absatz 2 Satz 1 und Absatz 3 Satz 1 des Dritten Buches.

§ 83 Übergangsregelung aus Anlass des Gesetzes zur Ermittlung der Regelbedarfe und zur Änderung des Zwölften Buches Sozialgesetzbuch sowie weiterer Gesetze
(1) ¹§ 21 Absatz 4 Satz 1 in der bis zum 31. Dezember 2019 geltenden Fassung ist für erwerbsfähige Leistungsberechtigte mit Behinderungen, bei denen bereits bis zu diesem Zeitpunkt Eingliederungshilfe nach § 54 Absatz 1 Satz 1 Nummer 1 bis 3 des Zwölften Buches erbracht wurde und deswegen ein Mehrbedarf anzuerkennen war, ab dem 1. Januar 2020 für die Dauer der Maßnahme weiter anzuwenden, sofern der zugrundeliegende Maßnahmenbescheid noch wirksam ist. ²Der Mehrbedarf kann auch nach Beendigung der Maßnahme während einer angemessenen Übergangszeit, vor allem einer Einarbeitungszeit, anerkannt werden.

(2) ¹§ 23 Nummer 2 in der bis zum 31. Dezember 2019 geltenden Fassung ist für nichterwerbsfähige Leistungsberechtigte mit Behinderungen, bei denen bereits bis zu diesem Zeitpunkt Eingliederungshilfe nach § 54 Absatz 1 Satz 1 Nummer 1 und 2 des Zwölften Buches erbracht wurde und deswegen ein Mehrbedarf anzuerkennen war, ab dem 1. Januar 2020 für die Dauer der Maßnahme weiter anzuwenden, sofern der zugrundeliegende Maßnahmenbescheid noch wirksam ist. ²Der Mehrbedarf kann auch nach Beendigung der Maßnahme während einer angemessenen Übergangszeit, vor allem einer Einarbeitungszeit, anerkannt werden.

§ 84 ~~Übergangsregelung zu Rechtsfolgen bei Pflichtverletzungen und Meldeversäumnissen~~ **(weggefallen)**
~~(1) § 31a ist bis zum Ablauf des 1. Juli 2023 nicht anzuwenden.~~
~~(2) ¹§ 32 ist bis zum Ablauf des 1. Juli 2023 mit der Maßgabe anzuwenden, dass Leistungen erst nach einem wiederholten Meldeversäumnis zu mindern sind. ²Ein wiederholtes Meldeversäumnis liegt vor, wenn das vorangegangene Meldeversäumnis weniger als ein Jahr zurückliegt.~~
~~(3) Die Minderung nach Absatz 2 ist bei mehreren Meldeversäumnissen auf 10 Prozent des maßgebenden Regelbedarfs begrenzt.~~

§ 85 Übergangsregelung aus Anlass des Wohngeld-Plus-Gesetzes
Abweichend von § 12a Satz 1 sind Leistungsberechtigte für am 31. Dezember 2022 laufende Bewilligungszeiträume oder Bewilligungszeiträume, die in der Zeit vom 1. Januar 2023 bis 30. Juni 2023 beginnen, nicht verpflichtet, Wohngeld nach dem Wohngeldgesetz in Anspruch zu nehmen.

III. Verordnung zur Berechnung von Einkommen sowie zur Nichtberücksichtigung von Einkommen und Vermögen beim Bürgergeld (Bürgergeld-Verordnung – Bürgergeld-V)

§ 1 Nicht als Einkommen zu berücksichtigende Einnahmen

(1) Außer den in § 11a des Zweiten Buches Sozialgesetzbuch genannten Einnahmen sind nicht als Einkommen zu berücksichtigen:
1. Einnahmen, wenn sie innerhalb eines Kalendermonats 10 Euro nicht übersteigen,
2. (weggefallen)
3. Einnahmen aus Kapitalvermögen, soweit sie 100 Euro kalenderjährlich nicht übersteigen,
4. nicht steuerpflichtige Einnahmen einer Pflegeperson für Leistungen der Grundpflege und der hauswirtschaftlichen Versorgung,
5. bei Soldaten der Auslandsverwendungszuschlag,
6. die aus Mitteln des Bundes gezahlte Überbrückungsbeihilfe nach Artikel IX Abs. 4 des Abkommens zwischen den Parteien des Nordatlantikvertrages über die Rechtsstellung ihrer Truppen (NATO-Truppenstatut) vom 19. Juni 1951 (BGBl. 1961 II S. 1190) an ehemalige Arbeitnehmer bei den Stationierungsstreitkräften und nach Artikel 5 des Gesetzes zu den Notenwechseln vom 25. September 1990 und 23. September 1991 über die Rechtsstellung der in Deutschland stationierten verbündeten Streitkräfte und zu den Übereinkommen vom 25. September 1990 zur Regelung bestimmter Fragen in Bezug auf Berlin vom 3. Januar 1994 (BGBl. 1994 II S. 26) an ehemalige Arbeitnehmer bei den alliierten Streitkräften in Berlin,
7. nach § 3 Nummer 11c des Einkommensteuergesetzes steuerfrei gewährte Leistungen zur Abmilderung der gestiegenen Verbrauchspreise,
8. Kindergeld für Kinder des Hilfebedürftigen, soweit es nachweislich an das nicht im Haushalt des Hilfebedürftigen lebende Kind weitergeleitet wird,
9. bei Beziehenden von Bürgergeld nach § 19 Absatz 1 Satz 2 des Zweiten Buches Sozialgesetzbuch, die das 15. Lebensjahr noch nicht vollendet haben, Einnahmen aus Erwerbstätigkeit, soweit sie einen Betrag von 100 Euro monatlich nicht übersteigen,
10. nach § 3 Nummer 11a oder 11b des Einkommensteuergesetzes steuerfrei gewährte Leistungen aufgrund der COVID-19-Pandemie sowie den Leistungen nach § 3 Nummer 11a des Einkommensteuergesetzes entsprechende Zahlungen aus den Haushalten des Bundes und der Länder,
11. Verpflegung, die außerhalb der in den §§ 2, 3 und 4 Nummer 4 genannten Einkommensarten bereitgestellt wird,
12. Geldgeschenke an Minderjährige anlässlich der Firmung, Kommunion, Konfirmation oder vergleichbarer religiöser Feste sowie anlässlich der Jugendweihe, soweit sie den in § 12 Absatz 2 Satz 1 Nummer 1a des Zweiten Buches Sozialgesetzbuch genannten Betrag nicht überschreiten,
13. 13.die auf Grund eines Bundesprogramms gezahlten Außerordentlichen Wirtschaftshilfen zur Abfederung von Einnahmeausfällen, die ab dem 2. November 2020 infolge der vorübergehenden Schließung von Betrieben und Einrichtungen entstanden sind (Novemberhilfe und Dezemberhilfe),
14. die pauschalierten Betriebskostenzuschüsse, die auf Grund des Förderelements „Neustarthilfe" des Bundesprogramms Überbrückungshilfe III gezahlt werden,
15. Hilfen zur Beschaffung von Hygiene- oder Gesundheitsartikeln, die auf Grund einer epidemischen Lage von nationaler Tragweite, die vom Deutschen Bundestag gemäß § 5 Absatz 1 Satz 1 des Infektionsschutzgesetzes festgestellt worden ist, aus Mitteln

des Bundes oder der Länder gezahlt werden.

(2) ¹Bei der § 9 Abs. 5 des Zweiten Buches Sozialgesetzbuch zugrunde liegenden Vermutung, dass Verwandte und Verschwägerte an mit ihnen in Haushaltsgemeinschaft lebende Hilfebedürftige Leistungen erbringen, sind die um die Absetzbeträge nach § 11b des Zweiten Buches Sozialgesetzbuch bereinigten Einnahmen in der Regel nicht als Einkommen zu berücksichtigen, soweit sie einen Freibetrag in Höhe des doppelten Betrags des nach § 20 Absatz 2 Satz 1 maßgebenden Regelbedarfs zuzüglich der anteiligen Aufwendungen für Unterkunft und Heizung sowie darüber hinausgehend 50 Prozent der diesen Freibetrag übersteigenden bereinigten Einnahmen nicht überschreiten. ²§ 11a des Zweiten Buches Sozialgesetzbuch gilt entsprechend.

(3) ¹Die Verletztenrente nach dem Siebten Buch Sozialgesetzbuch ist teilweise nicht als Einkommen zu berücksichtigen, wenn sie auf Grund eines in Ausübung der Wehrpflicht bei der Nationalen Volksarmee der ehemaligen Deutschen Demokratischen Republik erlittenen Gesundheitsschadens erbracht wird. ²Dabei bestimmt sich die Höhe des nicht zu berücksichtigenden Betrages nach der Höhe der Grundrente nach § 31 des Bundesversorgungsgesetzes, die für den Grad der Schädigungsfolgen zu zahlen ist, der der jeweiligen Minderung der Erwerbsfähigkeit entspricht. ³Bei einer Minderung der Erwerbsfähigkeit um 20 Prozent beträgt der nicht zu berücksichtigende Betrag zwei Drittel, bei einer Minderung der Erwerbsfähigkeit um 10 Prozent ein Drittel der Mindestgrundrente nach dem Bundesversorgungsgesetz.

(4) (weggefallen)

§ 2 Berechnung des Einkommens aus nichtselbständiger Arbeit

(1) Bei der Berechnung des Einkommens aus nichtselbständiger Arbeit (§ 14 des Vierten Buches Sozialgesetzbuch) ist von den Bruttoeinnahmen auszugehen.

(2) (weggefallen)

(3) (weggefallen)

(4) (weggefallen)

(5) ¹Bei der Berechnung des Einkommens ist der Wert der vom Arbeitgeber bereitgestellten Vollverpflegung mit täglich 1 Prozent des nach § 20 des Zweiten Buches Sozialgesetzbuch maßgebenden monatlichen Regelbedarfs anzusetzen. ²Wird Teilverpflegung bereitgestellt, entfallen auf das Frühstück ein Anteil von 20 Prozent und auf das Mittag- und Abendessen Anteile von je 40 Prozent des sich nach Satz 1 ergebenden Betrages.

(6) Sonstige Einnahmen in Geldeswert sind mit ihrem Verkehrswert als Einkommen anzusetzen.

(7) Das Einkommen kann nach Anhörung geschätzt werden, wenn
1. Leistungen der Grundsicherung für Arbeitsuchende einmalig oder für kurze Zeit zu erbringen sind oder Einkommen nur für kurze Zeit zu berücksichtigen ist oder
2. die Entscheidung über die Erbringung von Leistungen der Grundsicherung für Arbeitsuchende im Einzelfall keinen Aufschub duldet.

§ 3 Berechnung des Einkommens aus selbständiger Arbeit, Gewerbebetrieb oder Land- und Forstwirtschaft

(1) ¹Bei der Berechnung des Einkommens aus selbständiger Arbeit, Gewerbebetrieb oder Land- und Forstwirtschaft ist von den Betriebseinnahmen auszugehen. Betriebseinnahmen sind alle aus selbständiger Arbeit, Gewerbebetrieb oder Land- und Forstwirtschaft erzielten Einnahmen, die im Bewilligungszeitraum nach § 41 Absatz 3 des Zweiten Buches Sozialgesetzbuch tatsächlich zufließen. ²Wird eine Erwerbstätigkeit nach Satz 1 nur

während eines Teils des Bewilligungszeitraums ausgeübt, ist das Einkommen nur für diesen Zeitraum zu berechnen.

(1a) Nicht zu den Betriebseinnahmen zählen abweichend von Absatz 1 Satz 2 die pauschalierten Betriebskostenzuschüsse, die auf Grund des Förderelements „Neustarthilfe" des Bundesprogramms Überbrückungshilfe III gezahlt werden.

(2) Zur Berechnung des Einkommens sind von den Betriebseinnahmen die im Bewilligungszeitraum tatsächlich geleisteten notwendigen Ausgaben mit Ausnahme der nach § 11b des Zweiten Buches Sozialgesetzbuch abzusetzenden Beträge ohne Rücksicht auf steuerrechtliche Vorschriften abzusetzen.

(3) ¹Tatsächliche Ausgaben sollen nicht abgesetzt werden, soweit diese ganz oder teilweise vermeidbar sind oder offensichtlich nicht den Lebensumständen während des Bezuges der Leistungen zur Grundsicherung für Arbeitsuchende entsprechen. ²Nachgewiesene Einnahmen können bei der Berechnung angemessen erhöht werden, wenn anzunehmen ist, dass die nachgewiesene Höhe der Einnahmen offensichtlich nicht den tatsächlichen Einnahmen entspricht. ³Ausgaben können bei der Berechnung nicht abgesetzt werden, soweit das Verhältnis der Ausgaben zu den jeweiligen Erträgen in einem auffälligen Missverhältnis steht. ⁴Ausgaben sind ferner nicht abzusetzen, soweit für sie Darlehen oder Zuschüsse nach dem Zweiten Buch Sozialgesetzbuch erbracht oder betriebliche Darlehen aufgenommen worden sind. ⁵Dies gilt auch für Ausgaben, soweit zu deren Finanzierung andere Darlehen verwandt werden.

(4) ¹Für jeden Monat ist der Teil des Einkommens zu berücksichtigen, der sich bei der Teilung des Gesamteinkommens im Bewilligungszeitraum durch die Anzahl der Monate im Bewilligungszeitraum ergibt. ²Im Fall des Absatzes 1 Satz 3 gilt als monatliches Einkommen derjenige Teil des Einkommens, der der Anzahl der in den in Absatz 1 Satz 3 genannten Zeitraum fallenden Monate entspricht. ³Von dem Einkommen sind die Beträge nach § 11b des Zweiten Buches Sozialgesetzbuch abzusetzen.

(5) (weggefallen)

(6) (weggefallen)

(7) ¹Wird ein Kraftfahrzeug überwiegend betrieblich genutzt, sind die tatsächlich geleisteten notwendigen Ausgaben für dieses Kraftfahrzeug als betriebliche Ausgabe abzusetzen. ²Für private Fahrten sind die Ausgaben um 0,10 Euro für jeden gefahrenen Kilometer zu vermindern. ³Ein Kraftfahrzeug gilt als überwiegend betrieblich genutzt, wenn es zu mindestens 50 Prozent betrieblich genutzt wird. ⁴Wird ein Kraftfahrzeug überwiegend privat genutzt, sind die tatsächlichen Ausgaben keine Betriebsausgaben. ⁵Für betriebliche Fahrten können 0,10 Euro für jeden mit dem privaten Kraftfahrzeug gefahrenen Kilometer abgesetzt werden, soweit der oder die erwerbsfähige Leistungsberechtigte nicht höhere notwendige Ausgaben für Kraftstoff nachweist.

§ 4 Berechnung des Einkommens in sonstigen Fällen

¹Für die Berechnung des Einkommens aus Einnahmen, die nicht unter die §§ 2 und 3 fallen, ist § 2 entsprechend anzuwenden. ²Hierzu gehören insbesondere Einnahmen aus
1. Sozialleistungen,
2. Vermietung und Verpachtung,
3. Kapitalvermögen sowie
4. Wehr-, Ersatz- und Freiwilligendienstverhältnissen.

§ 5 Begrenzung abzugsfähiger Ausgaben

¹Ausgaben sind höchstens bis zur Höhe der Einnahmen aus derselben Einkunftsart abzuziehen. ²Einkommen darf nicht um Ausgaben einer anderen Einkommensart vermindert werden.

§ 5a Beträge für die Prüfung der Hilfebedürftigkeit
Bei der Prüfung der Hilfebedürftigkeit ist zugrunde zu legen
1. für die Schulausflüge (§ 28 Absatz 2 Satz 1 Nummer 1 des Zweiten Buches Sozialgesetzbuch) ein Betrag von drei Euro monatlich,
2. für die mehrtägigen Klassenfahrten (§ 28 Absatz 2 Satz 1 Nummer 2 des Zweiten Buches Sozialgesetzbuch) monatlich der Betrag, der sich bei der Teilung der Aufwendungen, die für die mehrtägige Klassenfahrt entstehen, auf einen Zeitraum von sechs Monaten ab Beginn des auf den Antrag folgenden Monats ergibt.

§ 6 Pauschbeträge für vom Einkommen abzusetzende Beträge
(1) Als Pauschbeträge sind abzusetzen
1. von dem Einkommen volljähriger Leistungsberechtigter ein Betrag in Höhe von 30 Euro monatlich für die Beiträge zu privaten Versicherungen nach § 11b Absatz 1 Satz 1 Nr. 3 des Zweiten Buches Sozialgesetzbuch, die nach Grund und Höhe angemessen sind,
2. von dem Einkommen Minderjähriger ein Betrag in Höhe von 30 Euro monatlich für die Beiträge zu privaten Versicherungen nach § 11b Absatz 1 Satz 1 Nummer 3 des Zweiten Buches Sozialgesetzbuch, die nach Grund und Höhe angemessen sind, wenn der oder die Minderjährige eine entsprechende Versicherung abgeschlossen hat,
3. von dem Einkommen Leistungsberechtigter monatlich ein Betrag in Höhe eines Zwölftels der zum Zeitpunkt der Entscheidung über den Leistungsanspruch nachgewiesenen Jahresbeiträge zu den gesetzlich vorgeschriebenen Versicherungen nach § 11b Absatz 1 Satz 1 Nummer 3 des Zweiten Buches Sozialgesetzbuch,
4. von dem Einkommen Leistungsberechtigter ein Betrag in Höhe von 3 Prozent des Einkommens, mindestens 5 Euro, für die zu einem geförderten Altersvorsorgevertrag entrichteten Beiträge nach § 11b Absatz 1 Satz 1 Nummer 4 des Zweiten Buches Sozialgesetzbuch; der Prozentwert mindert sich um 1,5 Prozentpunkte je zulageberechtigtes Kind im Haushalt der oder des Leistungsberechtigten,
5. von dem Einkommen Erwerbstätiger für die Beträge nach § 11b Absatz 1 Satz 1 Nummer 5 des Zweiten Buches Sozialgesetzbuch bei Benutzung eines Kraftfahrzeuges für die Fahrt zwischen Wohnung und Arbeitsstätte für Wegstrecken zur Ausübung der Erwerbstätigkeit 0,20 Euro für jeden Entfernungskilometer der kürzesten Straßenverbindung, soweit der oder die erwerbsfähige Leistungsberechtigte nicht höhere notwendige Ausgaben nachweist.

(2) Sofern die Berücksichtigung des Pauschbetrags nach Absatz 1 Nummer 5 im Vergleich zu den bei Benutzung eines zumutbaren öffentlichen Verkehrsmittels anfallenden Fahrtkosten unangemessen hoch ist, sind nur diese als Pauschbetrag abzusetzen.

(3) Für Mehraufwendungen für Verpflegung ist, wenn die erwerbsfähige leistungsberechtigte Person vorübergehend von seiner Wohnung und dem Mittelpunkt seiner dauerhaft angelegten Erwerbstätigkeit entfernt erwerbstätig ist, für jeden Kalendertag, an dem die erwerbsfähige leistungsberechtigte Person wegen dieser vorübergehenden Tätigkeit von seiner Wohnung und dem Tätigkeitsmittelpunkt mindestens zwölf Stunden abwesend ist, ein Pauschbetrag in Höhe von 6 Euro abzusetzen.

§ 7 Nicht zu berücksichtigendes Vermögen

(1) Außer dem in § 12 Abs. 3 des Zweiten Buches Sozialgesetzbuch genannten Vermögen sind Vermögensgegenstände nicht als Vermögen zu berücksichtigen, die zur Aufnahme oder Fortsetzung der Berufsausbildung oder der Erwerbstätigkeit unentbehrlich sind.

(2) Bei der § 9 Abs. 5 des Zweiten Buches Sozialgesetzbuch zu Grunde liegenden Vermutung, dass Verwandte und Verschwägerte an mit ihnen in Haushaltsgemeinschaft lebende Leistungsberechtigte Leistungen erbringen, ist Vermögen nicht zu berücksichtigen, das nach § 12 Abs. 2 des Zweiten Buches Sozialgesetzbuch abzusetzen oder nach § 12 Abs. 3 des Zweiten Buches Sozialgesetzbuch nicht zu berücksichtigen ist.

§ 8 Wert des Vermögens

Das Vermögen ist ohne Rücksicht auf steuerrechtliche Vorschriften mit seinem Verkehrswert zu berücksichtigen.

§ 9 Übergangsvorschrift

§ 6 Absatz 1 Nummer 3 und 4 in der ab dem 1. August 2016 geltenden Fassung ist erstmals anzuwenden für Bewilligungszeiträume, die nach dem 31. Juli 2016 begonnen haben.

§ 10 Inkrafttreten, Außerkrafttreten

Diese Verordnung tritt am 1. Januar 2008 in Kraft.

IV. Stellungnahmen

**Stellungnahme
zum Gesetzentwurf eines Zwölften
Gesetzes zur Änderung des
Zweiten Buches Sozialgesetzbuch
und anderer Gesetze -
Einführung eines Bürgergeldes
(Bürgergeld-Gesetz) BT-Dr. 20/3873
und Oppositionsanträge**

Eva M. Welskop-Deffaa
Präsidentin

Reinhardtstraße 13, 10117 Berlin
Karlstraße 40, 79104 Freiburg
Telefon 030 284 447-404

Ihre Ansprechpartnerin

Dr. Birgit Fix
Telefon 030 284 447-78
Telefax 030 284 44788-88
birgit.fix@caritas.de

Datum .31. Oktober.2022

Zusammenfassung

Das SGB II, das am 1. Januar 2005 in Kraft getreten ist, erfährt mit dem nun vorliegenden 12. Änderungsgesetz eine grundlegende Reform. Sie trägt verschiedenen Kritikpunkten Rechnung, die der Deutsche Caritasverband wiederholt vorgetragen und aus seiner verbandlichen Praxis in Beratungsstellen und Integrationsangeboten begründet hat. Die Hinweise des Bundesverfassungsgerichts zu einer verfassungsgemäßen Sanktionspraxis, das Sozialmonitoring der Wohlfahrtsverbände und die Analysen der Armuts- und Reichtumsberichte sind einige Impulse, die der Gesetzgeber nun dankenswerterweise aufgreift.

Das Arbeitslosengeld II und das Sozialgeld werden durch ein Bürgergeld abgelöst. Besser unterstützt werden soll die nachhaltige und perspektivreiche Arbeitsmarktintegration vor allem durch mehr und bessere Qualifizierungs- und Weiterbildungsmöglichkeiten. Dem Grundbedürfnis Wohnen und dem Erhalt des bisherigen Lebensumfelds soll stärker Rechnung getragen werden. Dafür werden 17 Jahre nach Einführung der Grundsicherung für Arbeitsuchende zentrale Webfehler des ursprünglichen Gesetzes beseitigt.

In den ersten zwei Jahren wird eine Karenzzeit für Wohnen und Vermögen eingeführt. Gute Erfahrungen mit Sonderregelungen aus den Jahren der Pandemie werden damit ins Regelsystem überführt. Weiterentwickelt wird der Eingliederungsprozess durch die Einführung eines Kooperationsplans und einer Vertrauenszeit. Konflikte bei der Erstellung des Kooperationsplans können in Schlichtungsstellen bearbeitet werden. Eine ganzheitliche Betreuung soll helfen die Beschäftigungsfähigkeit zu verbessern. Aufgehoben wird der Vermittlungsvorrang, der bisher zu sehr auf schnelle Integration in Arbeit gezielt hat, ohne ihre Nachhaltigkeit zu sichern. Mit dem Bürgergeldbonus, einer Weiterbildungsprämie und dem Weiterbildungsgeld werden Anreize und Möglichkeiten für einen besseren Zugang zu Weiterbildung geschaffen – unabdingbar in einer dynamisch sich verändernden Arbeitswelt, in der die Teilhabe an Weiterbildung die Arbeitsmarkt-

Herausgegeben von
Deutscher Caritasverband e.V.

Eva M. Welskop-Deffaa
Präsidentin

IV. Stellungnahmen

Deutscher
Caritasverband e.V.

chancen entscheidend bestimmt. Mit der Entfristung des Sozialen Arbeitsmarkts, der neue Teilhabechancen für besonders arbeitsmarktferne Langzeiterwerbslose eröffnet, wird ein wirkungsvolles Instrument dauerhaft im SGB II verankert. Geändert werden auch die Freibeträge für Schülerinnen und Schüler, Studierende sowie Auszubildende. Die mit der bestehenden Regelung verbundene Demotivation von jungen Menschen im Leistungsbezug werden damit endlich als Problem anerkannt. Der Erwerbstätigenfreibetrag im Bereich zwischen 520 und 1.000 Euro wird auf 30 Prozent erhöht, um oberhalb der Geringfügigkeitsgrenze den Anreiz zur Aufnahme einer sozialversicherungspflichtigen Beschäftigung zu steigern.

Im Vergleich zum Referentenentwurf, der noch die längst überfällige Aufhebung der Pflicht zur Verrentung von Langzeitarbeitslosen mit 63 vorsah, regelt der Gesetzentwurf den Wegfall dieser Pflicht, allerdings zunächst nur befristet bis zum 31. Dezember 2026, und macht die Entscheidung über die Entfristung dieser Regelung von einer Evaluierung abhängig. Aus Sicht des Deutsche Caritasverbandes ist eine Evaluation gesetzlicher Neuregelungen bei grundlegenden Reformen stets sinnvoll, die nun vorgesehene Befristung der Regelung zur Aufhebung der Pflichtverrentung ist allerdings nicht nachvollziehbar. Eine unbefristete Lösung wäre aus unserer Sicht nach den Erfahrungen der letzten Jahre überfällig, da die Förderung von Wiederbeschäftigungsperspektiven auch für Menschen über 60 von großer Bedeutung ist: Bis zur Regelaltersgrenze erwerbstätig zu sein und Rentenversicherungsbeiträge zu zahlen ist für eine altersarmutsfeste Erwerbsbiographie wesentlich und die Reintegration von Arbeitsuchenden über 60 allein deshalb eine ernst zu nehmenden Aufgabe der Arbeitsverwaltung.

Der Gesetzentwurf enthält damit insgesamt viele sinnvolle Anpassungen, die der Deutsche Caritasverband (DCV) und auch die Bundesarbeitsgemeinschaft der Freien Wohlfahrtspflege (BAGFW) ausdrücklich begrüßen und schon lange einfordern. Die Stellungnahme der BAGFW auf die wir ausdrücklich verweisen, hat das für die Wohlfahrtsverbände gemeinsam deutlich unterstrichen.

Die Reformen im SGB II dürfen nicht dazu führen, dass wegen der Pflicht zur Lebensunterhaltssicherung im Ausländerrecht, die Erteilung eine Aufenthaltserlaubnis für Menschen mit geringem Einkommen oder der Familiennachzug erschwert oder unmöglich werden. Es muss daher klargestellt werden, dass sich die Pflicht zur Lebensunterhaltssicherung auf die Existenzsicherung beschränkt.

Der DCV sieht, wie auch die BAGFW, bei einzelnen Regelungen des vorliegenden Reformpakets Nachbesserungsbedarf, etwa bei der Vertrauenszeit und dem Kooperationsplan. Dringenden Nachbesserungsbedarf sieht der Deutsche Caritasverband, ebenso wie die anderen BAGFW-Mitgliedsverbände bezüglich der Weiterentwicklung der Regelbedarfe. Zwar wird die Fortschreibung der Regelbedarfe geändert und dadurch regelbedarfsrelevante Preissteigerungen zeitnaher abgebildet. Allerdings enthält der Gesetzentwurf weiterhin keine Regelung, um bei außergewöhnlichen Preissteigerungen unterjährig eine notwendige Anpassung vorzunehmen. Die Erhöhung des Regelbedarfs zum 1.1.2023 fußt allein auf dem minimal angepassten zweistufigen Fortschreibungsmechanismus. Das Berechnungsverfahren wird dagegen nicht geändert, obwohl dies nicht nur vom Deutschen Caritasverband, sondern auch von vielen anderen sachkundigen Akteuren seit Jahren begründet gefordert wird. Der DCV hat hierzu wiederholt konkrete Vorschläge gemacht. Die bisherigen Verfahren der Berechnung sind teilweise nicht sachgerecht, die Leistungen deshalb nicht bedarfsgerecht. Von einer deutlichen und auch bedarfsgerechten Erhöhung der Regelbedarfe kann daher keine Rede sein. Der DCV schließt sich der Forderung

Deutscher Caritasverband e.V.

der Fraktion die LINKE an, Expert_innen aus Wissenschaft, Wohlfahrts- und Sozialverbänden sowie von Gewerkschaften und Arbeitgebervereinigungen bei der Überarbeitung der Regelbedarfe zu beteiligen. Die Ernährungsanteile müssen so ausgestaltet sein, dass eine gesundheitserhaltende Ernährung gesichert ist (BT-Dr. 20/4053). Dies ist gerade in jetzigen Zeiten konkret gefährdet, da die Lebensmittelpreise mit der drastischen Geldentwertung ansteigen.

In der praktischen Umsetzung wird der angestrebte Paradigmenwechsel in der Arbeitsmarktpolitik nur mit Leben erfüllt werden können, wenn die finanziellen Rahmenbedingungen im Haushalt entsprechend abgesichert werden. Notwendig sind zum einen ausreichend Mittel im Eingliederungstitel, damit die Förderung durch den sozialen Arbeitsmarkt und die Weiterbildungsmaßnahmen die Transferleistungsbeziehenden auch wirklich erreichen. Die Betreuung durch qualifiziertes Personal mit einem guten Betreuungsschlüssel hängt entscheidend von der Ausgestaltung des Verwaltungstitels ab. Bei der Ausstattung des Verwaltungs- und des Eingliederungstitels ist die Bundesregierung dringend gefordert in den laufenden Haushaltsverhandlungen nachzubessern. Dem Antrag der Bundestagsfraktion Die LINKE (BT-Dr. 20/3901), die Haushaltsmittel so auszugestalten, dass mehr Arbeitsplätze als bisher über den §16i SGB II gefördert werden können, ist zuzustimmen. Zudem sollte eine bessere Nutzung des Passiv-Aktiv-Transfers erfolgen. Die im Antrag der Linken vorgeschlagene Einrichtung von 16i-Modellprojekten erachtet der Deutsche Caritasverband für sinnvoll, da auch er die Notwendigkeit sieht, die Förderkriterien für die Zielgruppe zu erweitern, die eng gefasste Degressionsregelung zu überprüfen und die Mittel des Passiv-Aktiv-Transfers besser zu nutzen. Die vorgeschlagene wissenschaftliche Prüfung sollte für alle Bestandteile der Modellprojekte greifen. Das SGB II als lernendes System wurde auf Grundlage der begleitenden Evaluierungen stets weiterentwickelt und auch der vorliegende Gesetzentwurf zum Bürgergeld setzt viele Ergebnisse vorangegangener Evaluierung sinnvoll um. Der Deutsche Caritasverband unterstützt auch die Forderung des Antrags, soziale Teilhabe als eigenständige Zielsetzung im SGB II zu verankern und die 16i-Förderung in eine Integrationsstrategie mit anderen Förderinstrumenten zu verknüpfen. Erreicht werden muss im Ergebnis eine passgenaue Förderung. Unterstützt wird auch die Einführung eines Wunsch- und Wahlrechts der geförderten Person für die ganzheitliche, beschäftigungsbegleitende Betreuung. Die Forderung, bei tarifgebundenen Unternehmungen alle Lohnbestandteile bei den Lohnkostenzuschüssen zu berücksichtigen, unterstützt der DCV nachdrücklich. Sie muss auch die Zusatzversorgung für die Rente umfassen.

Sollte es angesichts des Personalmangels in den Jobcentern, auf den die Jobcenter Personalräte Ende Oktober hingewiesen haben, zu einer Verschiebung der Bürgergeldreform kommen, darf damit auf keinen Fall eine Verschiebung der der Regelbedarfsanpassung verbunden sein. Es ist politisch alles zu tun, um sicher zu stellen, dass die Anpassung der Regelbedarfe zum 1. Januar 2023 erfolgt. Die allgemeine Inflationsentwicklung, namentlich die steigenden Energiepreise machen deutlich, dass diese Anpassung keinen Aufschub duldet.

Zu den Regelungen im Detail

Der DCV nimmt im Folgenden zu zentralen Änderungen des Gesetzentwurfs Stellung und verweist gleichzeitig zu Detailregelungen, die hier nicht oder nur sehr kurz angesprochen sind, auf die gemeinsame Stellungnahme der Bundesarbeitsgemeinschaft der freien Wohlfahrtspflege (BAGFW).

IV. Stellungnahmen

Deutscher
Caritasverband e.V.

Erhöhung des Regelbedarfs

Der Gesetzentwurf sieht eine Änderung der Fortschreibung der Regelbedarfe vor. Durch die Neufassung von § 28a SGB XII wird die regelbedarfsrelevante Preisentwicklung mit den aktuellen verfügbaren Daten zur Veränderungsrate des regelbedarfsrelevanten Preisindex zusätzlich berücksichtigt. Dies ist laut Gesetzesbegründung das zweite Quartal des der Fortschreibung vorausgehenden Kalenderjahres. Dazu wird nach neuem Recht zum 1. Januar 2023 der sich aus der Fortschreibung der Veränderungsrate des Mischindexes (Basisfortschreibung) ergebende Eurobetrag noch einmal fortgeschrieben. Die Höhe dieser „ergänzenden Fortschreibung" ergibt sich aus der Veränderung der regelbedarfsrelevanten Preisentwicklung im zweiten Quartal 2022 gegenüber dem zweiten Quartal 2021.

Bewertung

Der Gesetzentwurf nennt als explizites Ziel sozialstaatlichen Handelns die Absicherung der Bürgerinnen und Bürger. Dieses Ziel wird nur erreicht, wenn das Bürgergeld jeweils schnell und bedarfsgerecht so angepasst wird, dass echte Teilhabe auch bei steigenden Preisen möglich ist. Die Preisentwicklung bei Lebensmitteln und anderen Gütern des täglichen Bedarfs, die insbesondere durch die Inflation gerade stark vorangetrieben wird, und die Energiepreissteigerung machen die Schaffung eines neuen Anpassungsmechanismus aus Sicht des DCV zwingend erforderlich, damit die Preissteigerungen zeitnah und sachgerecht aufgefangen werden können. Durch die Neuregelung des § 28a SGB XII können zurückliegende Preissteigerungen zeitnäher als bisher berücksichtigt werden. Allerdings nicht solche, die noch zwischen 1. Juli und 31. Dezember eines Jahres erfolgen oder z. B ab dem 1.1.2023 bis 31.12.2023 zu erwarten sind. Eine Regelung für weitere unterjährige Anpassungen ist nicht vorgesehen. Insofern muss weiterhin mit Einmalzahlungen gearbeitet werden, für die im Gesetzentwurf keine konkreten Regelungen vorgesehen sind.

Kritisch bewertet der DCV, dass die Erhöhung der Regelbedarfe allein auf die angepasste Fortschreibung zurückzuführen ist, also allein zurückliegende Preissteigerungen abbildet. Weiter nachgebessert werden muss auch bei den Verfahren zur Bemessung der Regelbedarfe, da durch das bisherige Verfahren die Regelbedarfe künstlich kleingerechnet und nicht bedarfsgerecht bemessen werden. Hierzu hat sich der DCV in einer Stellungnahme in der letzten Legislaturperiode ausführlich geäußert.[1]

Erreichbarkeit (§ 7b SGB II)

Anlässlich der Einführung des Bürgergeldes wird auch das Erreichbarkeitsrecht modernisiert. Leistungsberechtigte sollen in einem vertretbaren Zeit- und Finanzaufwand erreichbar sein und dürfen sich jetzt auch im grenznahen Ausland aufhalten. Abwesenheiten im Gefolge von ehrenamtlichem Engagement und Aufenthalte, die der Eingliederung in Ausbildung oder Arbeit dienen oder im öffentlichen Interesse liegen sowie medizinisch begründete Abwesenheiten werden als wichtige Gründe für den Aufenthalt außerhalb des näheren Bereichs besonders hervorgehoben.

---

[1] https://www.bundestag.de/resource/blob/801514/d1e2d77fa0fa49531fa35186f9d657ee/19-11-804-Caritas-data.pdf

Deutscher Caritasverband e.V.

Diesen muss durch das Jobcenter zugestimmt werden. Zustimmungen für Ortsabwesenheiten ohne wichtigen Grund sollen für insgesamt längstens drei Wochen genehmigt werden.

Bewertung

Die Neufassung bringt für Leistungsberechtigte Fortschritte und schafft Klärung in einem Bereich, in welchem es viel Auseinandersetzung gibt. Die Regelung zielt darauf, das ehrenamtliche Engagement von SGB-II-Leistungsempfänger_innen zu stärken. Dies setzt Erkenntnisse der Engagementforschung endlich um und ist ausdrücklich im Sinne des DCV. Wer langzeiterwerbslos ist, muss die Chance haben, im Ehrenamt Selbstwirksamkeit zu erfahren, Kompetenzen zu entwickeln oder zu erhalten und seine Bereitschaft, als Bürger_in für die Gesellschaft nützliche Dienste zu erbringen, unter Beweis zu stellen. Gerade die Flutkatastrophe und die Begleitung der (ukrainischen) Geflüchteten haben in den letzten Jahren aufgezeigt, wie unverzichtbar das freiwillige Engagement in Krisensituationen ist. Transferleistungsbezieher_innen umfassendere Beteiligungsmöglichkeiten zu schaffen, ist ein wichtiges „Bürger"-Geld-Signal.

DCV und BAGFW verweisen aber darauf, dass die Regelung in ihrer jetzigen Formulierung vermutlich unabsichtlich alle erwerbsfähigen Leistungsberechtigten erfasst. Ein Teil dieser Gruppe ist aber nicht arbeitslos, wie zum Beispiel Schülerinnen und Schüler ab 15 Jahren oder alleinerziehende Personen mit Betreuungspflichten für kleine Kinder. Zwar hat diese Gruppe einen Anspruch auf Zustimmung des Jobcenters zur Ortsabwesenheit. Sachgerecht wäre jedoch auch unter dem Aspekt des Bürokratieabbaus eine grundsätzliche Befreiung von der Erreichbarkeit für diese Gruppe.

Berücksichtigung von Aufwandsentschädigungen für ehrenamtliche Tätigkeiten und Nebentätigkeiten (§ 11 a Abs. 1 SGB II, § 82 SGB XII)

Die Umgestaltung der monatlichen Absetzbeträge für Einnahmen bzw. Aufwandsentschädigungen in einen jährlichen Absetzbetrag in Höhe von bis zu 3.000 Euro dient der Verwaltungsvereinfachung und der Angleichung ans Steuerrecht.

Bewertung

DCV und BAGFW begrüßen diese Regelung, die das klassische Ehrenamt betrifft, grundsätzlich als Verbesserung. Allerdings gelten nach wie vor im Falle des Bundesfreiwilligendienstes (BFD) und des Freiwilligen Sozialen Jahres (FSJ) die monatlichen Freibeträge i. H. v. 250 Euro. Der Höchstbetrag des Taschengeldes liegt jedoch bei 6 Prozent der Beitragsbemessungsgrenze in der allgemeinen Rentenversicherung (für 2022 bei 423 Euro). Außerdem können die Freiwilligen zusätzlich hierzu Geldersatzleistungen sowie Verpflegungskostenzuschüsse bekommen. Durch die Anrechnung werden Leistungsberechtigte im Vergleich zu anderen Freiwilligen benachteiligt und ihre Teilhabemöglichkeiten erschwert oder verwehrt. Der DCV fordert für Ehrenamt und Freiwilligendienste, dass Auslagenersatz, Aufwandsentschädigungen sowie Taschengeld in den Freiwilligendiensten und ähnliche monetäre Leistungen im Transferleistungsbezug vollständig anrechnungsfrei bleiben. Nur so kann der Anreiz erhöht werden, sich ehrenamtlich oder freiwillig zu engagieren und vermieden werden, dass Menschen mit dem Verlust des Arbeitsplatzes bezüglich ihres freiwilligen Engagements Nachteile erleiden

5

IV. Stellungnahmen

Deutscher
Caritasverband e.V.

Erhöhte Freibeträge für Schülerinnen und Schüler, Studierende und Auszubildende und Erwachsene (§11b SGB II_E)

Anlässlich der Einführung des Bürgergelds werden die Grundabsetzbeträge für Schülerinnen und Schüler, Studierende und Auszubildende erhöht. Ziel ist es, die Erfahrung zu stärken, dass sich die Aufnahme von Arbeit finanziell lohnt. Ungleichheiten zu Kindern und Jugendlichen, deren Familien nicht im Leistungsbezug sind, sollen verringert werden. Erhöht wird der Erwerbstätigenfreibetrag im Bereich zwischen 520 und 1.000 Euro auf 30 Prozent, um oberhalb der Geringfügigkeitsgrenze den Anreiz zur Aufnahme einer sozialversicherungspflichtigen Beschäftigung zu steigern.

Bewertung

Die Erhöhung des anrechnungsfreien Einkommens aus Erwerbstätigkeit ist grundsätzlich zu begrüßen. Der deutsche Caritasverband ist der Auffassung, dass die Freibetragsregelung lückenhaft ist, weil die schulische Ausbildung nicht mitumfasst ist.

Verbesserung bei der Vermögenfreistellung (§ 12 SGB II, § 90 SGB XII, Verordnung zur Durchführung des § 90 Abs. 2 Nr. 9 SGB XII)

Der Gesetzentwurf sieht eine zweijährige Karenzzeit bei der Vermögensprüfung vor. Es wird vermutet, dass kein erhebliches Vermögen vorhanden ist, wenn der Antragsstellende dies erklärt. Vermögen ist erst erheblich, wenn es 60.000 Euro für die leistungsberechtigte Person sowie 30.000 Euro für jede weitere Person in der Bedarfsgemeinschaft übersteigt. Auch selbst genutzte Immobilien sind in der Karenzzeit geschützt. Mit dem Gesetzentwurf werden die Freibeträge nach der Karenzzeit auf 15.000 Euro für Bürgergeldbeziehende angehoben. Nicht ausgeschöpfte Freibeträge werden auf andere Personen in der Bedarfsgemeinschaft übertragen. Neu definiert werden die Wohnflächen für das selbst genutzte Hausgrundstück (Wohnfläche bis zu 140 Quadratmeter und für Eigentumswohnungen (bis zu 130 Quadratmeter), die von der Vermögensprüfung ausgeschlossen sind. Wenn mehr als vier Personen die Immobilie bewohnen, wird die Wohnfläche für jede weitere Person um 20 Quadratmeter erhöht. Auch im SGB XII werden die Freibeträge erhöht, allerdings nur auf 10.000 Euro. Zudem wird geregelt, dass künftig alle Versicherungsverträge, die der Alterssicherung dienen, nicht zum Vermögen gehören. Im SGB II wird zukünftig die Angemessenheit eines Kfz vermutet, wenn dies im Antrag erklärt wird. Im SGB XII wird ein angemessenes Kfz ebenfalls freigestellt, allerdings hat eine Angemessenheitsprüfung bei Antragstellung zu erfolgen.

Bewertung

Die Verstetigung der während der Pandemie erprobten Regelungen zur Vermögensprüfung tragen zur Entlastung der Leistungsberechtigten und zur Entbürokratisierung bei. Der DCV ist wie die BAGFW der Auffassung, dass die Freibeträge während der Karenzzeit in der Höhe angemessen sind. Auch die Regelungen zum selbstgenutzten Wohneigentum werden begrüßt, da sie dazu beitragen, dass langjährig bewohnte Wohnungen auch während eines Leistungsbezugs gehalten und damit Umzugs- und sonstige Transaktionskosten vermieden werden können. Die Regelung trägt aus Sicht der Caritas auch dazu bei, dass Menschen im SGB-II-Leistungsbezug ihr gewohntes Lebensumfeld nicht verlieren – ein wichtiger Aspekt bei der Entstigmatisierung der Grundsicherung.

6

Deutscher Caritasverband e.V.

Die Regelungen zur Wohnfläche regeln implizit die Angemessenheit von Wohnfläche im Eigentum. Für Personen in Mietverhältnissen sind die kommunalen Richtwerte hier idR deutlich niedriger (45-50 Quadratmeter Single, 60 Quadratmeter Paar, 15 Quadratmeter für jede weitere Person). Der Deutsche Caritasverband hält hier eine Veränderung der Angemessenheitsregeln bzgl. der Wohnflächen auch in Mietwohnungen dringend für erforderlich, weil nach unserer Wahrnehmung faktisch kaum Wohnungen existieren, die diese Bedingungen erfüllen. Um die tatsächliche Verfügbarkeit von angemessenem Wohnraum sowie die Verfahrenssicherheit zu gewährleisten, muss der Gesetzgeber nach Auffassung von DCV und BAGFW im SGB II bestimmte Vorgaben machen.[2]

Der DCV hält gemeinsam mit der BAGFW eine Harmonisierung weiterer Regelungen im SGB II und XII für erforderlich. So sollten auch für erwerbsgeminderte Menschen im Leistungsbezug des SGB XII die Vermögensschonbeträge - analog der in § 12 Abs. 4 SGB II festgesetzten Höhe (15.000 €) – ausgestaltet werden sowie Karenzregelungen aufgenommen werden, um geeignete Strukturen zu etablieren, die die Genesung, die Rehabilitation und die Wiedereingliederung in das Berufsleben erwerbsgeminderter Personen ermöglichen und die finanziellen Härten abmildern, die bereits durch den Wegfall des Einkommens entstehen. Gleiches gilt für die Freistellung von Wohnflächen für selbstgenutzte Hausgrundstücke oder Eigentumswohnungen sowie der als Alterssicherung dienenden Verträge, die auch für erwerbsgeminderte Leistungsberechtigte im SGB XII gelten sollten. Positiv ist, dass zukünftig auch im SGB XII ein angemessenes Kraftfahrzeug nicht als Vermögen gewertet wird. Die Angemessenheit sollte ebenso vermutet werden wie im SGB II.

Der DCV fordert darüber hinaus auch die ausdrückliche Freistellung von Bestattungsvorsorgeverträgen. Dies ist bisher lediglich über die Härtefallregelung des § 90 Abs. 3 SGB XII möglich.

Weiterentwicklung des Eingliederungsprozesses (§15 SGB II, §15a SGB II, §15b SGB II, § 16j SGB II).

Ein Kernstück der Reform ist die Weiterentwicklung des Eingliederungsprozesses. Neu eingeführt wird ein Kooperationsplan (§ 15 SGB), der ebenso wie der Eingliederungsplan und der Teilhabeplan im SGB IX und die Leistungsabsprache des SGB XII laut Begründung *keinen öffentlich-rechtlichen Vertrag* (§§ 53 SGB X) darstellt. Der Kooperationsplan soll in vertrauensvoller Zusammenarbeit auf Augenhöhe entstehen, keine verbindlichen Mitwirkungspflichten enthalten und keine Grundlage für Leistungsminderungen sein.

Neu eingeführt wird eine sechsmonatige Vertrauenszeit (§15a SGB II), die mit Erstellung des Kooperationsplans beginnt und in der die Agentur für Arbeit regelmäßig die festgelegten Absprachen prüft. Während der Vertrauenszeit sind Leistungsminderungen – das Gesetz spricht nicht mehr von Sanktionen – ausgeschlossen. Außerhalb der sechsmonatigen Vertrauenszeit besteht die Kooperationszeit, in der Aufforderungen zu den Mitwirkungshandlungen wie Eigenbemühungen, Maßnahmeteilnahmen und Bewerbungen entsprechend dem Kooperationsplan grundsätzlich ohne Rechtsfolgenbelehrungen erfolgen. Kommen erwerbsfähige Leistungsberechtigte in dieser Zeit Aufforderungen aus dem Kooperationsplan ohne wichtigen Grund nicht nach, so sollen die Jobcenter die notwendigen Mitwirkungshandlungen mit Rechtsfolgenbelehrung vorgeben

---

[2] Fachpolitischer Impuls des Deutschen Caritasverbandes zur Jahreskampagne 2018

IV. Stellungnahmen

Deutscher Caritasverband e.V.

(§ 15a Abs. 3). Werden während der nächsten zwölf Monate die Absprachen aus dem Kooperationsplan oder die in der Aufforderung enthaltenen Mitwirkungspflichten erfüllt, „kann" in der Zusammenarbeit wieder grundsätzlich auf Rechtsfolgenbelehrungen verzichtet werden. Ferner wird geregelt, dass die Integrationsfachkraft die erwerbsfähige leistungsberechtigte Person in den Fällen des § 15a Abs. 3 durch einen Verwaltungsakt zur Teilnahme an einem für eine dauerhafte Eingliederung erforderlichen Integrationskurs bzw. der Maßnahme der berufsbezogenen Deutschsprachförderung aufzufordern hat.

Kann ein Kooperationsplan aufgrund von Meinungsverschiedenheiten zwischen Agentur für Arbeit oder kommunalem Träger und leistungsberechtigter Person nicht erstellt, durchgeführt oder fortgeschrieben werden, kann auf Verlangen eine Schlichtungsstelle (§15 b SGB II) angerufen werden. Das Verfahren zur Einrichtung der Schlichtungsstelle legt die Trägerversammlung fest. Hinzugezogen werden im Schlichtungsverfahren unbeteiligte Personen innerhalb oder außerhalb der Dienststelle.

Erwerbsfähige Leistungsberechtigte erhalten bei Teilnahme an einer Reihe im Gesetz aufgezählter (Weiter-)Bildungsmaßnahmen (z.B. Weiterbildung §§ 81f SGB II; §16h SGB II, AsA, Einstiegsqualifizierung) einen Bürgergeldbonus in Höhe von 75 Euro je Monat. Dies gilt für Maßnahmen, die in der Vertrauenszeit und Kooperationszeit angeboten und begonnen werden und deren Teilnahme zunächst nicht verbindlich ist. Der Bonus soll die Motivation steigern und als Anreiz wirken.

Bewertung

DCV und BAGFW begrüßen das neue Verfahren zur Erstellung eines Kooperationsplans auf Augenhöhe. Überfällig sind verbindliche Vorgaben, nach denen nun auch individuelle Stärken, formale und non-formale Qualifikationen sowie Soft-Skills Gegenstand des Kooperationsplans sind. Die gute Umsetzung dieser Vorgaben wird in der Praxis von hinreichend Zeitressourcen und einer adäquaten Qualifikation der Integrationsfachkraft abhängen.

Der Kooperationsplan enthält zwar zunächst keine verbindlichen Mitwirkungspflichten, aber die Regelungen zur Vertrauenszeit zeigen, dass daraus im weiteren Prozess im Falle der Nichtmitwirkung doch erhebliche Rechtsfolgen erwachsen. Dies gilt erst recht, wenn gar kein Kooperationsplan zustande kommt. Die Integrationsfachkraft soll in diesen Fällen - ggf. nach einem erfolglosen Schlichtungsverfahren - einseitig und hoheitlich Mitwirkungspflichten festschreiben und bei Nichtbefolgung Rechtsfolgen ankündigen. Wie stark bindend schlussendlich der Kooperationsplan ist, zeigt auch § 15a Abs. 1, der festgelegt, dass die im Kooperationsplan festgehaltenen Absprachen während der Vertrauenszeit von der Agentur für Arbeit regelmäßig kontrolliert werden. Nicht nachvollziehbar ist, warum im Kooperationsplan Leistungen, die für eine leistungsberechtigte Person oder Menschen in der Bedarfsgemeinschaft in Betracht kommen, nur festgehalten werden können, aber nicht müssen.

§ 15a besagt, dass in den ersten sechs Monaten keine Leistungsminderung erfolgen kann. Danach soll das Jobcenter die Mitwirkungspflichten in einem Verwaltungsakt mit Rechtsfolgenbelehrung festschreiben und damit rechtsverbindlich machen, wenn Absprachen nicht eingehalten werden oder Aufforderungen nicht nachgekommen wird. Dies ist jedoch kein Automatismus. Störungen des Kooperationsplans führen nicht unmittelbar zu einer Leistungsminderung nach § 31a SGB II, sondern zunächst zu einer hoheitlichen Anordnung von Pflichten. Erst deren Verletzung und damit die wiederholte Störung des Vermittlungsprozesses führt zur Leistungsminderung. Aus

Deutscher Caritasverband e.V.

Sicht von DCV und BAGFW wird mithin viel davon abhängen, dass und wie die Integrationsfachkräfte ihrerseits auf die Störung der Kooperationsplanumsetzung reagieren. Diese zweite Chance zur Kooperation, die in § 15a Abs. 3 Satz 1 zum Ausdruck kommt, sollte nach Auffassung der Caritas deshalb mit einem echten Ermessen hinterlegt werden ("kann" statt "soll"). Zudem müsste in § 15a Abs. 3 eine Verbindung zum Procedere nach § 31a Abs. 2 S. 1 SGB II erfolgen, um so sicherzustellen, dass die Leistungsberechtigten tatsächlich die Möglichkeit bekommen, vorliegende Gründe in einer für sie geeigneten Form schriftlich oder aber auch mündlich im Gespräch darzulegen und so eine Chance zum Aufrechterhalten der Vertrauenszeit zu erhalten. Dies erscheint zwingend notwendig, um den Anspruch einzulösen, dass das Verfahren der Kooperationsplanumsetzung von Vertrauen geprägt ist. Es muss auch deutlich werden, dass die Leistungsberechtigten keine Nachteile zu befürchten haben, wenn sie die Schlichtungsstelle in Anspruch nehmen. Die „Wohlverhaltensphase" von 12 Monaten, nach der wieder zur Kooperationszeit ohne Rechtsfolgenbelehrung zurückgekehrt werden „kann", ist nach Ansicht des DCV zu lang und die Rückkehr sollte nicht im Ermessen der Integrationsfachkraft liegen (Ist-Regelung), sondern zumindest als gebundene Ermessensregelung (Soll-Regelung) ausgestaltet werden.

Grundsätzlich begrüßen DCV und BAGFW die Einführung eines Schlichtungsverfahrens. Durch einen derartigen Mechanismus hätten sich schon in der Vergangenheit viele Sanktionsverfahren vermeiden lassen. Die Regelungen zur Anwendung der Schlichtungsstelle sind u.E. zu schwach ausgestaltet, um wirklich zu greifen. Eine Informationspflicht der Agentur für Arbeit über die Existenz der Schlichtung und die Möglichkeit der Anrufung durch den Leistungsberechtigten ist bedauerlicherweise nicht vorgesehen. Die Überlassung der konkreten Ausgestaltung der Schlichtungsstelle durch die Trägerversammlung birgt die Gefahr, dass ein Flickenteppich möglicher Verfahren bundesweit entsteht. Essentielle Gestaltungsinstrumente sollten aus Sicht von DCV und BAGFW vorgegeben werden und nur der Spielraum für regionale Besonderheiten gewährt werden. Bedenken bestehen bezüglich der Möglichkeit, das Schlichtungsverfahren internen Angehörigen der Dienststelle zu überlassen. Die Unvoreingenommenheit und Unabhängigkeit der Schlichtungsperson können hier hinterfragt werden. Diese ist aber eine wesentliche Voraussetzung für eine erfolgreiche Schlichtung. Aus Sicht von DCV und BAGFW hat das vorgesehene Schlichtungsverfahren das Potential dazu, gute Konfliktlösungen im Zusammenhang mit dem Kooperationsplan hervorzubringen, vor allem, wenn unbeteiligte externe Personen zur Schlichtung herangezogen werden. Dies setzt aber - wie am Beispiel der bereits tätigen Ombudsstellen zu sehen ist - voraus, dass es eine tatkräftige Mitarbeit von Ehrenamtlichen oder von Fachkräften freigemeinnütziger Beratungsstellen gibt. Die zusätzlich entstehenden Aufwendungen bei Beratungsstellen sind entsprechend zu vergüten.

Die Einführung eines Bürgergeldbonus bei Maßnahmebeginn in der Vertrauenszeit wird begrüßt. Er setzt einen finanziellen Anreiz für die Teilnahme an Aus- und Weiterbildung in einer Zeit, in der es auch gilt Vertrauen zwischen leistungsberechtigter Person und Integrationsfachkraft aufzubauen.

IV. Stellungnahmen

Deutscher
Caritasverband e.V.

Entfristung sozialer Arbeitsmarkt (§16i SGB II, § 81 SGB II)

Der Gesetzentwurf sieht die Entfristung des Förderinstruments Teilhabe am Arbeitsmarkt vor, das bisher zum 31. Dezember 2024 befristet war.

Bewertung

DCV und BAGFW begrüßen die Entfristung dieses wichtigen Förderinstruments ausdrücklich. Eine Weiterentwicklung des Förderinstruments wäre wünschenswert. Die BAGFW hat hierzu Vorschläge entwickelt und fordert u.a. eine Änderung der Zugangsvoraussetzung ‚Langzeitleistungsbezug' in ‚Langzeitarbeitslosigkeit', damit z.b. auch Haftentlassene von der Förderung profitieren können.[3] Ergänzend weist der DCV darauf hin, dass auch Regelungsbedarf bezüglich der Refinanzierung der betrieblichen Rentenbeiträge besteht.

Die Praxiserfahrung des DCV zeigt, dass die Jobcenter unter dem heute gegebenen Finanzrahmen nur noch zögerlich neue 16i-Maßnahmen fördern. Die Situation wird sich verschärfen, wenn die im Bundeshaushalt für 2023 angekündigten Kürzungen des Eingliederungstitels greifen. Der DCV teilt aus seiner Praxiserfahrung heraus die Einschätzung des IAB vom Juli 2022[4], dass Einsparungen beim Sozialen Arbeitsmarkt gravierende soziale Folgewirkungen haben werden. Er appelliert an die Bundesregierung, in den laufenden Haushaltsverhandlungen für eine bedarfsgerechte Mittelausstattung zu sorgen. Zudem muss die Weiterentwicklung des Passiv-Aktiv-Transfers erfolgen, damit auch auf diesem Weg mehr Mittel für §16i-Maßnahmen freigemacht werden.

Bei der Verteilung der Eingliederungsmittel muss aus Sicht des DCV auch der Problemdruckindikator dringend geprüft werden. Er darf nicht dazu führen, dass Jobcenter mit außergewöhnlich großen Integrationserfolgen in Ausbildung und Arbeit im Folgejahr durch Kürzung der ihnen zustehenden Mittel für Maßnahmen der aktiven Arbeitsmarktpolitik „bestraft" werden. Gute Integrationserfolge von fachlich und programmatisch kreativ arbeitenden Jobcentern müssen bei der Mittelzuweisung positiv berücksichtigt werden und dürfen nicht „untergepflügt" werden.[5]

Ganzheitliche Betreuung (§16k SGB II)

Mit dem neuen Förderinstrument §16k kann erwerbsfähigen Leistungsberechtigten eine ganzheitliche Betreuung (Coaching) angeboten werden mit dem Ziel, die Beschäftigungsfähigkeit zu verbessern. Die Förderung kann durch das Jobcenter oder durch Dritte erbracht werden.

Bewertung

DCV und BAGFW begrüßen die Einführung eines Regelinstruments zur ganzheitlichen Betreuung (Coaching), das auf die individuellen Bedarfe der Leistungsberechtigten ausgerichtet ist, ausdrücklich. Zentral für den Erfolg des Coachings ist, dass es qualitätsgesichert durchgeführt

---

[3] https://www.bagfw.de/fileadmin/user_upload/Veroeffentlichungen/Stellungnahmen/2021/2021-05-12_Positionierung_zur_Evaluat._MaProzentC3Prozent9Fn._Teilhabechancengesetz.pdf sowie Stellungnahme der Bundesarbeitsgemeinschaft für Straffälligenhilfe zum Teilhabechancengesetz 2019 Bundesarbeitsgemeinschaft für Straffälligenhilfe e (bag-s.de)

[4] https://www.iab-forum.de/einsparungen-beim-sozialen-arbeitsmarkt-haetten-auch-soziale-folgewirkungen/

[5] https://www.caritas.de/fuerprofis/stellungnahmen/10-11-2018-teilhabe-arbeitsmarktferner-menschen-am-arbeitsmarkt?searchterm=BDA

Deutscher Caritasverband e.V.

wird. Coaches sollten eine sozialpädagogische oder sozialarbeiterische Ausbildung haben, regelmäßig Qualifizierungen durchlaufen bzw. Kenntnisse im systemischen Coaching und entsprechende "Methodenkoffer" vorweisen. Ein wirksames Coaching basiert auf professionell begründeten Grundregeln und einem bestimmten Selbstverständnis der Coaches. Dazu gehört u.a. das Wissen um psychosoziale, sozioökonomische und rechtliche Rahmenbedingungen, das Beherrschen von Fertigkeiten der Kontaktaufnahme, der Kontaktentwicklung und des Beziehungsaufbaus sowie eine Haltung der Unvoreingenommenheit, der Kultursensibilität und des Respekts vor den Lebenswelten der Zielgruppen. Im Unterschied dazu ist das Jobcenter ein Leistungsträger, der auf Basis von Gesetzen über die Gewährung von Sozialleistungen entscheidet. Diese unterschiedlichen Rollen haben jeweils ihre Berechtigung. Sie können und dürfen nicht vermischt werden. Jobcenter-Mitarbeitende sind und werden nicht zu Sozialarbeiter*innen, indem sie Leistungsberechtigen als Coach zur Seite gestellt werden oder im Quartier eine Sprechstunde anbieten. Sie sind und bleiben Mitarbeitende einer öffentlichen Behörde.

Elementare Voraussetzung für den Erfolg des Coachings ist die Schaffung eines Vertrauensverhältnisses. Laut Gesetzesbegründung wird der erwerbsfähige Leistungsberechtigte nicht mit Rechtsfolgen zur Teilnahme am Coaching verpflichtet. Die Freiwilligkeit und Sanktionsfreiheit sollte aus Sicht des DCV klarstellend im Gesetzestext festgeschrieben werden

Der Gesetzentwurf regelt, dass die Leistung durch das Jobcenter selbst oder Dritte erbracht werden kann. Jobcenter können im eigenen Ermessen entscheiden, ob sie das Coaching selbst machen oder an Dritte vergeben. Damit ist nicht gewährleistet, dass Coachingangebote außerhalb des Jobcenter angeboten werden. DCV und die BAGFW halten es für wichtig, Dritte einzubeziehen und diesen die Leistungen zu übertragen. Dies entspricht auch ausdrücklich § 17 Abs. 1 SGB II, der regelt, das Jobcenter eigene Einrichtungen und Dienste nicht neu schaffen, soweit geeignete Einrichtungen und Dienste Dritter vorhanden sind, ausgebaut oder in Kürze geschaffen werden können. Das vorgesehene Verfahren der Auftragsvergabe an Dritte wird als ungeeignet für die Auswahl von hinreichend qualitätsvoller Leistung angesehen. Immer wieder kommt es bei solchen Verfahren zu Problemen mit der Qualität. Auf dieses Problem haben auch Jobcentermitarbeiter in der IAB-Evaluierungsuntersuchung des Teilhabechancengesetzes hingewiesen.[6] Das Coaching von Dritten sollte über Zuwendungen erbracht werden, um die Wunsch- und Wahlfreiheit zu stärken, die ihrerseits den Erfolg des Instruments befördert.

Die Förderung wird in der Finanzkalkulation mit lediglich 10.000 Zugängen kalkuliert. Das scheint wenig ambitioniert und entspricht nach Einschätzung des DCV nicht den Bedarfen.

Förderung von Qualifizierung und Weiterbildung und Abschaffung des Vermittlungsvorrangs (§ 3 SGB II, § 81 Abs. 3a SGB III, § 84 Abs. 1 Nr. 1 SGB III, § 87a SGB III-E, § 180 Abs. 4 SGB III)

Der Gesetzentwurf schränkt den grundsätzlichen Vermittlungsvorrang von Ausbildung und Arbeit ein, indem Leistungen der aktiven Arbeitsförderung angewendet werden sollen, wenn sie für eine dauerhafte Eingliederung in Arbeit erforderlich sind. Das gilt insbesondere für die Teilnahme an berufsabschlussbezogener Weiterbildung. Es werden auch stärkere Anreize für Weiterbildung gesetzt und die Rahmenbedingungen für die Förderung von Personen mit speziellen

---

[6] https://doku.iab.de/forschungsbericht/2021/fb0321.pdf, S. 47.

11

IV. Stellungnahmen

Deutscher Caritasverband e.V.

Förderbedarfen gestärkt. Eingeführt werden Weiterbildungsprämien (1.000 Euro zur Zwischenprüfung und 1.500 Euro bei erfolgreichem Abschluss) und ein Weiterbildungsgeld (monatlicher Zuschuss von 150 Euro) bei einer langfristigen Weiterbildung (§ 87a SGB III). Gefördert werden kann im Rahmen der Weiterbildung die Erlangung von Grundkompetenzen, wenn dadurch die Beschäftigungsfähigkeit verbessert wird (§ 81 Abs. 3a SGB III). Klargestellt wird, dass im Rahmen der Lehrgangskostenerstattung auch die Kosten für notwendige sozialpädagogische Begleitung einschließlich Coaching übernommen werden (§ 84 Abs. 1 Nr.1 SGB III). Das Verkürzungsgebot bei der Förderung von berufsabschlussbezogener Weiterbildung wird gelockert (§ 180 Abs. 4 SGB III).

Bewertung

Die gegenwärtige Orientierung der Grundsicherung für Arbeitssuche an einer raschen Vermittlung in jedwede Form der Arbeit hat zu einer Geringschätzung abschlussorientierter beruflicher Weiterbildung geführt, die spätestens heute in einer Arbeitswelt, die durch einen Digitalisierungsschub gekennzeichnet ist, der falsche Ansatz ist. Mit der Streichung des Vermittlungsvorrangs wird mit der Bürgergeldreform ein zentraler Webfehler in der Grundsicherung beseitigt.

Ausdrücklich positiv hervorzuheben ist auch, dass eine Förderung der Erlangung von Grundkompetenzen zukünftig möglich sein wird. Der DCV und die BAGFW setzen sich für die Einführung eines eigenständigen niedrigschwelligen Instruments in beiden Sozialgesetzbüchern (SGB II und III) zur Förderung der Erlangung von Grundkompetenzen in den Bereichen Lesen, Schreiben, Rechnen und digitale Informations- und Kommunikationstechnologie ein.

Mit dem nun vorliegenden Gesetzentwurf wird der nachträgliche Erwerb des Hauptschulabschlusses gestärkt, was wir sehr begrüßen. Gleichzeitig bleibt es bildungspolitisch vordringlich wichtig, dass die Zahl der Schulabgänger_innen ohne Hauptschulabschluss deutlich verringert wird. In diesem Zusammenhang weist der DCV auch auf die Förderung schwer zu erreichender junger Menschen nach § 16h SGB II hin und fordert ein flächendeckendes Angebot dieser aufsuchenden Maßnahme für eine Zielgruppe, die sonst Gefahr läuft aus dem Blick zu geraten.

Die Möglichkeit, sozialpädagogische Begleitung einschließlich Coaching im Rahmen von Lehrgangskostenerstattung zu finanzieren, wird aus Sicht des DCV und der BAGFW sehr helfen, schwierige Phasen in der Weiterbildung zu begleiten und Abbrüche der Maßnahme zu vermeiden. Eine Stärkung der Resilienz der Menschen in Bildungsmaßnahmen muss darüber hinaus durch ein gutes Erwartungsmanagement (in der Weiterbildungsberatung) gestärkt werden.

Die Weiterbildungsprämie und das Weiterbildungsgeld werden sehr wichtige Unterstützung dabei leisten, dass Weiterbildungsmaßnahmen auch von SGB II-Leistungsberechtigen in Anspruch genommen werden. Die Praxiserfahrung der BAGFW-Verbände und wissenschaftliche Studien zeigen, dass finanzielle Hemmnisse eine erhebliche Hürde für die Weiterbildungsbereitschaft darstellen. Das Weiterbildungsgeld gleicht Verdienstausfälle aus, die eventuell bei einer Weiterbildung entstehen können und setzt damit Anreize, Wege zu gehen, die für eine nachhaltige Integration in den Arbeitsmarkt förderlich sind.

Die Lockerung des Verkürzungsgebots ist ein wichtiger Schritt, damit auch weniger bildungsaffinen Menschen eine Umschulung möglich ist. Diese benötigen häufig mehr Zeit, weil z.B. ergänzend Spracherwerb, Heranführung an Lern- und Arbeitsprozesse und ähnliches neben der Umschulung erforderlich ist.

12

Deutscher
Caritasverband e.V.

Die Stärkung und Förderung von Weiterbildung und vollqualifizierender Ausbildung, die Entfristung der Weiterbildungsprämienregelung sowie die Zahlung eines befristeten Bonus werden allerdings nur Wirkung für nachhaltigere gesellschaftliche (Re-)Integration Langzeitarbeitsloser entfalten können, wenn die Kapazitäten zur Weiterbildungsberatung in den Jobcentern ausgebaut werden und gleichzeitig die Finanzmittel für Weiterbildung im SGB II erhöht werden. Umschulungen sind teuer und brauchen Zeit, tragen aber zu einer nachhaltigen Integration bei. Die Haushaltsmittel im Eingliederungs- und Verwaltungstitel müssen hier entsprechend angepasst werden.

Zu weiteren Änderungsbedarfen im Bereich der Förderung der beruflichen Weiterbildung hat sich die BAGFW ausführlich in ihrer Stellungnahme geäußert, auf die wir hier verweisen.

Karenzzeit Bedarfe für Unterkunft und Heizung (§ 22 SGB II, § 35f. SGB XII)

Im SGBII soll eine neue Karenzzeit von zwei Jahren eingeführt werden, in welcher die tatsächlichen Aufwendungen für Unterkunft und Heizung übernommen werden. Abweichend zum SGB II prüft der Träger der Sozialhilfe die Angemessenheit der Kosten und unterrichtet den Leistungsberechtigten, dass nach Ablauf der zweijährigen Karenzzeit eine Kostensenkung bevorsteht. Die Information erfolgt, weil der Gesetzgeber davon ausgeht, dass die Überwindung des SGB XII weniger wahrscheinlich ist als im SGB II. Im Falle des Todes eines Haushaltsmitglieds wird die bisherige Miete mindestens für 12 Monate ohne Aufforderung zur Kostensenkung weitergezahlt. Für besondere Wohnformen und sonstige Unterkünfte wird eine Karenzzeit ausgeschlossen, § 35 Abs. 6 Satz 3 SGB XII.

Der Träger der Sozialhilfe kann wie bisher eine monatliche Pauschale für die Bedarfe der Unterkunft und Heizung festsetzen, wenn auf dem örtlichen Mietmarkt ausreichend freier Wohnraum vorhanden ist. Bei der Bemessung der Pauschale sind auch die persönlichen und familiären Verhältnisse zu berücksichtigen: Dieser unbestimmte Rechtsbegriff wird durch den Gesetzentwurf anhand einer nicht abschließenden Aufzählung mittels Anzahl, Alter und Gesundheitszustand der BewohnerInnen ausgefüllt. Im SGB XII sollen Genossenschaftsteile ebenso wie Mietkautionen als Darlehen erbracht werden.

Bewertung

Mit der Karenzzeit für Bedarfe für Unterkunft und auch Heizung werden während der Pandemie erprobte Änderungen der Zugänge zur Leistung im Rahmen der Bürgergeldreform verstetigt. Diese Änderungen stellen aus Sicht des DCV und der BAGFW eine wesentliche Verbesserung für Leistungsberechtigte in den ersten zwei Jahren des Leistungsbezugs dar. Sie ermöglichen, dass sich die Leistungsberechtigten voll auf die Aufnahme eines Arbeitsverhältnisses konzentrieren können. Der Ausschluss von Personen, die nicht in einer üblichen Wohnung leben (§ 42a Abs. 2 Nr.3 SGB XII), stellt dabei eine sachlich nicht gerechtfertigte Ungleichbehandlung dar.

Der DCV ist wie die BAGFW der Auffassung, dass eine Übergangsregelung für Personen, die kurz vor der Rente stehen und dabei absehbar nicht in die Grundsicherung im Alter fallen werden, sinnvoll wäre. Angegangen werden sollte eine Reform der Regelung in § 22 Abs. 1 SGB II, nach der bei einem nicht genehmigten Umzug nur die bisherige Miete übernommen wird. Umzüge erfordern auf angespannten Wohnungsmärkten schnelle Entscheidungen, in denen häufig nicht auf die Genehmigung des Jobcenters gewartet werden kann. Möglich sein sollte hier eine

13

IV. Stellungnahmen

**Deutscher
Caritasverband e.V.**

nachträgliche Genehmigung, die im Einzelfall eine Übernahme der höheren Kosten möglich macht.

Die Beratungspraxis der Caritas zeigt schon heute, dass es für viele Menschen im Grundsicherungsbezug vor allem in Ballungszentren schwierig ist, angemessenen Wohnraum zu finden. Zu niedrig angesetzte Obergrenzen, die den Wohnungsmarktverhältnissen vor Ort nicht gerecht werden, haben zur Folge, dass die tatsächlichen Wohnkosten nicht in voller Höhe übernommen werden. Pauschalen für Unterkunft und Heizung in der Sozialhilfe werden vor diesem Hintergrund von DCV und BAGFW grundsätzlich abgelehnt, da zu niedrig angesetzte Pauschalen dazu führen, dass Kosten aus dem Regelsatz beglichen werden müssen. Ebenso abgelehnt wird die Darlehenslösung bei der Übernahme von Genossenschaftsanteilen und Kautionen, da sie ebenfalls faktisch zur Minderung des Regelbedarfs führen. Stattdessen sollen Kautionen und Genossenschaftsanteile als Zuschuss gewährt werden und gleichzeitig eine Rückerstattungsverpflichtung und Abtretungserklärung zwischen Leistungsträger und Leistungsberechtigten vereinbart werden, damit diese Sicherungsleistungen nach Beendigung des Mietverhältnisses direkt an die Leistungsträger zurückgezahlt werden.

Bei der Regelung der Karenzzeit nach dem Tod eines Haushaltsmitglieds sollten aus Sicht von DCV und BAGFW die Grundlagen für das Ermessen, welches durch die Formulierung „mindestens" gegeben ist, klarer benannt werden und das Ermessen explizit erweitert werden, damit z.B. für in der Wohnung verbleibende betagte Menschen oder Menschen mit Behinderung Umzüge vermieden werden können.

Umsetzung des Urteils des BVerfG – Neuregelung der Leistungsminderungen (§ 31 SGB II, § 31a SGB II, § 31b SGB II, § 32 SGB II)

Durch den Gesetzentwurf wird das Leistungsminderungsrecht in mehreren Punkten reformiert: Bei einer Pflichtverletzung mindert sich das Bürgergeld um 20 Prozent, bei jeder weiteren um 30 Prozent. Leistungsminderungen bei wiederholter Pflichtverletzung oder wiederholten Meldeversäumnissen sind auf insgesamt höchstens 30 Prozent begrenzt. Während der Vertrauenszeit sind Leistungen nur bei wiederholten Meldeversäumnissen zu mindern. Leistungsminderungen erfolgen nicht, wenn dies im konkreten Einzelfall zu einer außergewöhnlichen Härte führen würde. Bei nachträglicher Mitwirkung oder Glaubhaftigkeitserklärung werden Leistungsminderungen aufgehoben. Die Sonderregelungen für junge Menschen unter 25 entfallen ebenso wie Leistungsminderungen für Kosten der Unterkunft und Heizung. Leistungsberechtigte erhalten die Möglichkeit der persönlichen Anhörung zum Vortrag der Umstände.

Bewertung

Der DCV hat sich seit vielen Jahren für Änderungen des Sanktionsrechts eingesetzt und auch im Rahmen des Verfahrens beim Bundesverfassungsgericht als Sachverständiger Änderungsbedarfe vorgetragen. Mit dem Gesetzentwurf wird die Rechtsprechung des Bundesverfassungsgerichts (Urteil von 5. November 2019 - BvL 7/16) endlich in einer dauerhaften Änderung der Rechtsgrundlage umgesetzt. Die Begrenzung der Leistungsminderung auf maximal 30 Prozent, die Abschaffung der Sonderregelungen für Jugendliche, der Verzicht auf Leistungsminderungen in die Kosten der Unterkunft werden vom Deutschen Caritasverband daher außerordentlich

IV. Stellungnahmen

**Deutscher
Caritasverband e.V.**

begrüßt. Mit der Härtefallregelung wird eine Forderung des Bundesverfassungsgerichtsurteils gut umgesetzt.

Zu begrüßen ist die Stufenregelung bei den Leistungsminderungen bei einer Pflichtverletzung. Hier sah der Referentenentwurf noch eine Minderung von 30 Prozent bei jeder Pflichtverletzung vor, also auch bereits bei einer ersten. Unklar bleibt, wann von einer weiteren bzw. wiederholten Pflichtverletzung gesprochen werden kann – ist dies z. B. auf die gesamte Dauer des Leistungsbezuges zu betrachten oder bezieht sich dies allein auf die Dauer der Leistungsminderung einer vorherigen Pflichtverletzung.

Positiv ist zudem, dass Leistungsberechtigte verlangen können, dass die Anhörung persönlich erfolgt. So besteht die Chance, dass es nicht wegen unzureichender oder fehlender Kommunikation zwischen Leistungsberechtigten und Integrationsfachkraft zu unverhältnismäßigen Leistungskürzungen kommt. Bei wiederholten Pflichtverletzungen und Meldeversäumnissen bestimmt der Gesetzentwurf die persönliche Anhörung zum Regelfall ("soll").

Im Falle des Scheiterns von Gesprächen hält der DCV es für geboten, dass ein Schlichtungsverfahren nach § 15b SGB eröffnet wird. Zumindest ist der Leistungsberechtigte aber auf die Möglichkeit des Schlichtungsverfahrens hinzuweisen, da nicht davon ausgegangen werden kann, dass alle Leistungsberechtigen die Möglichkeiten des SGB II in allen Details und Tiefen kennen.

Nicht nachvollziehbar ist die starre Minderungsdauer von einem Monat. Das Bundesverfassungsgericht hat in seinem Urteil (Randnote 186) explizit klargestellt, dass eine Leistungsminderung nur zumutbar ist, „wenn sie grundsätzlich endet, sobald die Mitwirkung erfolgt. Die zur Deckung des gesamten existenznotwendigen Bedarfs erforderlichen Leistungen müssen für die Bedürftigen grundsätzlich bereitstehen und es muss an ihnen sein, die Voraussetzungen dafür zu schaffen, die für sie erlangbare Leistung auch tatsächlich wieder zu erhalten." Der DCV fordert daher, den Halbsatz in § 31b Abs. 2 SGB II zu streichen. Ebenfalls zu streichen ist die Mindestdauer in § 32 Abs. 2 SGB II bei den Meldeversäumnissen.

Positiv bewertet wird das Angebot einer Beratung nach Eintritt einer Leistungsminderung für junge Menschen unter 25 Jahren. Ihr Erfolg wird davon abhängen, dass und wie die örtliche Zusammenarbeit gelingt, die bereits heute durch § 18 SGB II geregelt ist. Die Eingliederung von sozial benachteiligten und individuell beeinträchtigten jungen Menschen braucht das Zusammenspiel der Akteure, zu denen insbesondere auch der Träger der Kinder- und Jugendhilfe zählen. Explizit im Gesetzestext sollte geregelt sein, dass das Beratungsangebot im Falle der Leistungsminderung bzw. seine Ablehnung ohne Rechtsfolgen ist. Explizit geregelt werden sollte, dass es zu einer Korrektur des Kooperationsplans kommen muss, sollte sich herausstellen, dass eine Überforderung des Jugendlichen gegeben ist oder eventuell auch ein nicht zielführender Weg eingeschlagen wurde. Die Caritas plädiert dafür, hier grundsätzlich von "Anpassung" des Kooperationsplans zu sprechen statt von "Fortschreibung".

Abschaffung der Zwangsverrentung (§53a SGB II)

Die Regelung, nach der Grundsicherungsempfänger mit Vollendung des 63. Lebensjahres in die Altersrente mit Abschlägen gezwungen werden, wird befristet bis zum 31. Dezember 2026 außer Kraft gesetzt.

IV. Stellungnahmen

Deutscher Caritasverband e.V.

Bewertung

DCV und BAGFW haben die geplante Abschaffung der Zwangsverrentung ausdrücklich begrüßt. Die Entscheidung, sie jetzt nur befristet außer Kraft zu setzen, ist im Vergleich zum Referentenentwurf ein unverständlicher Rückschritt. Die Abschaffung der Zwangsverrentung verhindert, dass Bürgergeldempfänger mit Abschlägen in Rente gehen müssen. Das Aussetzen der Regelung verhindert diesen Nachteil aber nur vorläufig. Leistungsberechtigte können durch diese Regelung selbst über einen Eintritt in die Altersrente entscheiden, werden dazu aber nicht länger verpflichtet. Durch die Änderung dieser Regelung wird das wichtige Signal gesendet, dass ältere Menschen am Arbeitsmarkt gebraucht werden und eine Weiterbildungsmaßnahme, die im Alter von 55 oder 58 abgeschlossen wird, sich noch „lohnt". Nicht nachvollziehbar ist gerade deshalb, angesichts der demographischen Entwicklung und angesichts des am aktuellen Rand wieder sinkenden Renteneintrittsalters die nur befristete Aussetzung der Zwangsverrentung, die im Referentenentwurf noch nicht vorgesehen war und die wir entschieden ablehnen. Angesichts der Altersstruktur der SGB-II-Leistungsbeziehenden einerseits, des demographischen Wandels und Arbeitskräftemangels in vielen Branchen andererseits, werden ältere Menschen am Arbeitsmarkt gebraucht.

Auskunftspflicht bei Leistungen zur Eingliederung in Arbeit (§ 61 Abs. 2 SGB II)

Der Gesetzentwurf präzisiert die Auskunftspflichten von Maßnahmeträgern nach § 61 Abs. 2. SGB II. Sie werden nun verpflichtet Fehltage und Gründe für diese dem Jobcenter zu melden.

Bewertung

Grundlage für eine erfolgreiche Arbeit mit Langzeitarbeitslosen ist der Aufbau eines Vertrauensverhältnisses. Die Pflicht, Fehltage und vor allem die Gründe für diese dem Jobcenter zu nennen, kann daher kontraproduktiv wirken. Zudem stellen sich viele datenschutzrechtliche Fragen, wenn die Gründe für die Fehltage benannt werden sollen.

Weitere Anregungen des Deutschen Caritasverbandes

Energiesparberatung ausbauen

Der Deutsche Caritasverband weist abschließend darauf hin, dass die Energiespar-Anreize, die von steigenden Energiepreisen ausgehen, auch für SGB-II-Leistungsempfänger wirksam werden sollten, auch wenn der absolute Energieverbrauch vor allem bei Haushalten im gehobenen Einkommensbereich deutlich höhere Einsparpotentiale aufzeigt. Energiesparen setzt – gerade für Haushalte, deren Lebenssituation prekär ist – Kompetenzen voraus, die nicht vorausgesetzt werden können. Diese Kompetenzen stärkt seit mehr als 10 Jahren der Stromspar-Check, den der Deutsche Caritasverband gemeinsam mit dem Bundesverband der Energieagenturen kostenlos für Transferleistungsbeziehende anbietet. Die gestiegenen Energiepreise haben dazu geführt, dass die Nachfrage nach einer Ausweitung der Standorte, an denen der Stromspar-Check angeboten wird, deutlich gestiegen ist. Die Notwendigkeit, das Angebot auch für junge Menschen anzupassen, die in ihre erste eigene Wohnung ziehen und rasend schnell in Stromsperren rasseln, ist unübersehbar. BMAS und BMWK sollten mit der Bürgergeldreform den Ausbau des Stromspar-Checkangebots verbinden, um eine Ursache steigender Armutsrisiken präventiv

IV. Stellungnahmen

Deutscher
Caritasverband e.V.

abzuwenden. Auch die über die Förderung des Stromspar-Check hinausgehenden Empfehlungen der Regierungskommission Gas und Wärme in ihrem Abschlussbericht, die eine zielgruppen-gerechte Ausweitung der Energiesparberatung z.B als peer-to-peer-Beratung für junge Menschen und für Seniorinnen anspricht, unterstützt der Deutsche Caritasverband mit Nachdruck.

Abschaffung des AsylbLG

Der Deutsche Caritasverband fordert seit langem, das nicht bedarfsdeckende Sondersystem des AsylblG abzuschaffen. Mit der nun geplanten Neuorientierung der Grundsicherung sollte endlich die längst überfällige Abschaffung des Asylbewerberleistungsgesetzes erfolgen und auch Asylbewerber_innen, Geduldeten und allen Besitzer_innen einer Aufenthaltserlaubnis für die Dauer ihres Aufenthalts in Deutschland das menschenwürdige Existenzminimum gewährt werden.

Pflicht zur Lebensunterhaltssicherung im AufenthG anpassen

Der Deutsche Caritasverband begrüßt es grundsätzlich, dass die Arbeitsmarktintegration durch mehr und bessere Qualifizierungs- und Weiterbildungsmöglichkeiten verbessert werden und Zuverdienst und Freibeträge für erwerbstätige Empfänger_innen von Grundsicherung steigen sollen. Das führt allerdings auch dazu, dass die Anforderungen an die Lebensunterhaltssicherungssicherungspflicht, die das AufenthG als Regelvoraussetzung für den Erwerb und die Verlängerung eines Aufenthaltstitels und die Familienzusammenführung vorsieht, steigen. Die Höhe der Lebensunterhaltssicherung orientiert sich (außer beim Familiennachzug) regelmäßig nicht nur an der Grundsicherung, sondern muss so weit darüber liegen, dass auch unter Zugrundelegung von Zuverdienst und Freibeträgen kein Leistungsanspruch entstehen kann.

Die derzeit geforderte umfassende Lebensunterhaltssicherungspflicht ist schon für alleinstehende Niedriglohnbezieher_innen teilweise nicht leistbar. Da beim Familiennachzug der Lebensunterhalt aller Familienmitglieder gesichert sein muss, ist das (obwohl hier ein Einkommen in Höhe der Bedarfe nach der Grundsicherung reicht) auch mit Einkommen von Fachkräften wie Erzieher_innen oder Pflegekräften gerade in Städten mit hohen Mietkosten nicht zu stemmen. Damit wird diesem Personenkreis nicht nur die Zuwanderung in dringend gesuchte, aber gering entlohnte Tätigkeiten unmöglich. Es wird auch das grund- und menschenrechtlich geschützte Recht auf familiäres Zusammenleben vom Einkommen abhängig gemacht.

Aus Sicht des Deutschen Caritasverbandes müsste im AufenthG klargestellt werden, dass die Pflicht zur Lebensunterhaltssicherung sich auf die Existenzsicherung beschränkt - also das geforderte Einkommen die Höhe der Grundsicherung nicht übersteigen darf. Weiter muss der sehr wünschenswerte Vorzug der Weiterbildung vor Vermittlung in ungelernte, schlecht bezahlte Jobs auch für Ausländer_innen gelten. Daher darf ein ggf. notwendiger Bezug von Leistungen des SGB II während einer Weiterbildung/während des Erwerbs eines beruflichen Abschlusses dem Fortbestand oder der Verlängerung einer Aufenthaltserlaubnis nicht schaden.

IV. Stellungnahmen

Deutscher
Caritasverband e.V.

Leistungsausschluss für Leistungen zur Eingliederung in Arbeit für Menschen in Haft im SGB II

Nach § 7 Abs. 4 SGB ist von der Leistung nach dem SGB II ausgeschlossen, wer in einer Einrichtung zum Vollzug richterlich angeordneter Freiheitsentziehung untergebracht ist und nicht unter den üblichen Bedingungen des allgemeinen Arbeitsmarktes mindestens 15 Stunden wöchentlich erwerbstätig sein kann.

Der gänzliche Ausschluss von Leistungen SGB II führt dazu, dass Jobcenter keine Leistungen zur Eingliederung in Arbeit anbieten können. Für einen gelingenden Übergang in die Freiheit und eine damit verbundene Resozialisierung ist die Eingliederung in Arbeit die Basis. Die Vorbereitung für ein Leben nach der Haft muss bereits während der Haft beginnen. Aktuell können lediglich Leistungen zur Eingliederung in Arbeit nach dem SGB III in den Justizvollzugsanstalten angeboten werden. Allerdings hat die Mehrheit der Inhaftierten keinen Anspruch auf Leistungen nach dem SGB III und damit keinen Zugang zu adäquaten Maßnahmen. Weil erst nach Verbüßung der Haftstrafe mit der Eingliederung in Arbeit begonnen werden kann, geht wertvolle Zeit verloren.

Berlin/ Freiburg, 31. Oktober 2022

Eva Maria Welskop-Deffaa

Präsidentin

Kontakt

Dr. Birgit Fix, Referatsleiterin Kontaktstelle Politik (Tandemleitung), DCV (Berlin), Tel. 030 284447 78, birgit.fix@caritas.de

Karin Kramer, Leiterin des Referats Lebensläufe und Grundsatzfragen, DCV (Freiburg), Tel. 0761 200-676, karin.kramer@caritas.de.

Claire Vogt, juristische Referentin, Lebensläufe und Grundsatzfragen, DCV (Freiburg), Tel. 0761 200-601, claire.vogt@caritas.de

Christiane Kranz, juristische Referentin, Lebensläufe und Grundsatzfragen, DCV (Freiburg), Tel. 0761 200-683, christiane.kranz@caritas.de

Dr. Elke Tießler-Marenda, juristische Referentin, Migration und Integration, DCV (Freiburg), Tel. 0761 200-371, elke.tiessler-marenda@caritas.de

IV. Stellungnahmen

Bundesarbeitsgemeinschaft
der Freien
Wohlfahrtspflege

Stellungnahme der
Bundesarbeitsgemeinschaft der Freien Wohlfahrtspflege (BAGFW) zum Gesetzentwurf eines Zwölften Gesetzes zur Änderung des Zweiten Buches Sozialgesetzbuch und anderer Gesetze – Einführung eines Bürgergeldes (Bürgergeld-Gesetz)

Vorbemerkung

Die Bundesarbeitsgemeinschaft der Freien Wohlfahrtspflege (BAGFW) bedankt sich für die Gelegenheit zur Stellungnahme zum oben genannten Gesetzentwurf.

Der vorliegende Gesetzentwurf lässt die Zielsetzung einer grundlegenden Weiterentwicklung des Systems der Existenzsicherung erkennen. Bisherige Härten und bürokratische Lasten sollen vermindert und die Hilfen am Miteinander von Leistungsberechtigten und leistungsgewährenden Stellen auf Augenhöhe ausgerichtet werden. So soll die soziale Sicherung gestärkt, Leistungsberechtigten eine passgenaue Unterstützung für die Verbesserung der eigenen Situation ermöglicht und ihnen insgesamt mit mehr Respekt begegnet werden.

Zahlreiche Regelungsinhalte, insbesondere im Bereich der Förderung von Grund- und Weiterbildung, sind aus Sicht der BAGFW geeignet, die Chancen für Leistungsberechtigte für eine nachhaltige Integration am Arbeitsmarkt zu verbessern.

Eine Kultur, in der die Befähigung der Leistungsberechtigten im SGB II sowie eine respektvolle und wertschätzende Haltung handlungsleitend ist, lässt sich nicht von heute auf morgen verordnen. Sie braucht neben weitergehenden gesetzlichen Verbesserungen adäquate Rahmenbedingungen für die Umsetzung vor Ort und ein aktives Engagement aller Beteiligten.

Ein zentraler Aspekt zur Stärkung der sozialen Absicherung ist die dringend nötige Erhöhung der Regelbedarfe. Die im Gesetzentwurf vorgesehene Erhöhung ist ein überfälliger, längst notwendiger Schritt. Sie ist jedoch unzureichend. So wird die etablierte Regelsatzfortschreibung ergänzt durch eine zusätzliche Berücksichtigung der jüngsten Preisentwicklung der regelbedarfsrelevanten Güter und Dienstleistungen. In der Summe aus diesen beiden Faktoren ergibt sich im Ergebnis die öffentlich kommunizierte Zahl von 502 Euro monatlicher Regelbedarf für eine alleinlebende leistungsberechtigte Person. Es wird damit im Wesentlichen ein Inflationsausgleich erzielt. Andere strukturelle Mängel bei der Berechnung der Grundsicherungsleistungen bleiben bestehen. Die bisherige Methode der Regelsatzberechnung ist nicht sachgerecht, sondern führt vielmehr dazu, dass die Regelbedarfe künstlich kleingerechnet sind. Die Verbände fordern weiterhin eine schnellstmögliche und bedarfsgerechte Neubemessung der Regelsätze und ihre deutliche Anhebung. Die Verbände der BAGFW werten die Neuregelungen zur Leistungsminderung insgesamt kritisch oder ablehnend. Zu Einzelheiten verweist die BAGFW auf die einzelverbandlichen Stellungnahmen.

Die BAGFW begrüßt das Anliegen des Gesetzgebers, im Eingliederungsprozess eine neue Vertrauenskultur und eine kooperative Gestaltung von Hilfen und Maßnahmen zu implementieren. Dieses Anliegen einer insgesamt veränderten Haltung kann in der Praxis aber nur realisiert werden und positive Wirkung entfalten, wenn die Rahmenbedingungen für eine qualitativ gute Beratung durch qualifizierte Fachkräfte im Jobcenter gegeben sind. Zu diesen Rahmenbedingungen gehören zum einen eine adäquate Qualifikation der Integrationsfachkräfte und ihre kontinuierliche Unterstützung durch Qualifizierung, Supervision und Entwicklung spezifischer Handlungsstrategien. Damit verknüpft steht die zweite zentrale Rahmenbedingung, nämlich Zeit für Beratung der Leistungsberechtigten und Personalqualifizierung. Der tatsächliche Betreuungsschlüssel „regulärer" (nicht in Sonderteams/-projekten befindlichen) Integrationsfachkräfte und Fallmanager:innen übersteigt in der Regel deutlich die Orientierungswerte von 1:150 beziehungsweise 1:75. Außerdem nimmt die Erfüllung standardisierter Dokumentationsvorgaben einen relevanten zeitlichen Anteil in der Beratungsarbeit in Anspruch. Diese aktuellen Bedingungen sind für den Aufbau von Vertrauen und eine andere Haltung in der Beratung von Leistungsberechtigten kontraproduktiv.

Dabei sind nach Einschätzung der BAGFW die Aufgaben der Jobcenter infolge der Pandemie spürbar anspruchsvoller geworden. Der im Pandemieverlauf weitgehende Verzicht auf persönliche Beratung in den Jobcentern, die Zurückführung von aktiven Förderleistungen und die allgemein geltenden Kontaktbeschränkungen haben einen sozialen Rückzug bis hin zur Isolierung von vielen Leistungsberechtigen begünstigt. Nötig sind verstärkte Anstrengungen für die Wiederaufnahme des persönlichen Kontakts der Jobcenter mit Leistungsberechtigten, der Aufbau eines Vertrauensverhältnisses und die Wiederaufnahme von mitunter lange zurückliegenden und unterbrochenen Förderungen.

Vor diesem Hintergrund und dem angestrebten Paradigmenwechsel im SGB II betont die BAGFW die Notwendigkeit ausreichender Mittelansätze im Eingliederungs- und Verwaltungstitel für das kommende Jahr sowie darüber hinaus. Die nach dem Regierungsentwurf zum Bundeshaushalt 2023 vorgesehenen Mittelansätze für Verwaltung und Eingliederung sehen hingegen Kürzungen vor.

Menschen, die einen arbeitsweltbezogenen Hilfebedarf haben, haben nicht zwingend auch einen sozialen Hilfebedarf und umgekehrt. In vielen Fällen wirken Lebenslagen förderlich oder hinderlich in Hinblick auf ein bestimmtes Ziel oder eine Intervention. Insofern ist es wichtig, dass Jobcenter die gesamte Lebenssituation der Ratsuchenden in den Blick nehmen. Dies wird im SGB II richtigerweise anerkannt.

BAGFW-Stellungnahme
zum Gesetzentwurf eines Zwölften Gesetzes zur Änderung des Zweiten Buches Sozialgesetzbuch und anderer Gesetze – Einführung eines Bürgergeldes (Bürgergeld-Gesetz)

Allerdings können die damit verbundenen Fragestellungen nicht allein aus einem einzelnen Hilfebereich, dem Jobcenter, beantwortet und Lösungen herbeigeführt werden. Die Freie Wohlfahrtspflege ist mit ihren Einrichtungen und Diensten unverzichtbarer Bestandteil des sozialen Sicherungssystems in Deutschland und dabei weder staatliche noch gewerbliche Akteurin. Die BAGFW verweist ausdrücklich auf § 17 Abs. 1 SGB II, der regelt, dass Jobcenter eigene Einrichtungen und Dienste nicht neu schaffen sollen, soweit geeignete Einrichtungen und Dienste Dritter vorhanden sind, ausgebaut oder in Kürze geschaffen werden können. Des Weiteren heißt es, Träger der Grundsicherung nach dem SGB II sollen Träger der Freien Wohlfahrtspflege in ihrer Tätigkeit auf dem Gebiet der Grundsicherung für Arbeitsuchende angemessen unterstützen.

Wirksame Hilfen müssen fachlich, kooperativ gestaltet und Hand in Hand erbracht werden. Ein abgestimmtes Zusammenwirken ermöglicht es, gemeinsam mit dem Leistungsberechtigten tragbare Perspektiven zu erarbeiten und den Hilfeprozess wirksam und nachhaltig zu gestalten. Das Zusammenwirken muss für die Leistungsberechtigten transparent und nachvollziehbar erfolgen. Das Verfahren der Auftragsvergabe ist gerade bei der Gewährleistung von sozialen Dienstleistungen wenig hilfreich und verursacht zahlreiche Probleme. Obwohl es bei der übrigen Beschaffung längst üblich ist, auf Nachhaltigkeit zu achten und auch in eine differenzierte Verfahrensgestaltung das Knowhow der Bieter einzubeziehen, kommt all dies bei der Beschaffung sozialer Dienstleistungen nicht hinreichend zum Tragen.

Die BAGFW äußert sich auf der Grundlage gemeinsamer Positionen der Wohlfahrtsverbände zu einzelnen Regelungen wie folgt:

Artikel 1 – Änderung des Zweiten Buches Sozialgesetzbuch
Leistungsgrundsätze (§ 3 SGB II-E)

Der grundsätzliche Vermittlungsvorrang im SGB II zugunsten der Aufnahme von Erwerbsarbeit wird eingeschränkt und an die Regelung im SGB III angeglichen. Künftig ist grundsätzlich die Vermittlung in Ausbildung oder Arbeit vorrangig, es sei denn Leistungen der aktiven Arbeitsförderung sind für eine dauerhafte Eingliederung erforderlich, insbesondere gilt das für die Teilnahme an einer berufsabschlussbezogenen Weiterbildung.

<u>Bewertung:</u>
Die BAGFW begrüßt die Regelung ausdrücklich, sie stärkt die Arbeitsmarktpolitik im SGB II im Hinblick auf nachhaltige Integration in den Arbeitsmarkt statt der mitunter kurzfristigen Vermittlung in schlechte Arbeitsverhältnisse, die zur langfristigen Arbeitsmarktintegration und Verbesserung der sozialen Lage der Betroffenen wenig beitragen. Die BAGFW weist darauf hin, dass die Neuregelung jedoch mit entsprechenden Kapazitäten in den Jobcentern für die Weiterbildungsberatung und dem Aufbau entsprechender Förderkapazitäten und der finanziellen Mittel hierfür einhergehen muss. Der Handlungsbedarf ist enorm: Mehr als drei Fünftel der Arbeitslosen in der Grundsicherung für Arbeitsuchende haben keinen Berufsabschluss.

Erreichbarkeit (§ 7b SGB II-E)

Der Gesetzentwurf entschärft die bisher geltenden Erreichbarkeitsregelungen. Leistungsberechtigte sollen werktäglich Mitteilungen und Aufforderungen des Jobcenters zur Kenntnis nehmen. Sie sollen das Jobcenter mit einem vertretbaren Zeit- und Finanzaufwand erreichen können und dürfen sich auch im grenznahen Ausland aufhalten. Teilnahmen an Veranstaltungen, Möglichkeiten zum ehrenamtlichen Engagement und Aufenthalte, die der Eingliederung in Arbeit dienen, werden neben medizinisch begründeten Abwesenheiten besonders hervorgehoben. Ortsabwesenheiten bis zu in der Regel drei Wochen bedürfen der Zustimmung des Jobcenters. Details können in einer Rechtsverordnung geklärt werden; das Inkrafttreten der Neuregelung steht aber unter keinem Verordnungsvorbehalt. Bisher traten schon längst beschlossene Entschärfungen nicht in Kraft, weil die entsprechende Verordnung nicht erlassen wurde. Und während ausweislich der Begründung des Referentenentwurfs „(…) ein Verordnungserlass zum 1. Januar 2023 unter den konkreten Vorgaben des neuen § 7b (…)" noch als „unerlässlich" bezeichnet wurde, ist in der Begründung zum Gesetzentwurf jetzt nur noch davon die Rede, dass „(…) ein Verordnungserlass zum 1. Januar 2023 unter den konkreten Vorgaben des neuen § 7b erfolgen (…)" kann, so dass ein Verordnungserlass nunmehr offenbar nicht mehr zwingend vorgesehen ist.

Bewertung:
Aus Sicht der Leistungsberechtigten sind unklare Regelungen zur Ortsabwesenheit Grundlage ständiger Auseinandersetzungen mit dem Jobcenter. Durch die Neufassung erfolgt hier eine Klärung für Personen, die arbeitslos sind. Insbesondere Fragen des Ehrenamtes und der Teilnahme an Veranstaltungen waren bisher oft problematisch. Die Neufassung ist aus Sicht eines Teils der Leistungsberechtigten grundsätzlich ein Fortschritt, aber:

Es ist originäre Aufgabe des Bundesgesetzgebers, staatliche Maßnahmen, die in ein Grundrecht (hier: das Grundrecht auf Freizügigkeit im Bundesgebiet gemäß Artikel 11 Absatz 1 des Grundgesetzes) eingreifen können, durch Gesetz zu regeln (Gesetzesvorbehalt gemäß Artikel 11 Absatz 2 bzw. Artikel 19 Absatz 1 des Grundgesetzes). Ausweislich der Begründung zum Referenten- und Gesetzentwurf sieht der Bundesgesetzgeber hier auch selbst die potentielle Erforderlichkeit der Regelung von bisher nicht im Entwurf enthaltenen Einzelheiten zur Erreichbarkeit durch eine Bundesverordnung und schafft offenbar auch vor diesem Hintergrund in § 13 Absatz 2 SGB II-E die Rechtsgrundlage für eine solche Rechtsverordnung. Gleichzeitig stellt er in der Begründung zum Gesetzentwurf auf die Erreichbarkeits-Anordnung der Bundesagentur für Arbeit (BA) ab, ohne dabei auf die zukünftige Anwendbarkeit dieser BA-Anordnung einzugehen. Es steht deshalb zu befürchten, dass bei weiterhin ausstehender Nicht-Regelung der konkreten Einzelheiten, obschon diese offenbar auch vom Bundesgesetzgeber für erforderlich gehalten werden, zum 1. Januar 2023 auch weiterhin keine verfassungsrechtlich unbedenkliche Regelung der Erreichbarkeit erfolgen wird, zumal fraglich ist, ob der Gesetzgeber vor dem Hintergrund des grundsätzlich zu beachtenden Gesetzesvorbehalts wesentliche Einzelheiten zur Erreichbarkeit im vorliegenden Fall überhaupt in einer Rechtsverordnung regeln dürfte.

Der Gesetzgeber sollte auch Klarheit herstellen für die Fälle, in denen leistungsberechtigte Frauen in einem Frauenhaus außerhalb des eigenen Wohnortes, gar in einem anderen Bundesland, untergebracht sind.

Ein weiteres Problem liegt zudem darin, dass die Regelung alle erwerbsfähigen Leistungsberechtigten erfasst. Ein großer Teil der erwerbsfähigen Leistungsberechtigten ist aber gar nicht arbeitslos, wie Schülerinnen und Schüler ab 15 Jahren oder alleinerziehende Mütter oder Väter mit kleinen Kindern unter 3 Jahren. Nach dieser Vorschrift dürfen auch diese Personen nur nach Genehmigung durch das Jobcenter und auch nur drei Wochen im Jahr ortsabwesend sein. Das ist nicht sachgerecht. Ausweislich der Begründung zum Gesetzentwurf hat der Bundesgesetzgeber diese Problematik offenbar mittlerweile erkannt und führt hierzu nunmehr das Folgende aus: „(...) Sind erwerbsfähige Leistungsberechtigte weder arbeitslos noch erwerbstätig (zum Beispiel Personen in der Elternzeit oder minderjährige Schülerinnen und Schüler), ist die Beeinträchtigung der Eingliederung ausgeschlossen. (...)" Lediglich eine solche Kommentierung in der Gesetzesbegründung bietet hier jedoch nicht die erforderliche Rechtsklarheit.

Die BAGFW fordert, § 7b wie folgt zu fassen:

Abs. 2 Nr.1:
Teilnahme an einer ärztlich verordneten Maßnahme der medizinischen Vorsorge oder Rehabilitation, Aufenthalt in einem Frauenhaus (aus Gründen der Gefährdungsanalyse/des Gewaltschutzes) außerhalb des näheren Bereichs.

Abs. 3:
Erwerbsfähige Leistungsberechtigte, die ohne wichtigen Grund nicht erreichbar sind, erhalten Leistungen, wenn das Jobcenter dem Aufenthalt außerhalb des näheren Bereichs zugestimmt hat oder die Eingliederung in Ausbildung oder Arbeit nicht wesentlich beeinträchtigt wird. Die Zustimmung zu Abwesenheiten ohne wichtigen Grund soll in der Regel für insgesamt längstens drei Wochen im Kalenderjahr erteilt werden. Bei erwerbsfähigen Leistungsberechtigten, die nicht arbeitslos sind, wird vermutet, dass die Eingliederung in Arbeit nicht beeinträchtigt wird, wenn sie nicht erreichbar sind.

Berücksichtigung von Aufwandsentschädigungen für ehrenamtliche Tätigkeiten und Nebentätigkeiten (§ 11a Abs. 1 SGB II-E)

Durch Umgestaltung der Berücksichtigung von Einnahmen bzw. Aufwandsentschädigungen in Form eines monatlichen Absetzbetrags in einen jährlichen Absetzbetrag in Höhe von bis zu 3.000 Euro jährlich dient der Verwaltungsvereinfachung und der Angleichung ans Steuerrecht.

Bewertung:
Die BAGFW begrüßt diese Regelung, die das klassische Ehrenamt betrifft. Allerdings gelten nach wie vor im Falle des Bundesfreiwilligendienstes und des Freiwilligen Sozialen Jahres (FSJ) die üblichen Freibeträge, wenn die Person, die den Freiwilligendienst leistet, in einer Bedarfsgemeinschaft nach dem SGB II lebt. Bisher

IV. Stellungnahmen

dürfen Freiwillige, die im Grundsicherungsbezug stehen, nur die o.g. 3.000 Euro jährlich von ihrem Taschengeld behalten, das sind 250 Euro monatlich. Der Höchstbetrag des Taschengeldes liegt bei 423 Euro. Um eine Gleichbehandlung mit Freiwilligen herzustellen, die nicht im Grundsicherungsbezug stehen, sollte dieses Taschengeld generell anrechnungsfrei gestaltet werden und hier, wie im Falle der Zuverdienste von Schülerinnen und Schülern sowie Studierenden, eine besondere Regelung gefunden werden.

Anrechnung von Zuflüssen (§ 11 SGB II-E)

Erhält eine leistungsberechtigte Person in einem Monat eine zusätzliche Einnahme etwa durch Weihnachtsgeld, wird diese nicht mehr auf sechs Monate aufgeteilt und in diesen Monaten leistungsmindernd berücksichtigt, sondern nur im Monat des Zuflusses. Bedarfsübersteigendes Einkommen wird beim Vermögen berücksichtigt. Im Falle einer Nachzahlung von Leistungen bleibt es dagegen bei der bisherigen Regelung.

Bewertung:
Die Neuregelung entbürokratisiert die Leistungsgewährung deutlich.

Erhöhte Freibeiträge für Schülerinnen und Schüler, Studierende, Auszubildende (§ 11b Abs. 2b SGB II-E)

Entsprechend eines Auftrags aus dem Koalitionsvertrag gibt es einen vollständigen Wegfall der Einkommensanrechnung für Ferienjobs von Schülerinnen und Schüler sowie Studierende; derzeit liegt die Grenze noch bei einem Betrag von 2.400 Euro im Jahr.

Der Gesetzentwurf sieht darüber hinaus vor, dass die Freibeträge für Auszubildende auf monatlich 520 Euro erhöht werden, den Wert der neuen Minijob-Grenze ab 01.10.2022. Auszubildende, die BAföG beziehen und aufstockend ALG II erhalten und sich in einem Job etwas dazuverdienen, erhalten ebenfalls einen monatlichen Freibetrag in Höhe von 520 Euro; das bedeutet eine Verbesserung und Angleichung an die BAföG-Regelung, in der ebenfalls 520 Euro anrechnungsfrei sind. Zudem wird der Grundabsetzbetrag auf 520 Euro auch für Auszubildende erhöht, die eine nach § 57 SGB III förderfähige Berufsausbildung absolvieren sowie für Schülerinnen und Schüler von allgemein- oder berufsbildenden Schulen.

Bewertung:
Die Freibetragsregelung für Auszubildende ist lückenhaft gestaltet, weil die nach § 57 SGB III förderfähigen Ausbildungen (betrieblich, außerbetrieblich) nicht die schulischen Ausbildungen umfassen. Die BAGFW fordert eine Gleichstellung der Auszubildenden, die eine schulische Ausbildung absolvieren. Begrüßt wird jedoch die in den Gesetzentwurf neu eingefügte Einbeziehung der gemäß § 51 SGB III dem Grunde nach förderungsfähigen berufsvorbereitenden Bildungsmaßnahmen bzw. der nach § 54a SGB III geförderten Einstiegsqualifizierungen.

IV. Stellungnahmen

Erhöhte Freibeträge bei Einkommen aus Erwerbstätigkeit zwischen 520 Euro und 1.000 Euro (§ 11b Abs. 3 SGB II-E)

Bei den Hinzuverdiensten wird in dem Einkommensbereich zwischen mehr als 520 Euro und 1.000 die Anrechnung des eigenen Einkommens von 80 Prozent auf 70 Prozent reduziert. Erwerbstätige Leistungsberechtigte mit Einkommen innerhalb dieser Spanne können demnach etwas mehr von ihrem Einkommen behalten.

Bewertung:
Die Veränderungen beim Hinzuverdienst sind laut aktueller Gesetzesbegründung darauf gerichtet, besondere Erwerbsanreize zu setzen, damit Erwerbstätige vom Minijob eher eine umfangreichere sozialversicherungspflichtige Beschäftigung wechseln. Es handelt sich um geringfügige Verbesserungen zugunsten von Leistungsberechtigten, die Beschäftigungsverhältnissen mit geringem Stundenumfang und/oder niedrigen Entgelten nachgehen. Die Anreizwirkungen, in umfangreicheren, sozialversicherungspflichtigen Beschäftigungsverhältnissen tätig zu werden, ist jedoch aus zweierlei Gründen gering. Ab einem Erwerbseinkommen in Höhe von lediglich 1.000 Euro steigen die Abzüge wieder massiv an. Mit der Ausweitung der Midijobs (Anhebung Geringfügigkeitsgrenze von 1.300 Euro auf 2.000 Euro) wurde zuletzt gerade der Bereich der atypischen Beschäftigung gesetzlich gestärkt.

Berücksichtigung von Vermögen (§ 12 SGB II-E, § 90 SGB XII-E, Verordnung zur Durchführung des § 90 Abs. 2 Nr. 9 des Zwölften Buches Sozialgesetzbuch-E)

Der Gesetzentwurf sieht in § 12 Abs.1 SGB II-E vor, dass in den ersten beiden Jahren des erstmaligen Leistungsbezugs Vermögen nur berücksichtigt wird, wenn es erheblich ist (Karenzzeit).

Nach § 12 Abs. 2 SGB II-E wird davon ausgegangen, dass kein erhebliches Vermögen vorliegt, wenn der Antragsteller oder die Antragstellerin dies im Antrag erklärt. Vermögen ist im Sinne von Abs. 2 SGB II-E erheblich, wenn es eine Summe von 60.000 Euro für die leistungsberechtigte Person sowie 30.000 Euro für jede weitere Person in der Bedarfsgemeinschaft übersteigt. Selbst genutzte Immobilien werden nach § 12 Abs. 2 SGB II-E in der Karenzzeit nicht berücksichtigt.

In § 12 Abs. 1 Satz 2 SGB II-E definiert der Gesetzentwurf Vermögensgegenstände, die nicht als Vermögen zu berücksichtigen sind. Unter anderem sieht der Gesetzentwurf in § 12 Abs. 1 Satz Nr. 2 SGB II-E vor, dass zukünftig die Angemessenheit eines Kfz vermutet wird, wenn dies im Antrag erklärt wird. Zudem wird geregelt, dass künftig alle Versicherungsverträge, die der Alterssicherung dienen, nicht zum Vermögen gehören (§ 12 Abs. 1 Satz 2 Nr. 3 SGB II-E). In § 12 Abs. 1 Satz 2 Nr. 5 SGB II-E wird ein selbst genutztes Hausgrundstück mit einer Wohnfläche von bis zu 140 Quadratmetern oder eine Eigentumswohnung von bis zu 130 Quadratmetern von der Vermögensberücksichtigung ausgeschlossen. Wenn mehr als vier Personen die Immobilie bewohnen, wird die Wohnfläche um 20 Quadratmeter für jede weitere Person erhöht.

BAGFW-Stellungnahme
zum Gesetzentwurf eines Zwölften Gesetzes zur Änderung des Zweiten Buches Sozialgesetzbuch und anderer Gesetze – Einführung eines Bürgergeldes (Bürgergeld-Gesetz)

In § 12 Abs. 2 SGB II-E wird ein Freibetrag von 15.000 Euro für jede in der Bedarfsgemeinschaft lebende Person definiert, der von dem zu berücksichtigenden Vermögen nach Ablauf der Karenzzeit abzusetzen ist. Nicht ausgeschöpfte Freibeträge einer Person werden nach § 12 Abs. 4 SGB II-E auf die anderen Personen in der Bedarfsgemeinschaft übertragen.

In der Verordnung zur Durchführung des § 90 Abs. 2 Nr. 9 des Zwölften Buches Sozialgesetzbuch-E wird der Freibetrag für Barbeträge oder sonstige Geldwerte von 5.000 Euro auf 10.000 Euro für jede leistungsberechtigte Person erhöht. Nach § 90 Abs. 2 Nr. 10 SGB XII-E sieht der Gesetzentwurf vor, dass ein angemessenes Kraftfahrzeug nicht dem verwertbaren Vermögen zuzuordnen ist, allerdings hat eine Angemessenheitsprüfung bei Antragstellung zu erfolgen.

Bewertung:
Der vereinfachte Zugang zu SGB II-Leistungen hat sich aus Perspektive der BAGFW während der Pandemie bewährt. Die Vereinfachung der Vermögensüberprüfung in der Karenzzeit entlastet Leistungsberechtigte und reduziert den bürokratischen Aufwand in den leistungsgewährenden Stellen. Die Verstetigung dieser Regelungen in Form einer zweijährigen Karenzzeit für Vermögen für Leistungsberechtigte im SGB II wird daher vonseiten der BAGFW begrüßt. Die in § 12 Abs. 2 SGB II genannten Freibeträge während der Karenzzeit sind in ihrer Höhe nach Einschätzung der BAGFW angemessen. Dies gilt insbesondere vor dem Hintergrund, dass selbst genutzte Immobilien während der Karenzzeit unabhängig von ihrer Wohnfläche nicht als Vermögen berücksichtigt werden. Unklar ist aber, was nach dem Ende der Karenzzeit mit Vermögen geschieht, das oberhalb der Grenze von 15.000 Euro liegt. Wenn Leistungsberechtigte erst bis zu 45.000 Euro ausgeben und sich in dieser Zeit auch mit hohen Kosten freiwillig krankenversichern müssen bis wieder die Voraussetzungen für den Leistungsbezug gegeben sind, würde es zu deutlichen vermeidbaren Härten für die Betroffenen führen. Insofern wären hier Regelungen vorzusehen, die vermeiden, dass der Leistungsanspruch vorübergehend in Gänze wegfällt.

Die Anhebung der Freibeträge im SGB II sowie in der Durchführungsverordnung für das SGB XII bedeuten jeweils eine Verbesserung im Vergleich zum Status Quo und werden vonseiten der BAGFW daher begrüßt. Auch die Anhebung der Quadratmetergrenzen für selbst bewohntes Eigentum im Kontext der Vermögensanrechnung im SGB II werden von der BAGFW positiv bewertet, da dadurch langjährig bewohnte Wohnungen im Idealfall auch während des Leistungsbezugs erhalten bleiben können.

Zu kritisieren ist aus Sicht der BAGFW hingegen die mangelnde Harmonisierung zwischen den Regelungen im SGB II und XII, welche als ausdrückliches Ziel im Gesetzentwurf genannt wird. Folgerichtig sollten daher noch die Freibeträge für Barbeträge und sonstige Geldwerte im SGB XII auf 15.000 Euro angehoben werden sowie die Angemessenheit für das Kraftfahrzeug zumindest ebenso vermutet werden wie im SGB II.

Ebenfalls nicht nachvollziehbar ist, warum im SGB II zukünftig ein Vermögensfreibetrag von 15.000 Euro pro Person gilt, im SGB XII aber nur von 10.000 Euro.

Die Karenzzeit soll auch für diejenigen gelten, die bereits Leistungen bekommen, da Zeiten des Leistungsbezuges bis zum 31.12.2022 unberücksichtigt bleiben sollen. Unklar ist aber, ob Langzeitleistungsbeziehende, die bereits in einem rechtskräftigen Kostensenkungsverfahren sind, weiterhin ihre Kosten senken bzw. einen Teil ihrer Miete aus ihrem Regelsatz bezahlen müssen. Hier bedarf es einer Klarstellung des Gesetzgebers.

Übergang in Altersrente (§ 12a SGB II-E); Sonderregelung für Ältere (§ 53a SGB II-E)

Der bisherige Zwang, mit 63 in die vorgezogene Altersrente zu gehen, entfällt befristet bis Ende 2026 und soll evaluiert werden. Ebenso wird die Regelung aufgehoben, nach der Leistungsberechtigte, wenn sie älter als 58 Jahre und länger als 12 Monate im Leistungsbezug sind, nicht mehr als arbeitslos gelten.

Bewertung:
Die BAGFW spricht sich dafür aus, die problematische Praxis der erzwungenen vorzeitigen Inanspruchnahme von Altersrenten im Grundsicherungsbezug, die regelmäßig mit dauerhaften, hohen Abschlägen auf die Rentenansprüche der Betroffenen einhergeht, endgültig abzuschaffen, so wie dies noch im Referentenentwurf vorgesehen war.

Die Regelung gem. § 53a SGB II führt bislang dazu, dass Personen formell nicht als arbeitslos gelten, die mindestens 58 Jahre alt sind und für die Dauer eines Jahres kein Angebot für eine sozialversicherungspflichtige Beschäftigung bekommen haben. Die Wohlfahrtsverbände begrüßen die Streichung dieser Regelung, da sie zu einem faktischen Ausschluss Älterer aus der Arbeitsvermittlung und Arbeitsförderung beigetragen hat. Durch die Änderung der Regelungen wird das wichtige Signal gegeben, dass ältere Menschen weiterhin am Arbeitsmarkt gebraucht werden.

Potenzialanalyse und Kooperationsplan zur Verbesserung der Teilhabe (§ 15 SGB II-E)

§ 15 verbindet zwei wesentliche Instrumente des neu gestalteten Vermittlungsprozesses. Abs. 1 richtet die Potenzialanalyse neu aus und stellt klar, dass diese auch solche Kenntnisse und Kompetenzen erfasst, die über formale Ausbildungsabschlüsse hinausgehen.

Neu eingeführt wird in § 15 Abs. 2 der Kooperationsplan, der wie die vergleichbaren Instrumente Teilhabeplan (SGB IX) und Leistungsabsprache (SGB XII) nach der Gesetzesbegründung nicht rechtlich bindend sein soll. Da dieser Kooperationsplan für sich genommen keine verbindlichen Mitwirkungspflichten enthält und nicht Grundlage für Leistungsminderungen sein kann, soll dieses Instrument den Integrationsprozess entlasten und eine vertrauensvolle Zusammenarbeit auf Augenhöhe ermöglichen. § 15 Abs. 2 beschreibt den Mindestinhalt des Kooperationsplans, den die Beteiligten aber erweitern können.

Bewertung:
Die BAGFW begrüßt die in § 15 SGB II-E deutlich zutage tretende Ausrichtung des Integrationsprozesses auf eine vertrauensvolle Zusammenarbeit zwischen Integrationsfachkräften und Leistungsberechtigten und die Umsetzung der wissenschaftlich belegten Bedenken gegen die bisherigen Verfahrensweisen. Das bisher verpflichtende Instrument der Eingliederungsvereinbarung abzulösen ist sinnvoll, weil es aus Sicht der Leistungsberechtigten häufig einen formal-sanktionierenden Charakter innehatte und weniger der vertrauensvollen beidseitigen Zusammenarbeit bei der Eingliederung diente. Die Jobcenter haben nach Hinweisen des Bundesrechnungshofs und des Instituts für Arbeitsmarkt- und Berufsforschung ebenfalls Schwierigkeiten, das Instrument zielführend einzusetzen.

Es ist es überfällig, in der Potenzialanalyse tatsächlich auch die individuellen Stärken der Leistungsberechtigten festzuhalten und damit nicht allein formale Qualifikationen, sondern auch sogenannte „soft skills" einzubeziehen. Abgesehen davon, dass diese Berücksichtigung auch die Perspektiven für mögliche berufliche Optionen erweitert, kann nur so die vom Gesetzgeber eingeforderte Zusammenarbeit auf Augenhöhe gelingen. Nicht zielführend ist es, die Verpflichtung zu diesem Vorgehen nur als Soll-Regelung abzufassen, da dadurch ein Mindest-Standard für die Verfahrensführung für alle Potentialanalysen definiert wird.

Das Vorhaben ist aber nur sinnvoll umsetzbar, wenn einerseits tatsächlich genügend Zeitressourcen sowohl für die Potenzialanalyse und insbesondere für den Kooperationsplan zur Verfügung stehen und andererseits eine adäquate Qualifikation der Integrationsfachkräfte und ihre kontinuierliche Unterstützung durch Qualifizierung, Supervision und Entwicklung spezifischer Handlungsstrategien sichergestellt wird.

Die BAGFW begrüßt es, dass der Entwurf das Ergebnis der Potenzialanalyse nunmehr in der gleichen Weise sichert, wie das im SGB IX und im SGB XII vorgesehen ist. Dies ist sowohl im Hinblick auf die Rechtsform als auch auf die angestrebte Kommunikation zwischen Leistungsberechtigten und Leistungsträger eine angemessene Form. Als gemeinsam abgesprochener Plan schließt diese Dokumentation die erste Stufe des Integrationsprozesses sinnvoll ab.

Fragen an die Unverbindlichkeit des Integrationsprozesses stellen sich allerdings im Kontext mit § 15a SGB II-E, der Bestimmung über die Vertrauenszeit und vor allem deren Ende (siehe dazu nachstehend). Denn auch wenn damit der Kooperationsplan an sich kein Verwaltungshandeln ist, das durchsetzbare Pflichten begründet, zeigt die Begründung zu § 15a Abs. 3 doch, dass auch der Kooperationsplan im Kontext der im Grunde nicht verhandelbaren Mitwirkungspflichten steht und diese konkretisieren soll. Die Grenzen der Unverbindlichkeit macht insofern auch § 15a Abs. 4 SGB-E deutlich. Denn auch diese Stufe des Integrationsprozesses ist keineswegs so unverbindlich und ergebnisoffen, dass ein Nichtzustandekommen des Kooperationsplans folgenlos bleibt. Vielmehr ist auch in diesem Fall vorgesehen, dass die Integrationsfachkraft einseitig und hoheitlich Mitwirkungspflichten festschreibt und bei deren

Nichtbefolgung Rechtsfolgen ankündigt. Ähnlich ist auch die Klarstellung in § 15a SGB II-E zu verstehen, dass anders als Verstöße gegen Mitwirkungspflichten die Nicht-Wahrnehmung von Terminen zur vertrauensvollen Erörterung des Integrationsprozesses, zum Aufstellen und Fortschreiben des Plans auch in der Vertrauenszeit die Konsequenz der Leistungsminderung nach sich ziehen können.

Vor diesem Hintergrund erweist sich der von den §§ 15 bis 15b SGB II-E beschriebene Integrationsprozess insgesamt betrachtet keinesfalls als unverbindlich. Zudem stellt sich die Frage, weshalb § 15 Abs. 2 S. 2 SGB II insofern nur eine Soll-Regelung enthält. Da diese Regelung laut Gesetzesbegründung Ansprüche an die Qualität des Integrationsprozesses aufstellen und die Grundlage für die weiteren Integrationsschritte legen soll, müssen diese Qualitätsanforderungen verbindlich sein. Auch eine solche Verbindlichkeit wäre ein wichtiges Indiz für die Gegenseitigkeit des Vermittlungsprozesses. Denn diese Bindung der Fachkräfte brächte jedenfalls zum Ausdruck, dass der Plan auch Zusagen enthält, an denen sich der Leistungsträger messen und festhalten lässt. So zeigt § 15a Abs. 1 S. 2 SGB II-E, dass in jedem Fall eine entsprechende Kontrolle der Leistungsberechtigten durch die Jobcenter erfolgt.

Nicht nachvollziehbar ist, dass im Gegensatz zu den Verpflichtungen nach § 15 Abs. 2 S. 3 SGB II die Leistungen nicht zwingend in den Plan aufzunehmen sind. Dies steht im Widerspruch zu dem Anspruch des Kooperationsplans, die Absprachen zwischen den Beteiligten zu dokumentieren. Sofern sich die beiden Seiten darauf verständigen, dass eine der in § 15 Abs. 2 S. 3 SGB II genannten Maßnahmen stattfindet, sollte diese auch Aufnahme in den Kooperationsplan finden.

Vertrauenszeit und Kooperationszeit (§ 15a SGB II-E)

Die Vertrauenszeit ist wie der Kooperationsplan Ausdruck der veränderten Haltung und Zusammenarbeit mit den Leistungsberechtigten und beginnt mit Erstellung der Kooperationsvereinbarung. Sie endet nach sechs Monaten. Zuweisungen und Anordnungen erfolgen in dieser Zeit ohne Rechtsfolgenbelehrung, Maßnahmeabbrüche oder die Nichteinhaltung von Eigenbemühungen bleiben frei von Leistungsminderungen. Meldeversäumnisse können jedoch auch in der Vertrauenszeit eine Leistungsminderung nach sich ziehen. Ein erstmaliges Meldeversäumnis in der Vertrauenszeit bleibt jedoch ohne Rechtsfolgen.

Mit Ende der Vertrauenszeit bzw. ihrem Nichtzustandekommen beginnt gem. § 15 Abs. 2 Satz 1 SGB II die Kooperationszeit, während der Zuweisungen in Maßnahmen sowie Vereinbarungen zu Eigenbemühungen ebenfalls grundsätzlich ohne Rechtsfolgenbelehrungen erfolgen. Erfolgt in dieser Zeit eine Pflichtverletzung, setzt die Integrationsfachkraft verbindlich und mit Rechtsfolgenbelehrung die Pflichten fest und der auf Augenhöhe begonnene Vermittlungsprozess geht in ein obrigkeitliches Über- und Unterordnungsverhältnis über, in der die Integrationsfachkraft dann auch hoheitlich handelt. Nach einer "Wohlverhaltensphase" von 12 Monaten kann die Kooperationszeit erneut ohne Rechtsfolgenbelehrung fortgeführt werden.

IV. Stellungnahmen

Bewertung:
Die BAGFW begrüßt das im Entwurf offenkundig sichtbare Bemühen, das bereits in §§ 15, 15a SGB II-E angelegte Verhältnis zwischen Integrationsfachkräften und den Leistungsberechtigten auf eine Grundlage von Gegenseitigkeit zu stellen. Dem dient auch die Grundaussage des § 15a SGB II-E, dass diese Zusammenarbeit von Vertrauen geprägt sein soll. Insofern trägt es sicherlich zur konstruktiven Gestaltung des Vermittlungsprozesses bei, dass das Jobcenter die Zuweisung zu Maßnahmen grundsätzlich zunächst als Umsetzung des Plans und gemeinsamer Vereinbarungen und nicht als einseitig hoheitliche Anordnung ausspricht.

Grundsätzlich begrüßen wir deshalb sowohl die in § 15a Abs. 2 garantierte sechsmonatige Vertrauenszeit zu Beginn eines jeden (auch i.S.v. Abs. 2 S. 3 neuen) Vermittlungsprozesses als auch die in Abs. 3 vorgesehene Möglichkeit, mit einem Einhalten festgelegter Mitwirkungspflichten über einen gewissen Zeitraum eine zwischenzeitlich gestörte Kooperationszeit wieder ohne Rechtsfolgenbelehrungen fortführen zu können – 12 Monate sind allerdings aus Sicht der BAGFW ein unverhältnismäßig langer Zeitraum. Dies ermöglicht es den Beteiligten, nach einer Störung ohne eine negative Rechtsfolge (Leistungsminderung) zum vertrauensvollen Eingliederungsprozess zurückzukehren. Ein solches Zeichen ist für die Leistungsberechtigten ein wichtiges Signal und Anreiz zur Einhaltung des Vereinbarten. Positiv ist zudem, dass nach einer mehr als sechsmonatigen Unterbrechung des Leistungsbezugs auch die halbjährige Vertrauenszeit erneut zum Tragen kommen kann. Festzuhalten bleibt aber auch, dass der in §§ 15, 15a SGB II-E geschilderte Prozess sich nicht auf Anhieb erschließt und diese Kompliziertheit durchaus im Widerspruch zum eigentlichen Ansinnen des Gesetzes steht, nämlich eine Beziehung auf Augenhöhe zwischen Leistungsberechtigten und Jobcenter-Mitarbeitenden herzustellen.

Das im Gesetz oft betonte Vertrauen steht deutlich unter dem Vorbehalt einer pflichtbewussten Mitwirkung der Leistungsberechtigten. So soll laut Gesetzesbegründung während der Vertrauenszeit wie auch der Kooperationszeit eine regelmäßige Überprüfung der im Kooperationsplan festgehaltenen Aktivitäten erfolgen. Nach Einschätzung der BAGFW wird mithin viel davon abhängen, dass und wie die Integrationsfachkräfte ihrerseits auf die Störung der Kooperationsplanumsetzung reagieren. Insofern ist der Verweis in der Begründung auf § 39 Nr. 1 Abs. 2 SGB II widersprüchlich. Hier müsste eher auch in § 15a Abs. 3 eine Verbindung zum Procedere nach § 31a Abs. 2 S. 1 SGB II erfolgen, um so sicherzustellen, dass die Leistungsberechtigten tatsächlich die Möglichkeit bekommen, vorliegende Gründe in einer für sie geeigneten Form schriftlich oder aber auch mündlich im Gespräch darzulegen und so eine Chance zum Aufrechterhalten der Vertrauenszeit zu erhalten. Dies erscheint zwingend notwendig, um den Anspruch einzulösen, dass das Verfahren der Kooperationsplanumsetzung von Vertrauen geprägt ist.

§ 15a Abs. 3 SGB II-E bewirkt damit zunächst, dass unbegründete Störungen des Kooperationsplans nicht unmittelbar zu einer Leistungsminderung nach § 31a SGB II-E, sondern zunächst zu einer hoheitlichen Anordnung von Pflichten führen. Erst deren Verletzung und damit die wiederholte Störung des Vermittlungsprozesses kön-

BAGFW-Stellungnahme
zum Gesetzentwurf eines Zwölften Gesetzes zur Änderung des Zweiten Buches Sozialgesetzbuch und anderer Gesetze – Einführung eines Bürgergeldes (Bürgergeld-Gesetz)

IV. Stellungnahmen

nen zur Leistungsminderung führen. Auch wenn ein solches Verfahren den Leistungsberechtigten eine zweite Chance eröffnet, am Vermittlungsprozess mitzuwirken und das von ihnen Erwartete zu tun, macht der Entwurf deutlich, dass § 15 Abs. 2 SGB II-E und § 15 Abs. 1 SGB II-E Ausschnitte eines größeren Bildes sind, das von Erwartungen und deren Durchsetzung geprägt ist. Vor diesem Hintergrund löst der Terminus „Vertrauenszeit" die Vorstellungen nicht wirklich ein, die mit dem Topos „Vertrauen" verbunden sind.

Auffällig sind insoweit auch die Ausnahmen von diesem Vertrauensgrundsatz: er gilt bei Meldeversäumnissen nur eingeschränkt und für die Anordnung von Integrationskursen oder Kursen der berufsbezogenen Deutschsprachförderung gar nicht. Beide Vorgaben sollen vielmehr den gesamten Prozess und die Integration in das Arbeitsleben garantieren bzw. fördern und stehen damit außerhalb der Grundidee einer ausgehandelten Kooperation und eines Miteinanders, das auf die Leistungsberechtigten zugeht und diesen Raum lässt, sich auf den Vermittlungs-Prozess einzustellen. Ein weiteres starkes Indiz für die hohe Verbindlichkeit gerade der frühen Phase des Vermittlungsprozesses ist, dass sich die Leistungsberechtigten das Vertrauen nach § 15a Abs. 1 SGB II-E durch Mitwirkung bei der Aufstellung eines Kooperationsplans verdienen müssen: kommt dieser nicht zustande oder scheitert sein Fortschreiben nach § 15 Abs. 3 SGB II-E, kommt es gar nicht zum Beginn der Vertrauenszeit, sondern das Jobcenter setzt einseitig verbindliche Mitwirkungspflichten fest.

Hier stellt sich zudem die Frage, wie die Integrationsfachkraft die festgelegten Mitwirkungspflichten definiert. Die Erläuterungen der Begründung erscheinen hier nicht überzeugend. Der Hinweis, dass die vorzugebenden Mitwirkungspflichten „eng an den Zielen des Gesetzes und den Inhalten des Kooperationsplans auszurichten" sind, wirft die Frage auf, ob es zwischen dem in dem Kooperationsplan Vereinbarten und den nach Abs. 3 S. 1 festgelegten Pflichten tatsächlich inhaltliche Abweichungen gegeben hat. Auch um das Vorgehen für die Leistungsberechtigten nachvollziehbar zu machen, kann es bei dem Verfahrensschritt nach § 15a Abs. 3 S. 1 nur darum gehen, den Vereinbarungen aus dem Kooperationsplan künftig Verbindlichkeit zu verleihen, nicht darum, neue oder andere Pflichten festzulegen. So bestätigt die Gesetzesbegründung, dass "eine Aufforderung nach § 15a Abs. 3 Satz 1 den Inhalten des Kooperationsplans nicht widersprechen" darf.

In der Tat stellt sich die Frage, welche sanktionsbewehrte Vermittlungsmaßnahme gerade im Verlauf eines langen Prozesses für Menschen mit unterschiedlichen Vermittlungshindernissen überhaupt sinnvoll und angemessen sind. Es wäre sehr zu begrüßen, wenn das Verfahren nach den §§ 15 und 15a SGB II-E offen wäre für ein Hinterfragen von Maßnahmen und deren verbindlicher Fest- und Durchsetzung. Im Gesamtduktus der Begründung zu §§ 15 und 15a SGB II-E hingegen verwundert dieser Hinweis.

Angesichts dieser Grenzen erinnern wir an die vielfach belegten Erfahrungen, dass festgestellte und sanktionierte Regelverstöße in vielen Fällen auf Überforderung der Betroffenen und nur in einem vergleichsweise geringeren Umfang tatsächlich auf mangelnde Kooperationsbereitschaft der Sanktionierten zurückzuführen sind. Vor diesem Hintergrund ist zu erwarten, dass der von §§ 15 bis 15b SGB II-E gestaltete Prozess in erster Linie diejenigen entlastet und fördert, die von sich aus den Vermittlungsprozess zielstrebig angehen und umsetzen. Hingegen ist zu befürchten, dass diejenigen, die bereits im gegenwärtigen Verfahren Schwierigkeiten mit der Umsetzung der Eingliederungsvereinbarung haben, auch im Rahmen des künftigen Prozesses Gefahr laufen, das ihnen gewährte Vertrauen entzogen oder gar nicht erst zugesprochen zu bekommen.

Der Unterschied zwischen unverbindlichen Absprachen während der Vertrauenszeit und rechtsverbindlichen Pflichten nach deren Ende ist damit künstlich. Das Konzept der Vertrauenszeit bestätigt eher die Bedeutung der Mitwirkungspflichten und unterstreicht, dass das Vertrauen gegenüber den Leistungsberechtigten tatsächlich nur insoweit besteht, als diese sich regelkonform verhalten. Denn auch der Kooperationsplan ist nicht wirklich unverbindlich. Seine Störung hat die Konsequenz, dass im Falle seiner Störung ohne wichtigen Grund an die Stelle einvernehmlicher Absprachen hoheitliche Vorgaben und Pflichten treten. Tatsächlich ist er allerdings auch schon vorher insoweit verbindlich, als die Leistungsberechtigten mit ihrem absprachekonformen Verhalten dessen Maßgeblichkeit bestätigen.

Ein effektives Vertrauen käme den Leistungsberechtigten hingegen zugute, wenn ein Verstoß gegen den Kooperationsplan in der Vertrauenszeit dazu führt, dass die Leistungsberechtigten innerhalb der Vertrauenszeit eine zweite Chance zur Erfüllung des Plans bekommen. Dies könnte tatsächlich zu einer Verbesserung des Verhältnisses zwischen dem Leistungsberechtigten und dem Leistungsträger führen und den Vermittlungsprozess auf eine Vertrauensgrundlage stellen. Die BAGFW kritisiert jedoch, dass der Zeitraum, in dem sich die Leistungsberechtigten ohne Sanktionen wieder bewähren müssen, von ursprünglich drei auf nun zwölf Monate ausgeweitet wurde.

Sehr zu begrüßen ist die Kostenübernahme im Zusammenhang mit Mitwirkungspflichten (etwa Fahrt- oder Bewerbungskosten). Dies folgt bereits aus dem existenzsichernden Charakter des SGB II und gilt unabhängig davon, dass der Kooperationsplan einen rechtlich unverbindlichen Fahrplan darstellt. Wichtig ist freilich, dass eine solche Kostenübernahme auch für parallele Erwartungen und Vereinbarungen im Rahmen des Kooperationsplans vorgesehen ist.

Schlichtungsverfahren (§ 15b SGB II-E)

§ 15b SGB II-E sieht vor, dass sowohl die Leistungsberechtigten als auch die Leistungsträger zur Klärung von Meinungsverschiedenheiten ein Schlichtungsverfahren verlangen kann. Schlichter:in soll eine Person sein, die bislang in das Verfahren noch nicht einbezogen war. Ziel des Verfahrens ist es, innerhalb von maximal vier Wochen einen gemeinsamen Lösungsvorschlag für die Meinungsverschiedenheit zu erarbeiten. Während dieses Verfahrens bleibt die Vertrauenszeit erhalten, so dass beide Seiten die Möglichkeit haben, mit Unterstützung eines oder einer bisher unbeteiligten dritten Person Probleme zu lösen und negative Folgen zu vermeiden.

Die Einzelheiten des Schlichtungsverfahrens regelt der Entwurf nicht, sondern überlässt dessen Gestaltung den aus Vertreter:innen der Agentur für Arbeit und des kommunalen Trägers zusammengesetzten regionalen Trägerversammlungen.

Bewertung:
Die BAGFW begrüßt ausdrücklich die mit dem Schlichtungsverfahren ermöglichte Beilegung von Meinungsverschiedenheiten. Viele Sanktionsverfahren in der Vergangenheit hätten sich auf einem solchen Wege vermeiden lassen. Stattdessen brachten oft erst die mit erheblichen Verfahrenshürden verbundenen Widerspruchsverfahren und die Einschaltung von Dritten die Aufklärung und Bereinigung von vermeidbaren Konflikten. Gemessen an den Hürden, die für das Widerspruchsverfahren und die Absicherung des status quo während des Widerspruchsverfahrens gelten, ist ausdrücklich zu begrüßen, dass das Verlangen eines Schlichtungsverfahrens für den Bestand einer Vertrauenszeit unschädlich ist.

Wünschenswert wäre es, die Anrufung der Schlichtungsstelle nicht nur bei der Er- oder Bearbeitung, sondern auch bei der Umsetzung des Kooperationsplans anrufen zu können. Gerade im Hinblick auf die Möglichkeiten, die Vertrauenszeit zu erhalten und Konflikte z.B. über wichtige Gründe niedrigschwellig beizulegen, ist das Verfahren des § 15b SGB II-E für den gesamten Vermittlungsprozess zu eröffnen.

Vor diesem Hintergrund bietet § 15b SGB II-E grundsätzlich die Chance zu einem niedrigschwelligen Verfahren. Allerdings hängt eine solche Gestaltung zu sehr von den regionalen Trägerversammlungen ab. Das wiederum birgt die erhebliche Gefahr, dass sich hier ein Flickenteppich möglicher Verfahren bildet. Auch wenn es sinnvoll ist, auf regionale Besonderheiten Rücksicht zu nehmen, ist der Bundesgesetzgeber gehalten, die wesentlichen Vorgaben im SGB II verbindlich zu regeln, um allen Leistungsberechtigten den Zugang zu diesem für das Gelingen des Vermittlungsprozesses essentiellen Gestaltungsinstrument, verlässlich zu gewährleisten. Zudem besteht bei einer so weitreichenden Verweisung die Gefahr, dass Schlichtungsverfahren mangels getroffener Verfahrensregelungen nicht stattfinden können. Es handelt sich bei dem Schlichtungsverfahren nicht allein um Fragen des „Verwaltungsablaufs und der Organisation", sondern um ein Verfahren, das wesentliche Belange der Leistungsberechtigten sichern soll.

Bedenken haben wir auch gegen die Möglichkeit, das Schlichtungsverfahren internen Angehörigen der Dienststelle zu überlassen. Die letzten Monate waren geprägt durch eine deutlich eingeschränkte Erreichbarkeit der Dienststellen und die erhebliche Inanspruchnahme der Mitarbeitenden. Vor diesem Hintergrund erscheint es unrealistisch, dass die Dienststellen es schaffen werden, die Schlichtungsverfahren in der vorgegebenen Zeit zu einem erfolgreichen Ende zu bringen. Vor allem aber stellt sich die Frage nach der Unabhängigkeit und Unvoreingenommenheit der Schlichtungsperson. Dies ist aber eine wesentliche Voraussetzung dafür, dass die Leistungsberechtigten Vertrauen in das Verfahren entwickeln und sich darauf einlassen können. Insofern liegt der Vergleich namentlich mit den Ombudsstellen nach § 9a SGB VIII an.

IV. Stellungnahmen

Das vorgesehene Schlichtungsverfahren hat das Potential dazu, gute Konfliktlösungen im Zusammenhang mit dem Kooperationsplan hervorzubringen, vor allem, wenn unbeteiligte externe Personen zur Schlichtung herangezogen werden. Das setzt aber - wie am Beispiel der bereits tätigen Ombudsstellen zu sehen ist - voraus, dass es eine tatkräftige Mitarbeit von Ehrenamtlichen oder von Fachkräften freigemeinnütziger Beratungsstellen gibt. Die zusätzlich entstehenden Aufwendungen bei Beratungsstellen sind entsprechend zu vergüten.

Vor diesem Hintergrund fordert die BAGFW, § 15b Abs. 1 wie folgt abzuändern:
Satz 1 wird wie folgt gefasst:

„Ist die Erstellung, die Durchführung, ~~oder~~ die Fortschreibung oder die Umsetzung eines Kooperationsplans aufgrund von Meinungsverschiedenheiten zwischen Agentur für Arbeit oder kommunalem Träger und leistungsberechtigter Person nicht möglich, so kann auf Verlangen einer oder beider Seiten ein Schlichtungsverfahren eingeleitet werden. Die Agentur für Arbeit schafft im Einvernehmen mit dem kommunalen Träger die Voraussetzungen für einen Schlichtungsmechanismus unter Hinzuziehung einer bisher unbeteiligten Person ~~innerhalb oder~~ außerhalb der Dienststelle. Das nähere Verfahren entsprechend § 44c Abs. 2 S. 2 Nummer 2 legt die Trägerversammlung fest."

Teilhabe am Arbeitsmarkt (§ 16i SGB II-E) und Teilhabechancengesetz (§ 81 SGB II-E)

Beim Förderinstrument „Teilhabe am Arbeitsmarkt" wird zum einen aus Gründen der Rechtsförmigkeit auf die Normen des Mindestlohngesetzes zur Bestimmung der Förderhöhe verwiesen - eine inhaltliche Änderung ist damit nicht verbunden. Zum anderen wird das bislang bis zum 31.12.2024 befristete Förderinstrument entfristet. Ausweislich des vorliegenden Gesetzentwurfs soll die Weiterentwicklung des Instruments auf der Grundlage der abschließenden wissenschaftlichen Evaluationen des IAB in einem weiteren Bürgergeld-Gesetz geregelt werden und im Jahr 2024 in Kraft treten.

Bewertung:
Mit der Entfristung wird anerkannt, dass ein Sozialer Arbeitsmarkt, der soziale Teilhabe durch sozialversicherungspflichtige Beschäftigung ermöglicht, auch zukünftig im SGB II ein wirksames Instrument vorhanden ist. Das ist zunächst ein wichtiges und richtiges Signal. Eine gesetzliche inhaltliche Weiterentwicklung des Instrumentes steht laut Koalitionsvertrag noch aus. Die BAGFW hat dazu Vorschläge vorgelegt, die unmittelbar umgesetzt werden sollten und keinen Aufschub bis 2024 rechtfertigen. Nach den Finanzdaten sind mittelfristig lediglich 40.000 Förderfälle im Sozialen Arbeitsmarkt vorgesehen. Das bedeutet eine Fortschreibung der bestehenden Förderkapazitäten, nicht aber eine Ausweitung des Angebots. Die BAGFW plädiert für eine Ausweitung dieser sinnvollen Förderung und bedarfsgerechten Mittelausstattung, die eine Weiterentwicklung des Passiv-Aktiv-Transfers miteinschließt.

Bürgergeldbonus (§ 16j SGB II-E)

Leistungsberechtigte erhalten monatlich 75 Euro für die Teilnahme an einer durch das Jobcenter in der Vertrauenszeit oder in der Kooperationszeit vorgeschlagenen Maßnahme der beruflichen Weiterbildung von mindestens acht Wochen, einer Berufsvorbereitenden Bildungsmaßnahme, Einstiegsqualifizierung, Maßnahme in der Vorphase der Assistierten Ausbildung oder einer Maßnahme zur Förderung schwer zu erreichender junger Menschen. Den Bürgergeldbonus erhalten auch erwerbsfähige Leistungsberechtigte, bei denen eine solche Maßnahme im Teilhabeplan des Rehabilitationsträgers enthalten ist. Um Doppelförderungen zu vermeiden, sind Leistungsberechtigte ausgeschlossen, die ein monatliches Weiterbildungsgeld (nach § 87a SGB III) von 150 Euro erhalten.

Bewertung:
Die Einführung eines Bürgergeldbonus wird von der BAGFW begrüßt. Menschen, die an einer arbeitsmarktpolitischen Maßnahme teilnehmen (insbesondere in Vollzeit), können i.d.R. keinen Zuverdienst erwirtschaften. Insofern setzt der Bürgergeldbonus einen finanziellen Anreiz für die Teilnahme an Aus- und Weiterbildung.

Sinnvoll wäre es, die Anreizwirkung auch für junge Menschen zu schaffen, die nicht leistungsberechtigt im SGB II sind, sondern über das SGB III an einer als für eine nachhaltige Eingliederung in den Arbeitsmarkt von besonderer Notwendigkeit bewerteten Berufsvorbereitenden Bildungsmaßnahme, Einstiegsqualifizierung oder Maßnahme in der Vorphase der Assistierten Ausbildung teilnehmen.

Bei der Einstiegsqualifizierung wird der Bürgergeldbonus von der BAGFW als sinnvoll erachtet, sofern er zusätzlich zur Praktikumsvergütung erfolgt bzw. keine Schlechterstellung beinhaltet.

Ganzheitliche Betreuung (§ 16k SGB II-E)

Mit dem neuen Regelinstrument soll erwerbsfähigen Leistungsberechtigten eine ganzheitliche Betreuung (auch Coaching genannt) angeboten werden können. Ziel ist der grundlegende Aufbau und die Stabilisierung der Beschäftigungsfähigkeit. Dabei wird an allen Problemlagen gearbeitet, die dem Ziel im Wege stehen, insofern soll der Coach auch über Leistungen Dritter beraten und auf eine Inanspruchnahme hinwirken. Das Angebot ist freiwillig, Leistungsberechtigte können nicht zur Teilnahme verpflichtet werden. Die Beratungs- und Interventionsformen sollen sich aus dem individuellen Bedarf ergeben, in der Begründung wird die Möglichkeit, das Coaching im Lebensumfeld des Coaches durchzuführen, ausdrücklich erwähnt.

Das Coaching kann durch jobcentereigenes Personal durchgeführt werden oder durch vom Jobcenter beauftragte Dritte (Auftragsvergabe).

Bewertung:
Die Einführung eines Regelinstrumentes zur ganzheitlichen Betreuung (Coaching), das auf die individuellen Bedarfe ausgerichtet sein soll, wird von der BAGFW grund-

IV. Stellungnahmen

sätzlich begrüßt. Ausgehend von vielfältigen Bedarfen im SGB II ist es für Leistungsberechtigte sinnvoll, wenn die Möglichkeit besteht, ein arbeitsweltbezogenes Coaching auch ganz unabhängig von einer anderweitigen Maßnahmenteilnahme zu erhalten. Ebenso wird begrüßt, dass Leistungen nach § 16k auch für erwerbsfähige Leistungsberechtigte erbracht werden, für die ein Rehabilitationsträger i.S. des § 6 SGB IX zuständig ist.

Vor dem Hintergrund des Sachverhalts, dass Personen mit komplexen Problemlagen auf ein komplexes Leistungssystem treffen, ist es wichtig, dass das Coaching, wie in der Gesetzesbegründung ausgeführt, Aufgaben der Leistungserschließung mit den erwerbsfähigen Leistungsberechtigten wahrnehmen und Verweisberatung durchführen soll. Insofern ist beim Coaching im SGB II darauf zu achten, dass es sich dabei um ein arbeitsweltbezogenes Coaching handelt und Hilfestellungen in anderen Bereichen durch die darauf spezialisierten und dafür qualifizierten Dienste erfolgen – Ziel wäre ein Zusammenwirken Hand in Hand mit und im Sinne der Leistungsberechtigten.

Damit das Coaching tatsächlich an den individuellen Bedarfen ausgerichtet umgesetzt werden kann, muss eine hohe Qualität des Coachings gesichert werden. Coaches sollten unbedingt eine sozialpädagogische oder sozialarbeiterische Ausbildung haben, regelmäßig Qualifizierungen durchlaufen müssen sowie Kenntnisse im systemischen Coaching und entsprechendem Methodenkoffer vorweisen.

Zentrales Kriterium für ein wirksames Coaching ist Freiwilligkeit und die Möglichkeit der Leistungsberechtigten, sich den Coach selbst auszusuchen, mit dem sie in der Folge ein Vertrauensverhältnis und Arbeitsbündnis aufbauen können sollen (Wunsch- und Wahlrecht). Das schließt auch die Wahl ein, von welcher Organisation der Coach kommen soll und auch den jeweiligen Coach wechseln zu können, wenn die Zusammenarbeit sich nicht länger fortsetzen lässt.

Ein wirksames Coaching basiert auf bestimmten professionell begründeten Grundregeln und einem bestimmten Selbstverständnis der Coaches. Dazu gehört u.a. das Wissen um psychosoziale, sozioökonomische und rechtliche Rahmenbedingungen, das Beherrschen von Fertigkeiten der Kontaktaufnahme, der Kontaktentwicklung und des Beziehungsaufbaus sowie eine Haltung der Unvoreingenommenheit, der Kultursensibilität und des Respekts vor den Lebenswelten der Zielgruppen – insgesamt braucht es einen verständigungsorientierten Dialog. Der rechtliche Rahmen muss so offen formuliert sein, dass die Hilfe passgenau für den Einzelfall zugeschnitten werden kann. Formalisierte Handlungsabläufe einer Quantifizierung und Standardisierung sind in diesem Kontext kontraproduktiv.

Im Unterschied dazu ist das Jobcenter ein Leistungsträger, der auf Basis von Gesetzen über die Gewährung von Sozialleistungen entscheidet und höchst formalisiert arbeitet. Diese unterschiedlichen Rollen haben jeweils ihre Berechtigung. Sie können und dürfen nicht vermischt werden. Jobcenter-Mitarbeitende sind und werden nicht zu Sozialarbeiter:innen, indem sie Leistungsberechtigen als Coach zur Seite gestellt werden oder im Quartier eine Sprechstunde anbieten. Sie sind und bleiben Mitarbeitende einer Behörde, die formalisiert und standardisiert arbeitet.

Die BAGFW hält es deshalb für geboten, Dritte in die Erbringung des Coachings einzubeziehen und diesen die Leistungen zu übertragen. Das in § 16k vorgesehene Verfahren der Auftragsvergabe an Dritte ist jedoch ungeeignet, um die Auswahl von hinreichend qualitätsvollen Leistungen sicherzustellen. Stattdessen sollte die Möglichkeit bestehen, das Coaching von Dritten über Zuwendungen erbringen zu lassen. Damit würde der Gesetzgeber auf die Vorgabe einer „Einheitslösung", wie das Coaching durch Dritte erbracht werden soll, verzichten und dezentrale Entscheidungskompetenzen stärken – so wie er das in § 15b SGB II-E Schlichtungsverfahren argumentiert.

Die BAGFW erlaubt sich den grundsätzlichen Hinweis, dass das Verfahren der Auftragsvergabe sich gerade bei der Beschaffung von sozialen Dienstleistungen nach wie vor als kritisch erweist. Immer wieder kommt es in solchen Verfahren zu Problemen mit der Qualität, wie es etwa die Jobcenter bei den Vergabeverfahren zur Umsetzung des Teilhabechancengesetzes zurückgemeldet haben (IAB-Forschungsbericht 3/2021, S. 47). Obwohl es bei der übrigen Beschaffung längst üblich ist, auf Nachhaltigkeit zu achten und auch in eine differenzierte Verfahrensgestaltung das Knowhow der Bieter einzubeziehen, kommt all dies bei der Beschaffung sozialer Dienstleistungen nicht hinreichend zum Tragen. Wegen der vorrangigen Ausrichtung auf Warenlieferungen kommen auch die Regelungen der AVV-Klima kaum zum Tragen, so dass auch die Bemühungen der Anbieter um ökologisch und sozial nachhaltige Arbeit kaum Eingang in die Preiskalkulation finden können. De facto setzt sich vielmehr auch bei den Beschaffungen der Bundesagentur nach wie vor der Anbieter mit dem billigsten Preis durch. Das stellt vor allem gemeinnützige Träger vor Herausforderungen, die dem Kostendruck allein durch ihre Tarifbindung und den damit verbundenen höheren Kosten gegenüber gewerblichen Anbietern häufig nicht standhalten können. Die Vergabebedingungen der Bundesagentur für Arbeit sind zuletzt so ausgestaltet worden, dass Maßnahmenträger sogar in die Vorfinanzierung gehen müssen, teilweise bis zu 14 Monate. Gemeinnützige Träger haben und dürfen oftmals nicht die notwendigen Rücklagen dafür aufbauen.

Die BAGFW spricht sich vor diesem Hintergrund dafür aus, eine allgemeine Regelung im SGB I zu etablieren, die die Auftragsvergabe als mögliches Vertragsmodell zur Sicherstellung von sozialen Dienstleistungen umfassend ausschließt. Mit einem solchen Ausschluss würde eine sachgemäße, mit den Wertungen des Sozialrechts übereinstimmende Leistungserbringung sichergestellt.

Die Inhouse-Maßnahme ist qua Gesetz keinesfalls als Regelmodell der Leistungserbringung vorgesehen, sondern nur als Sonderfall, der unter bestimmten Bedingungen eintreten kann. Dem sozialstaatlich verankerten Subsidiaritätsgrundsatz folgend, (§ 17 SGB II) gilt ein Vorrang von sogenannten Dritten bei der Leistungserbringung und ein Zurückhaltungsgebot auf Seiten der Agentur für Arbeit bzw. des kommunalen Trägers (der an die Stelle der Arbeitsagentur tritt).[1] Die Bundesagentur für Arbeit

---

[1] Siehe die Gesetzesbegründung zu § 17 SGB II („Einrichtungen und Dienste für Leistungen zur Eingliederung", Gesetzentwurf der Fraktionen SPD und BÜNDNIS 90/DIE GRÜNEN, Entwurf eines Vierten Gesetzes für moderne Dienstleistungen am Arbeitsmarkt, Drucksache 15/1516; siehe auch Prof. Dr. Johannes Münder (Hrsg.) (2011): Sozialgesetzbuch II. Grundsicherung für Arbeitsuchende. Lehr- und Praxiskommentar. Baden-Baden.

BAGFW-Stellungnahme
zum Gesetzentwurf eines Zwölften Gesetzes zur Änderung des Zweiten Buches Sozialgesetzbuch und anderer Gesetze – Einführung eines Bürgergeldes (Bürgergeld-Gesetz)

IV. Stellungnahmen

und die kommunalen Träger sollen von der Schaffung eigener Dienste und Einrichtungen absehen, soweit Dritte sie unter Beachtung der benötigten Leistungsfähigkeit und Flexibilität vorhalten, ausbauen oder in Kürze schaffen können. Das Subsidiaritätsprinzip ist eng mit der sozialstaatlichen Idee eines pluralen Leistungsangebotes verknüpft: den Leistungsberechtigten werden nicht nur eine Alternative zur Leistung aus staatlicher Hand, sondern auch Alternativen unter verschiedenen Leistungserbringern eröffnet.

Zur Wahrung des sozialrechtlich normierten Subsidiaritätsgrundsatzes kommt den Jobcentern nach Einschätzung der Wohlfahrtsverbände die Verpflichtung zu, den potenziellen Markt bei Dritten und ihr Potenzial zur Leistungserbringung zu erkunden, bevor sie sich entscheiden, eigene Inhouse-Maßnahmen umzusetzen. Ein transparentes, der Öffentlichkeit zugängliches Verfahren sollte selbstverständlich sein.

Vor diesem Hintergrund fordert die BAGFW, von der Festschreibung der Auftragsvergabe abzusehen und § 16k wie folgt zu formulieren:

> Zum Aufbau der Beschäftigungsfähigkeit von erwerbsfähigen Leistungsberechtigten kann ~~durch diese beauftragter Dritter~~ eine erforderliche ganzheitliche Betreuung gefördert werden. Auf § 17 Abs. 2 SGB II wird verwiesen. Zuwendungen sind nach Maßgabe der §§ 23 und 44 der Bundeshaushaltsordnung zulässig.

In der Finanzkalkulation wird mit lediglich 10.000 Zugängen im Jahr in die Förderung gerechnet. Das erscheint wenig ambitioniert.

Bedarfe für Unterkunft und Heizung und Karenzzeit (§ 22 SGB II-E; § 35f. SGB XII-E)

Während der ersten zwei Jahre des Leistungsbezuges wird die bisherige Miete in voller Höhe übernommen. Aufforderungen zur Kostensenkung können erst danach erfolgen. Entsprechende Regelungen gelten für selbstgenutztes Wohneigentum.

Bei Leistungsberechtigten nach SGB XII erfolgt im Unterschied zum SGB II jedoch schon bei Antragstellung eine Mitteilung darüber, ob Angemessenheit besteht und nach Ablauf der zwei Jahre eine Kostensenkung ansteht. Dies wird damit begründet, dass bei Leistungsberechtigten nach dem SGB XII eine nur geringe Chance bestünde, den Leistungsbezug wieder zu verlassen.

Verstirbt eine Person aus dem Haushalt, wird die bisherige Miete für 12 Monate weitergezahlt, ohne dass es zu Kostensenkungsaufforderungen kommt.

In der Sozialhilfe nach SGB XII kann der Träger der Sozialhilfe Pauschalen für die Miete festlegen. Dabei sind die tatsächlichen Verhältnisse am örtlichen Wohnungsmarkt, der örtliche Mietspiegel und die familiären Verhältnisse zu berücksichtigen. Mietkautionen und Genossenschaftsanteile werden auch im SGB XII als Darlehen erbracht.

Bei der Prüfung der Angemessenheit von Wohnraum soll es einen Ermessensspielraum geben, so dass es z.b. nicht zu einer Kostensenkungsaufforderung kommen muss, wenn sich schon der Übergang in eine Heimbetreuung abzeichnet oder die Kostenminderung nur gering wäre.

Bewertung:
Die Einführung der Karenzzeit während der ersten zwei Jahre des Leistungsbezuges bedeutet für die Leistungsberechtigten eine wesentliche Verbesserung. So werden etwa Bemühungen um die Aufnahme eines Arbeitsverhältnisses nicht durch Wohnungssuche belastet. Allerdings sind von der Karenzzeit nicht sogenannte „sonstige Unterkünfte" nach § 42a Abs. 2 Nr. 3 SGB XII erfasst, die nicht in einer üblichen Wohnung leben. Diese Ungleichbehandlung ist sachlich nicht gerechtfertigt.

Sinnvoll wäre noch, Zeiträume bis zum Renteneintritt zu definieren, in denen eine verlängerte Karenzzeit gilt. Wenn etwa ein Renteneintritt in drei Jahren absehbar ist und die betroffene Person aufgrund ihrer Rentenansprüche nicht in die Grundsicherung im Alter wechseln wird, ergibt eine zwischenzeitliche Kostensenkung durch Umzug ebenfalls keinen Sinn.

Insgesamt sind die bestehenden Regelungen zur Angemessenheit von Wohnraum vor dem Hintergrund der Situation auf dem Wohnungsmarkt nicht realistisch. Wohnungen, die auf Grundlage der Angemessenheit, die sich weitgehend nach den Mieten im Bestand bemisst, anmietbar wären, sind oft nicht vorhanden. Die in § 22 Abs.1 bestehende Regelung, dass nach einem nicht genehmigten Umzug nur die bisherigen Mietkosten übernommen werden, ignoriert diese Situation völlig. Hier sollte Satz 2 gestrichen werden, nachdem in diesem Fall sowohl bei Miete als auch bei Heizkosten nur der vorherige Bedarf anerkannt wird. Bisher bestand oftmals das Problem, dass die Jobcenter mit der Genehmigung eines Umzuges zeitlich nicht hinterherkamen, im Wohnungsmarkt aber schnelle Entscheidungen nötig sind. Ist nun aus wichtigen Gründen ein Umzug nötig, kann er deswegen oft nicht vollzogen werden oder führt in die Spirale der Nicht-Angemessenheit. Insofern sollte mindestens eine Regelung greifen, nach der auch nachträglich festgestellt werden kann, dass der Umzug genehmigungsfähig war und die im Einzelfall nötigen höheren Kosten übernommen werden. Dies kann z.B. der Fall sein, wenn bisherige Wohnverhältnisse der familiären oder beruflichen Situation nicht mehr gerecht werden oder aus anderen Gründen nicht zumutbar sind. Grundsätzlich fordert die BAGFW den Bundesgesetzgeber dazu auf, bestimmte Vorgaben für ein schlüssiges Konzept im SGB II zu machen, um sicherzustellen, dass angemessener Wohnraum tatsächlich verfügbar ist und Verfahrenssicherheit für alle Beteiligten zu schaffen.[2]

Mietpauschalen in der Sozialhilfe werden von der BAGFW abgelehnt. Gerade Sozialhilfebeziehende haben wenig Perspektiven, den Leistungsbezug zu verlassen oder ergänzende Einnahmen zu erzielen. Damit können sie bei einer zu niedrigen Pauschale entstehende Lücken auch nicht ausgleichen.

---

[2] Siehe Position der BAGFW zur Ermittlung der Kosten für Unterkunft und Heizung im SGB II und XII und weitere Vorschläge, 31.5.2018, https://www.bagfw.de/veroeffentlichungen/stellungnahmen/positionen/detail/position-der-bagfw-zur-ermittlung-angemessener-kosten-der-unterkunft-und-heizung-im-sgb-ii-und-xii-und-weitere-vorschlaege

BAGFW-Stellungnahme
zum Gesetzentwurf eines Zwölften Gesetzes zur Änderung des Zweiten Buches Sozialgesetzbuch und anderer Gesetze – Einführung eines Bürgergeldes (Bürgergeld-Gesetz)

IV. Stellungnahmen

Ebenfalls lehnt die BAGFW die darlehensweise Übernahme von Genossenschaftsanteilen und Kautionen ab. Diese mindert unsachgemäß den Regelsatz. Sinnvoll wäre stattdessen, dass Kautionen und Genossenschaftsanteile als Zuschuss gewährt werden und gleichzeitig eine Rückerstattungsverpflichtung und Abtretungserklärung zwischen Leistungsträger und Leistungsberechtigten vereinbart werden, damit diese Sicherungsleistungen nach Beendigung des Mietverhältnisses direkt an die Leistungsträger zurückgezahlt werden.

Die Erweiterung der Ermessensmöglichkeiten bei einer eventuellen Kostensenkungsaufforderung sind positiv zu werten.

Die Regelung, dass nach dem Tode eines Haushaltsmitglieds eine 12-monatige Karenzzeit gilt, wirkt zunächst beruhigend. Problematisch ist diese Regelung dann, wenn die verbleibende Person betagt und wenig mobil oder von Behinderungen betroffen ist. In diesen Fällen dürfte ein Umzug kaum hilfreich sein und eine Wohnung, die der besonderen Lebenssituation entspricht, kaum zu beschaffen sein. Zwar lässt die Formulierung „mindestens" eine gewisse Offenheit für eine Verlängerung dieser Frist erkennen, die Grundlage von entsprechenden Entscheidungen sollte aber klarer benannt und das Ermessen explizit erweitert werden.

Anwendung von Verfahrensvorschriften - Bagatellgrenze (§ 40 Abs. 1 SGB II-E)

Der neu eingefügte Satz 2 in Abs. 1 sieht vor, dass die Aufhebung eines Leistungsbescheids oder ein Erstattungsverfahren nur stattfinden sollen, wenn die Erstattungsforderungen mindestens 50 Euro betragen und führt damit für diese Verfahren eine Bagatellgrenze ein.

Bewertung:
Die BAGFW begrüßt die Einführung der Bagatellgrenze. Sie regt allerdings an, den Bagatellbetrag auf die Höhe des jährlichen Freibetrags anzuheben.

Auskunftspflichten bei Leistungen zur Eingliederung in Arbeit (§ 61 Abs. 2 SGB II-E)

Die Mitteilungspflichten der Maßnahmeträger gegenüber dem Jobcenter werden erweitert indem sie verpflichtet werden, Fehltage und Gründe für die Fehltage von Maßnahmeteilnehmenden monatlich dem zuständigen Jobcenter mitzuteilen.

Bewertung:
Eine solche Verpflichtung bewertet die BAGFW mit Blick auf eine vertrauensvolle Zusammenarbeit zwischen Träger und Teilnehmendem der Maßnahme als kontraproduktiv, außerdem eine unnötige bürokratische Belastung der Maßnahmeträger.

IV. Stellungnahmen

Artikel 2 – Änderung des Dritten Buches Sozialgesetzbuch

Förderung von Grundkompetenzen (§ 81 Abs. 3a SGB III-E)

Künftig kann der Erwerb von Grundkompetenzen im Rahmen einer Weiterbildung gefördert werden, wenn dadurch die Beschäftigungsfähigkeit verbessert oder eine erfolgreiche berufliche Weiterbildung ermöglicht wird. D.h. die Förderung ist nicht länger an die Absolvierung einer berufsabschlussbezogenen Weiterbildung gekoppelt, die Verknüpfung mit einer Weiterbildung gem. § 81 SGB III bleibt aber bestehen.

Bewertung:
Die Öffnung dieser Fördermöglichkeit wird begrüßt. Die BAGFW tritt dafür ein, dass Leistungsberechtigte im Rechtskreis SGB II stärker als bisher darin gefördert werden, Grundkompetenzen zu erwerben und zu verbessern. Deswegen ist aus Sicht der BAGFW die Einführung eines eigenständigen niedrigschwelligen Instruments zur Förderung von Grundkompetenzen in den Bereichen Lesen, Schreiben, Mathematik und digitaler Informations- und Kommunikationstechnologien, das nicht an eine Weiterbildungsmaßnahme gekoppelt ist, zielführend. Auch erwerbstätige Leistungsberechtigte im ergänzenden SGB II-Leistungsbezug sollen berufsbegleitend Grundkompetenzen erwerben können. Dies ist insbesondere für bildungsentwöhnte Menschen didaktisch sinnvoll. In der Praxis der Freien Wohlfahrtspflege hat es sich bewährt, bildungsferne Menschen mit aufsuchenden Ansätzen freier Träger im Sozialraum anzusprechen und niederschwellig an Grundbildungsangebote heranzuführen.

Berufliche Weiterbildung – Lehrgangskosten (§ 84 Abs. 1 Nummer 1 SGB III-E)

Es wird gesetzlich klargestellt, dass im Rahmen einer Lehrgangskostenerstattung auch die Kosten für eine notwendige sozialpädagogische Begleitung, einschließlich eines Coachings, übernommen werden. Ziel ist der erfolgreiche Abschluss einer Weiterbildung.

Bewertung:
Die BAGFW begrüßt diese Ergänzung. Durch die Möglichkeit, Weiterbildungsangebote mit einer flankierenden sozialpädagogischen Begleitung zu verknüpfen, kann vor allem in schwierigen Phasen und Krisen während einer Weiterbildung Unterstützung geboten und ein Abbruch der Maßnahme vermieden werden.

Um Arbeitslose und gering Qualifizierte stärker in die (berufsabschlussbezogene) Weiterbildung einzubeziehen, hält die BAGFW weitere Maßnahmen für besonders dringlich, die im abschließenden Teil dieser Stellungnahme dargestellt werden.

Weiterbildungsprämie und Weiterbildungsgeld (§ 87a SGB III-E i.V. m. § 16 Abs. 1 S. 2 Nr. 4 SGB II-E)

Teilnehmende an einer berufsabschlussbezogenen Weiterbildung erhalten in beiden Rechtskreisen künftig ein monatliches Weiterbildungsgeld in Höhe von 150 Euro,

IV. Stellungnahmen

wenn sie arbeitslos sind oder als Beschäftigte aufstockende SGB II-Leistungen beziehen. Bestehende Prämienzahlungen für erfolgreich absolvierte Zwischen- und Abschlussprüfungen werden fortgeführt.

Bewertung:
Nach einschlägigen Erkenntnissen aus Praxis und Wissenschaft sind es finanzielle Hemmnisse, die insbesondere SGB II-Leistungsberechtigte aktuell von einer längeren Weiterbildung abhalten. Infolge der Weiterbildung für längere Zeit alleine auf das Arbeitslosengeld II zurückgeworfen zu sein schreckt häufig ab. Diese Problematik lässt sich über eine monatlich gezahlte Geldleistung abmildern. Die BAGFW begrüßt die Einführung des monatlichen Weiterbildungsgeldes daher ausdrücklich. Misslich ist allerdings der Hinweis in der Begründung, dass durch den monatlichen Betrag auch eventuelle Materialkosten oder Kosten für digitale Zugangswege in dem Zusammenhang ausgeglichen sein könnten. Dieses muss an sich gewährleistet sein und nicht als Gegenstand eines Anreizes.

Verbesserung der Schutzwirkung der Arbeitslosenversicherung während einer Weiterbildung (§ 148 SGB III-E)

Menschen, die in der Arbeitslosenversicherung gefördert an einer mindestens sechsmonatigen Weiterbildung teilnehmen, sollen nach deren Ende mindestens Anspruch auf drei Monate Arbeitslosengeld haben (§ 148 SGB III). Die Verbesserung des Arbeitslosenversicherungsschutzes soll ab dem 01. April 2023 greifen.

Bewertung:
Die verbesserte Absicherung ist für Arbeitslose in der Arbeitslosenversicherung zielführend, sollte aber auf sechs Monate verlängert werden, damit mehr Sicherheit für die Jobsuche nach Abschluss einer Fort- und Weiterbildung gegeben ist.

Ergänzende Anforderungen an Maßnahmen der beruflichen Weiterbildung - Verkürzungsgebot bei Förderung der beruflichen Weiterbildung (§ 180 Abs. 4 SGB III-E)

Das bisher bestehende sogenannte Verkürzungsgebot bei der Förderung von berufsabschlussbezogenen Weiterbildungen wird gelockert. Bislang werden berufsabschlussbezogene Weiterbildungen von Arbeitsagenturen und Jobcentern nur gefördert, wenn sie um ein Drittel zur regulären Ausbildungszeit verkürzt sind. Dieses Gebot wird nicht gänzlich abgeschafft, aber für zwei Tatbestände flexibilisiert, sodass die Weiterbildung auch in nicht verkürzter Form gefördert werden kann. Dies gilt zum einen für Personen, bei denen ein erfolgreicher Abschluss der Maßnahme bei einer verkürzten Form nicht zu erwarten ist, zum anderen bei berufsabschlussbezogenen Weiterbildungen, die sich aufgrund bundes- oder landesrechtlicher Ausbildungsregelungen nicht verkürzen lassen.

Bewertung:
Die BAGFW begrüßt ausdrücklich die Lockerung des Verkürzungsgebotes. Die bislang bestehende Regelung zielte auf bildungsaffine Menschen ab, die nach einer ersten Berufsausbildung und einigen Jahren der Berufstätigkeit in kürzerer Zeit zu

einem zweiten Berufsabschluss kommen können. Das bewährt sich aber nicht für wenig bildungsaffine Personen, für die eine dreijährige Umschulungszeit zielführender wäre, weil z.b. zeitliche Spielräume für den Spracherwerb, die Heranführung an Lern- und Arbeitsprozesse und die vertiefende Bearbeitung berufsbezogener Allgemeinbildung nötig sind. Hier sind unverkürzte, ggf. gar längere Lernzeiten – auch in Teilzeit – notwendig.

Es ist sinnvoll, bei der Erwägung über die Förderung neben der Eignung der Person auch die persönlichen Verhältnisse in den Blick zu nehmen. Wichtig ist, dass die betreffende leistungsberechtigte Person stets transparent in den Erwägungsprozess einbezogen ist und ihre Wünsche Berücksichtigung finden.

Überfällig ist die Aufhebung des Verkürzungsgebotes für Berufe, die sich nach bundes- oder landesrechtlichen Ausbildungsregelungen nicht verkürzen lassen. Angesichts der seit Jahren immensen Fachkräftenachfrage insbesondere in sozialen Berufen, und den damit verbundenen guten Aussichten für eine nachhaltige Arbeitsmarktintegration für Fachkräfte ist es erfreulich, dass diese Hürde abgeschafft wird. Insbesondere für die Berufsgruppe der Erzieherinnen und Erzieher besteht damit eine gute Chance, über Hilfskräfte hinaus auch staatlich anerkannte Fachkräfte zu gewinnen.

Weitere Änderungsbedarfe im Bereich der Förderung der beruflichen Weiterbildung

Um Arbeitslose und gering Qualifizierte stärker in die (berufsabschlussbezogene) Weiterbildung einzubeziehen, hält die BAGFW weitere, über den vorliegenden Gesetzentwurf hinausgehende gesetzliche Regelungen und Maßnahmen für notwendig. Nötig sind gerade für diesen Personenkreis neue Bildungsinstrumente. So sollten sie z. B. modular aufgebaut sein und Interessierten die Möglichkeit geben, eine Ausbildung nach Bedarf zu unterbrechen oder zu verlängern, wenn die Lebensumstände dies erfordern und ein sinnvoller Zwischenstand erreicht ist. Weiterbildungsangebote mit überschaubaren Modulen können die Motivation steigern und die Abbruchrate senken.

Darüber hinaus sind differenzierende Konzepte nötig, die die besonderen Voraussetzungen und Anforderungen auch von lernungewohnten Personen, von Menschen mit geringen Bildungsvoraussetzungen oder von Menschen mit Deutsch als Zweitsprache berücksichtigen. Dies erfordert verstärkt Maßnahmen mit besonderen Qualitätsmerkmalen: Kleingruppen, Lernen im Arbeitsprozess, integrierte Lern- und Sprachförderung und begleitende Beratung zu allen Fragen der beruflichen Integration. Die strikte Trennung von Maßnahmen zur Aktivierung und beruflichen Eingliederung sowie die Fort- und Weiterbildungsmaßnahmen hat sich im Hinblick auf die praxisgerechte Ausgestaltung für benachteiligte Zielgruppen nicht bewährt. In der Praxis werden flexiblere Angebote benötigt werden, in denen es z.B. möglich sein muss, berufliche Kenntnisse praxisnah für länger als acht Wochen zu vermitteln (§ 45 SGB III). In den Maßnahmen der Fort- und Weiterbildung muss u.a. mehr Zeit gegeben sein, um sich der Vermittlung von Schlüsselkompetenzen zu widmen. Darüber hinaus sind qualitätsgerechtere und verlässlichere Finanzierungsgrundlagen für die Maßnahmenträger der Fort- und Weiterbildung nötig.

Qualifizierungs- und Weiterbildungsmaßnahmen sollten verstärkt in Teilzeit angeboten und gefördert werden. Eine berufliche Weiterbildung in Vollzeit ist für Menschen mit familiären Betreuungs- oder Pflegeaufgaben, für Erwerbstätige im ergänzenden Leistungsbezug und Erwerbsgeminderte kaum zu leisten. Das Angebot an Teilzeitmaßnahmen ist allerdings sehr gering.

Der Zugang von erwerbsfähigen Leistungsberechtigen im SGB II zu Angeboten der beruflichen Qualifizierung und Weiterbildung ist vielfach über Gutscheine geregelt. Das ist grundsätzlich sinnvoll, weil diese Regelung auf die Autonomie und das Wunsch- und Wahlrecht der Klient:innen abzielt. Träger, die Arbeitsfördermaßnahmen nach dem SGB III oder § 16 SGB II durchführen, benötigen eine Trägerzulassung und eine Maßnahmenzulassung für sog. Gutscheinmaßnahmen, d.h. auch Maßnahmen der beruflichen Weiterbildung, die mittels Gutschein erbracht werden. Nach Einschätzung der BAGFW bietet das System der AZAV notwendige Grundvoraussetzungen zur qualitätsgerechten Leistungserbringung in der Arbeitsmarktförderung, insbesondere durch den Nachweis eines Systems der Sicherung der Qualität (QM-System). Allerdings erfolgt dies in der Praxis unter Inkaufnahme erheblicher, teils unnötiger bürokratischer Belastungen und Doppelprüfungen. Insofern ist die Zielsetzung der AZAV, einen Beitrag zur Verbesserung der Leistungsfähigkeit und Effizenz des Fördersystems in der Arbeitsförderung zu leisten, aus Sicht der BAGFW nicht vollständig erreicht worden. Nach Auffassung der BAGFW muss das System der AZAV verschlankt werden, um bürokratische Belastungen und Ineffizienzen zu reduzieren. Doppel- und Mehrfachprüfungen, die insbesondere zwischen dem Prüfsystem der Fachkundigen Stellen und dem BA-System bestehen und teils sogar zu widersprüchlichen Anforderungen an die Träger führen, müssen abgeschafft werden (siehe auch Positionspapier der BAGFW zur Reform des Verfahrens zur Träger- und Maßnahmenzulassung im System der Akkreditierungs- und Zulassungsverordnung Arbeitsförderung (AZAV)).

Berlin, 28.10.2022

Bundesarbeitsgemeinschaft
der Freien Wohlfahrtspflege e. V.

Dr. Gerhard Timm
Geschäftsführer

Kontakt:
Elena Weber (elena.weber@diakonie.de)

Stellungnahme der Geschäftsstelle des Deutschen Vereins zum Referentenentwurf des Bundesministeriums für Arbeit und Soziales zum Entwurf eines Zwölften Gesetzes zur Änderung des Zweiten Buches Sozialgesetzbuch und anderer Gesetze – Einführung eines Bürgergeldes vom 21. Juli 2022 (Bürgergeld-Gesetz)

Stellungnahme der Geschäftsstelle des Deutschen Vereins (DV 12/22) vom 23. August 2022.

Inhalt

I.	**Vorbemerkung und zusammenfassende Bewertung**	**4**
II.	**Änderungen des SGB II gemäß Art. 1 des Referentenentwurfs**	**4**
	1. Zu Art. 1 Nr. 4 – § 3 SBG II-E – Vermittlungsvorrang	4
	2. Zu Art. 1 Nr. 8 – § 7b SGB II-E – Erreichbarkeit	5
	3. Zu Art. 1 Nr. 9 – § 11 SGB II-E – Einkommen	5
	4. Zu Art. 1 Nr. 10b – § 11a Nr. 5 SGB II-E – Aufwandsentschädigungen für Ehrenamtliche Tätigkeiten	6
	5. Zu Art. 1 Nr. 10b – § 11a Nr. 6 SGB II-E – Mutterschaftsgeld	6
	6. Zu Art. 1 Nr. 10c – § 11a Nr. 7 SGB II-E – Einkommen von Schülern/Schülerinnen	6
	7. Zu Art. 1 Nr. 11 – § 11b Abs. 2b SGB II-E – Freibetrag Auszubildende/Studierende/Schülerinnen und Schüler	7
	8. Zu Art. 1 Nr.12 – § 12 SGB II-E – Vermögen	7
	9. Zu Art. 1 Nr. 13 – § 12a Nr. 1 SGB II-E – Vorzeitiger Renteneintritt	8
	10. Zu Art. 1 Nr. 16 – § 15 SGB II-E – Kooperationsplan	8
	11. Zu Art. 1 Nr. 21 – § 16i SGB II sowie Nr. 48 Aufhebung von § 81 SGB II – Sozialer Arbeitsmarkt	9
	12. Zu Art. 1 Nr. 22 – § 16j SGB II-E – Bürgergeldbonus	10
	13. Zu Art. 1 Nr. 22 § 16k SGB II-E – Ganzheitliche Betreuung	10
	14. Zu Art. 1 Nr. 25a aa) – § 22 Abs. 1 SGB II-E – Karenzzeit Kosten der Unterkunft	11
	15. Zu Art. 1 Nr. 25a cc) – § 22 Abs. 1 Satz 7 SGB II-E	12
	16. Zu Art. 1 Nr. 33 – § 31a SGB II-E – Leistungsminderungen	12
	17. Zu Art. 1 Nr. 37 – § 40 SGB II-E – Bagatellgrenze	13
	18. Zu Art. 1 Nr. 43 – § 53a Abs. 2 SGB II -E	14
III.	**Änderungen des SGB III gemäß Art. 2 des Referentenentwurfs**	**14**
	1. Zu Art. 2 Nr. 4 – § 81 Abs. 3a SGB III – Grundkompetenzen	14
	2. Zu Art. 2 Nr. 6 – § 87a SGB III – Weiterbildungsprämie/Weiterbildungsgeld	15
	3. Zu Art. 2 Nr. 9 – § 180 SGB III – Dauer Vollzeitmaßnahmen anerkannter Ausbildungsberufe	15

IV.	**Änderungen des SGB XII gemäß Art. 5 des Referentenentwurfs**	**16**
1.	Zu Art. 5 Nr. 2–3 – §§ 11, 12 SGB XII-E – Beratung und Unterstützung sowie Vorbereitung und Vereinbarung	16
2.	Zu Art. 5 Nr. 12 – § 82 Abs. 2 SGB XII-E – Absetzbare Beträge	16

V.	**Weitere Regelungsbedarfe aus Sicht des Deutschen Vereins**	**17**
1.	Regelsatzbemessung	17
2.	Neubemessung des Bedarfs für Haushaltsstrom	18
3.	Bessere monetäre Absicherung von Familien und Kindern	18
a)	Reformvorschläge im bestehenden System monetärer Unterstützung von Familien und Kindern	18
b)	Schnittstelle zum SGB II bei der Einführung einer Kindergrundsicherung	20
4.	Anspruch auf digitale Endgeräte als Leistung für Bildung und Teilhabe	21
5.	Horizontale Einkommensanrechnung	21
6.	Teilzeitweiterbildungen	22
7.	Erweiterung und Anpassung der Zielvereinbarung und des Kennzahlensystems	22
8.	Vorläufige Leistungsbewilligung § 41a SGB II	23

I. Vorbemerkung und zusammenfassende Bewertung

Das Bundesministerium für Arbeit und Soziales (BMAS) hat am 9. August 2022 einen Referentenentwurf zur Einführung des Bürgergeldes (Bürgergeld-Gesetz) vorgelegt. Die Geschäftsstelle des Deutschen Vereins begrüßt den Referentenentwurf des Bundesministeriums für Arbeit und Soziales zur Einführung eines Bürgergeldes ausdrücklich. Mit dem Referentenentwurf beginnt der in Fachkreisen und Öffentlichkeit seit langem diskutierte Reformprozess des Zweiten Sozialgesetzbuches.

Das neue Bürgergeld soll mehr soziale Sicherheit in der modernen Arbeitswelt verankern, mehr Chancengerechtigkeit und gesellschaftliche Teilhabe ermöglichen, unnötige bürokratische Belastungen abbauen und einfach und digital zugänglich sein.

Mit der Einführung des Bürgergeldes wird endlich das Urteil des Bundesverfassungsgerichts zu den Sanktionen im SGB II vom 5. November 2019 umgesetzt, das seit langem unterbreitete Reformvorschläge des Deutschen Vereins umfasst. Ein wesentliches Kernelement des Bürgergeldes soll ein neuer Eingliederungsprozess sein, der eine respektvolle Zusammenarbeit auf Augenhöhe zwischen Leistungsberechtigten und den Mitarbeitenden der Jobcenter ermöglichen soll. Des Weiteren soll mehr Weiterbildung und Qualifizierung der Leistungsberechtigten ermöglicht werden, etwa durch den Wegfall des Vermittlungsvorrangs, durch die Möglichkeit der Absolvierung einer 3-jährigen Ausbildung und die Einführung eines Weiterbildungsbonus sowie eines Bürgergeldbonus. Zudem werden mit der Einführung des Bürgergeldes die Regelungen zum während der Corona-Pandemie eingeführten vereinfachten Zugang zur Grundsicherung für Arbeitsuchende weiter ausgebaut und verstetigt.

Die nachfolgende Stellungnahme zum Referentenentwurf wurde von der Geschäftsstelle des Deutschen Vereins erarbeitet. Eine Beschlussfassung durch das Präsidium des Deutschen Vereins war aufgrund der Frist zur Stellungnahme bis zum 23. August 2022 nicht möglich. Wir behalten uns daher vor, ergänzende bzw. weitere Anmerkungen im laufenden Gesetzgebungsverfahren einzubringen. Die Geschäftsstelle des Deutschen Vereins nimmt zu ausgewählten Regelungen Stellung.

II. Änderungen des SGB II gemäß Art. 1 des Referentenentwurfs

1. Zu Art. 1 Nr. 4 – § 3 SBG II-E – Vermittlungsvorrang

Die Geschäftsstelle des Deutschen Vereins begrüßt die Neugestaltung der Leistungsgrundsätze des § 3 SGB II. Mit der Neuregelung werden die unmittelbare Aufnahme einer Ausbildung mit der unmittelbaren Aufnahme einer Erwerbstätigkeit gleichgestellt, indem in beiden Fällen vorrangig Eingliederungsleistungen

Ihre Ansprechpartnerin im Deutschen Verein: Rahel Schwarz

erbracht werden, es sei denn, andere Eingliederungsleistungen sind für eine dauerhafte Arbeitsmarktintegration erforderlich.

Der Deutsche Verein hat in seinen Empfehlungen zur Förderung von Bildung und beruflicher Weiterbildung in der Grundsicherung für Arbeitsuchende empfohlen, dass zur Stärkung von Bildung und beruflicher Weiterbildung der grundsätzliche Vermittlungsvorrang zugunsten von Bildungsmaßnahmen und beruflicher Weiterbildung weiter geöffnet und flexibler ausgestaltet werden soll (§ 3 Abs. 1 Satz 3 SGB II). Insbesondere ist zu begrüßen, dass nun der Rechtsgedanke des § 4 Abs. 2 SGB III auch in die Grundsicherung für Arbeitsuchende aufgenommen wird. Hiervon erwartet der Deutsche Verein eine generelle Stärkung von Bildung und beruflicher Weiterbildung im Rechtskreis SGB II, von der alle Leistungsberechtigten profitieren können. Leistungsberechtigte mit fehlenden Grundkompetenzen sollen ebenso wie Geringqualifizierte vorrangig erforderliche Qualifizierungs- und Weiterbildungsmaßnahmen erhalten und Berufsabschlüsse erwerben können. Damit soll verstärkt berufliche Aufwärtsmobilität im Rechtskreis SGB II ermöglicht werden.[1]

2. Zu Art. 1 Nr. 8 – § 7b SGB II-E – Erreichbarkeit

Die Geschäftsstelle des Deutschen Vereins begrüßt die flexiblere Gestaltung der Erreichbarkeit unter Einbezug digitaler Erreichbarkeit sowie einen vorgesehenen Verordnungserlass zum 1. Januar 2023. Hierdurch werden die Eigenverantwortung und Flexibilität der Leistungsberechtigten sowie eine auf gegenseitiges Vertrauen basierende Zusammenarbeit gestärkt. Der Deutsche Verein hatte in seinen Empfehlungen zur Weiterentwicklung und Rechtsvereinfachung des SGB II darauf hingewiesen, dass die Fassung des § 7 Abs. 4a SGB II aus dem Jahr 2011 wegen der Übergangsregelung in § 77 SGB II mangels Tätigwerden des Verordnungsgebers nach § 13 SGB II bisher nicht in Kraft getreten ist. Die nach wie vor anzuwendende Regelung des § 7 Abs. 4a SGB II a.F. nimmt starr auf die Erreichbarkeitsanordnung (EAO) Bezug und lässt keine Ortsabwesenheit aus wichtigem Grund zu.[2]

3. Zu Art. 1 Nr. 9 – § 11 SGB II-E – Einkommen

Die Geschäftsstelle des Deutschen Vereins begrüßt die Neufassung des § 11 Abs. 2 SGB II. Die Aufteilung einmaliger Einnahmen auf sechs Monate, soweit der Bedarf im Monat der Berücksichtigung der einmaligen Einnahme bereits gedeckt ist, ist verwaltungsaufwendig und für die Leistungsberechtigten schwer nachzuvollziehen. Die Leistungsberechtigten verbrauchen die Einkünfte meist, sobald sie ihnen zur Verfügung stehen und teilen sie nicht auf sechs Monate auf. Daher kann es in den folgenden Monaten zur Unterdeckung des Existenzminimums kommen. Zudem haben die Leistungsberechtigten durch den Verzicht der Aufteilung der ein-

---

1 Empfehlungen des Deutschen Vereins zur Förderung von Bildung und beruflicher Weiterbildung in der Grundsicherung für Arbeitsuchende (DV 22/19) vom 30. April 2020, NDV 2020, 312 ff.
2 Empfehlungen des Deutschen Vereins zur Weiterentwicklung und Rechtsvereinfachung im SGB II (DV 24/20) vom 16. Juni 2021, NDV 2021, 412 ff.

Seite 5

IV. Stellungnahmen

maligen Einnahmen auf die Folgemonate die Möglichkeit, Schonvermögen zu bilden.[3]

Der Deutsche Verein spricht sich zudem für die Anrechnung von Einkommen erst im Folgemonat aus. Nach § 11 Abs. 2 SGB II sind laufende Einnahmen in dem Monat zu berücksichtigen, in dem sie zufließen. Erfolgt bei einer Arbeitsaufnahme die Auszahlung des Verdienstes nicht am ersten Tag des Monats, sondern zu einem späteren Zeitpunkt (in aller Regel zum Monatsende), kann nach § 24 Abs. 4 SGB II ein Darlehen gewährt werden, das nach § 42a SGB II zurückzuführen ist. Nach Praxiserfahrungen wird eine Arbeitsaufnahme durch den gewählten Zeitpunkt der Einkommensanrechnung erschwert. Die geltende Rechtslage verursacht zudem einen nicht unerheblichen Verwaltungsaufwand. Letztgenannte Problematik entsteht auch bei erstmaliger Gewährung einer Erwerbsminderungs- oder Altersrente.[4]

4. **Zu Art. 1 Nr. 10b – § 11a Nr. 5 SGB II-E – Aufwandsentschädigungen für Ehrenamtliche Tätigkeiten**

Die Geschäftsstelle des Deutschen Vereins begrüßt die Umgestaltung des monatlichen Absatzbetrags für ehrenamtliche Tätigkeiten in einen jährlichen Absetzbetrag in Höhe von 3.000,- € angelehnt an die steuerrechtliche Regelung aus § 3 EStG. Dadurch wird der Verwaltungsaufwand minimiert und zugleich die Wertschätzung und Anerkennung des Ehrenamts erhöht sowie ein Anreiz gesetzt, eine ehrenamtliche Tätigkeit aufzunehmen.

5. **Zu Art. 1 Nr. 10b – § 11a Nr. 6 SGB II-E – Mutterschaftsgeld**

Die Geschäftsstelle des Deutschen Vereins begrüßt, dass das Mutterschaftsgeld gemäß § 19 MuSchG zukünftig nicht mehr als Einkommen auf die SGB II-Leistung angerechnet werden soll. Zum einen ist die Anrechnung durch die rückwirkende Gewährung des Mutterschutzgeldes verwaltungsaufwendig. Zum anderen wird das Mutterschutzgeld auf das Elterngeld angerechnet, welches wiederum gemäß § 10 Abs. 5 BEEG von der Einkommensberücksichtigung im SGB II ausgenommen ist.

6. **Zu Art. 1 Nr. 10c – § 11a Nr. 7 SGB II-E – Einkommen von Schülern/Schülerinnen**

Die Geschäftsstelle des Deutschen Verein begrüßt die Freistellung von Einkünften aus sogenannten „Ferienjobs" in Höhe von 2.400,- € im Jahr. Bisher waren nur Einkünfte aus Ferienjobs anrechnungsfrei, die unter dem Grundabsetzbetrag von 100,- € lagen. Dadurch bekommen leistungsberechtigte Schülerinnen und Schülern die Möglichkeit, sich durch einen Ferienjob eigenes Geld zu verdienen, um

---

3 Stellungnahme des Deutschen Vereins zum Regierungsentwurf eines Neunten Gesetzes zur Änderung des Zweiten Buches Sozialgesetzbuch – Rechtsvereinfachung – (BR-Drucks. 66/15) (DV 35/15) vom 16. März 2016, NDV 2016, 193 ff.
4 Empfehlungen des Deutschen Vereins zur Weiterentwicklung und Rechtsvereinfachung im SGB II (DV 24/20) vom 16. Juni 2021, NDV 2021, 412 ff.

sich Wünsche zu erfüllen, die sie nicht aus den Regelleistungen finanzieren können. Das stärkt die Selbstwirksamkeitserfahrung von Jugendlichen.

7. **Zu Art. 1 Nr. 11 – § 11b Abs. 2b SGB II-E –
Freibetrag Auszubildende/Studierende/Schülerinnen und Schüler**

Die Geschäftsstelle des Deutschen Vereins begrüßt die Erhöhung der Freibeträge nach § 11b Abs. 2 und 3 SGB II. Damit werden ein Anreiz zur zusätzlichen Erwerbstätigkeit neben Ausbildung, Studium und Schule gesetzt sowie bestehende systematische Ungleichbehandlungen zwischen dem SGB II und BAföG beseitigt.

Der Deutsche Verein hält es für erforderlich, die Sicherung des Lebensunterhalts von Auszubildenden und Studierenden über das System der Ausbildungsförderung nach dem BAföG und dem SGB III bedarfsdeckend auszugestalten.[5] Bis dies der Fall ist, empfiehlt der Deutsche Verein, die Regelungen im SGB II für einen ergänzenden Leistungsbezug einheitlich für alle Ausbildungsformen auszugestalten. Dies muss auch für Studierende gelten, die nicht bei ihren Eltern wohnen und insbesondere aufgrund besonderer Lebenslagen nur eingeschränkte Verdienstmöglichkeiten haben.

Zudem empfiehlt der Deutsche Verein zu prüfen, wie die Freibetragsregeln für die Anrechnung von Erwerbseinkommen für alle Erwerbstätigen so weiterentwickelt werden können, dass der materielle Anreiz zur Aufnahme von Vollzeitarbeitsverhältnissen und die Ausweitung der Arbeitszeit bei Teilzeittätigkeiten gegenüber der gegenwärtigen Situation deutlich verstärkt wird, gleichzeitig aber auch Einstiegsmöglichkeiten in geringem Beschäftigungsumfang erhalten bleiben. Zumindest sollten die Absetzbeträge im Zuge der allgemeinen Einkommensentwicklung dynamisiert und regelmäßig angepasst werden. Hierzu würden sich auch Modellversuche anbieten, in denen die Effekte vereinfachter und mit einem erhöhten Arbeitsanreiz versehener Anrechnungsmodelle überprüft werden könnten.[6]

8. **Zu Art. 1 Nr.12 – § 12 SGB II-E – Vermögen**

Die Geschäftsstelle des Deutschen Vereins sieht die Einführung neuer Vermögensfreigrenzen sowie einer zweijährigen Karenzzeit für die Vermögensprüfung differenziert.

Während der Karenzzeit soll nur erhebliches Vermögen berücksichtigt werden. Erhebliches Vermögen soll vorliegen, wenn das Vermögen einer leistungsberechtigten Person mehr als 60.000,- € beträgt zuzüglich 30.000,- € für jede weitere Person in der Bedarfsgemeinschaft. Dass kein erhebliches Vermögen vorliegt, wird gesetzlich vermutet, soweit dies nicht mit Antrag erklärt wird. Hiermit werden Sonderregelungen verstetigt, die während der Corona-Pandemie vor allem zur Absicherung Selbstständiger getroffen wurden. Der allgemeine Vermögensfreibetrag, der nach der Karenzzeit Anwendung findet, beträgt pro Mitglied der Bedarfsgemeinschaft altersunabhängig 15.000,- €.

---

5   Eckpunkte des Deutschen Vereins zur Weiterentwicklung des Leistungsrechts im SGB II (DV 21/13) vom 13. September 2013, NDV 2013, 486 ff.
6   Empfehlungen des Deutschen Vereins zur Weiterentwicklung und Rechtsvereinfachung im SGB II (DV 24/20) vom 16. Juni 2021, NDV 2021, 412 ff.

Seite 7

Die neuen Vermögensfreibeträge können dazu führen, dass bei einem kurzfristigen Leistungsbezug unmittelbar langangesparte Vermögenswerte, die insbesondere der privaten Altersversorgung dienen, nicht aufgebraucht werden müssen und sich die Leistungsberechtigten auf die zeitnahe Erwerbsintegration konzentrieren können. Es ist jedoch zu berücksichtigen, dass durch die Neuregelungen der leistungsberechtigte Personenkreis ausgeweitet und das Nachrangprinzip des Sozialrechts eingeschränkt wird. Der Deutsche Verein hat sich stets dafür eingesetzt, dass die vorgelagerten sozialen Sicherungssysteme so ausgestaltet werden, dass sie ausreichend Schutz bieten.[7] Das Risiko von Arbeitslosigkeit für Selbstständige sollte daher vorrangig durch Einbezug in Arbeitslosenversicherung abgesichert werden.

9. Zu Art. 1 Nr. 13 – § 12a Nr. 1 SGB II-E – Vorzeitiger Renteneintritt

Der Deutsche Verein begrüßt die Streichung des § 12a Satz 2 Nr. 1 SGB II. Der Deutsche Verein hat in seinen Empfehlungen zur Weiterentwicklung und Rechtsvereinfachung des SGB II gefordert, auf eine vorzeitige Inspruchnahme einer Altersrente mit Abschlägen nach der Vollendung des 63. Lebensjahres zu verzichten. Dies widerspricht dem politischen Ziel, die Erwerbsquote von Älteren zu erhöhen und verursacht außerdem einen großen Verwaltungsaufwand.[8]

10. Zu Art. 1 Nr. 16 – § 15 SGB II-E – Kooperationsplan

Die Geschäftsstelle des Deutschen Vereins begrüßt die Neugestaltung des Eingliederungsprozesses.

Der Deutsche Verein hat in seinen Empfehlungen zur Weiterentwicklung und Rechtsvereinfachung des SGB II empfohlen, dass passgenaue Eingliederungsleistungen sowie der Gedanke der aktiven Kooperation der Leistungsberechtigten eine erfolgreiche Erwerbsintegration sicherstellen sollen. Die Eingliederungsvereinbarung nach § 15 SGB II hat sich mit zu schematischen Mustertexten und hohen rechtlichen Anforderungen, die aus der Einordnung als subordinationsrechtlicher öffentlich-rechtlicher Austauschvertrag (§§ 53 ff. SGB X) resultieren, in gerichtlichen Auseinandersetzungen oft als rechtswidrig erwiesen. Die Geschäftsstelle des Deutschen Vereins geht davon aus, dass mit der Aufgabe dieses Rechtsrahmens und der Schaffung eines kooperativen Planungsinstruments ein wichtiger Schritt unternommen wird, um den Eingliederungsprozess rechtssicherer und auf Augenhöhe zu gestalten.[9] Der Deutsche Verein wird zur Umsetzung des Kooperationsplans nach §§ 15 ff. SGB II-E Empfehlungen erarbeiten. Diesen möchte die Geschäftsstelle des Deutschen Vereins nicht vorgreifen.

---

7   Empfehlungen des Deutschen Vereins zur Weiterentwicklung der Grundsicherung für Arbeitsuchende (SGB II) (DV 10/17) vom 12. September 2017, NDV 2017, 433 ff.
8   Empfehlungen des Deutschen Vereins zur Weiterentwicklung und Rechtsvereinfachung im SGB II (DV 24/20) vom 16. Juni 2021, NDV 2021, 412 ff
9   Empfehlungen des Deutschen Vereins zur Weiterentwicklung und Rechtsvereinfachung im SGB II (DV 24/20) vom 16. Juni 2021, NDV 2021, 412 ff.

11. Zu Art. 1 Nr. 21 – § 16i SGB II sowie Nr. 48 Aufhebung von § 81 SGB II – Sozialer Arbeitsmarkt

Die Geschäftsstelle des Deutschen Vereins begrüßt die vorgesehene Entfristung der Förderung „Teilhabe am Arbeitsmarkt" nach § 16i SGB II (Aufhebung des § 81 SGB II). Damit wird eine Förderlücke im SGB II geschlossen und ein Instrument zur Stärkung der sozialen Teilhabe für besonders arbeitsmarktferne Leistungsberechtigte dauerhaft im SGB II etabliert.

Darüber hinaus regt die Geschäftsstelle an, Regelungen in den § 16i SGB II und § 44 SGB III aufzunehmen, die nach Erfahrungen aus der Praxis dazu beitragen, die Zielerreichung der Förderung „Teilhabe am Arbeitsmarkt" weiter zu verbessern. Dies sind:[10]

- die Anerkennung von Unterbrechungszeiten des Langzeitleistungsbezugs im SGB II aufgrund besonderer Lebensumstände (Erkrankung, Unfall, Reha-Maßnahme, Entlassung aus Haft oder stationärer Einrichtung) sowie Zeiten des Bezugs existenzsichernder Leistungen nach anderen Gesetzbüchern (Sozialhilfe, Asylbewerberleistungsgesetz) als Fördervoraussetzung mit dem Ziel, bislang von der Förderung ausgeschlossenen arbeitsmarktfernen Leistungsberechtigten im SGB II Zugang zu eröffnen (beispielsweise durch Einführung einer Regelung in Anlehnung an § 18 Abs. 2 SGB III in § 16 Abs. 3 SGB II).

- die Einführung einer Ermessensregelung, die die Durchführung der ganzheitlichen beschäftigungsbegleitenden Betreuung („Coaching") in begründeten Einzelfällen mit Zustimmung der Leistungsberechtigten durch den Arbeitgebenden selbst ermöglicht mit dem Ziel, Doppelstrukturen bei Beschäftigungsträgern und anderen Arbeitgebenden zu vermeiden, die hierzu qualifiziertes Personal bereits vorhalten (in § 16 Abs. 4 SGB II).

- die Erweiterung der Anspruchsvoraussetzungen des § 44 SGB III um die Aufnahme einer nach § 16i SGB II geförderten Beschäftigung mit dem Ziel, die Handlungsmöglichkeiten der Jobcenter zu erweitern, notwendige Hilfen für eine Beschäftigungsaufnahme nach § 16i SGB II zu gewähren und Hindernisse hierzu zu überwinden.

Weiterhin erneuert die Geschäftsstelle die Forderung des Deutschen Vereins, eine auskömmliche Mittelausstattung zu gewährleisten. Die Geschäftsstelle des Deutschen Vereins befürchtet, dass dies mit dem jetzigen Regierungsentwurf des Bundeshaushalts 2023, der eine Kürzung der Leistungen zur Eingliederung nach dem SGB II von 4,8 Milliarden Euro im Haushaltsjahr 2022 auf 4,2 Milliarden Euro in 2023 vorsieht (Soll 2023 – Haushaltsstelle 1101/685 11), nicht ausreichend gegeben sein kann. In den Haushaltsgesetzen sind zudem ausreichend Verpflichtungsermächtigungen für die Folgejahre auszuweisen, damit die Jobcenter längerfristige Förderungen in ausreichender Anzahl sinnvoll planen und durchführen können. Der Passiv-Aktiv-Transfer des Bundes wird derzeit über einen Vermerk im Bundeshaushalt ermöglicht. Angeregt wird, diesen verbindlich im SGB II zu regeln, um eine Verstetigung sicherzustellen. Dies kann durch die Einfügung eines neuen Absatzes 4 in die Vorschrift des § 46 SGB II erfolgen, aus dem hervorgeht,

---

10 Teilhabe am Arbeitsmarkt verwirklichen. Empfehlungen des Deutschen Vereins zur Umsetzung der Förderung nach § 16i SGB II vom 17. Juni 2020 (DV 26/19, NDV 2020, 362 ff.

dass zur Förderung von Arbeitsverhältnissen nach § 16i SGB II zusätzlich zu den Eingliederungsmitteln Mittel des Arbeitslosengeldes II (bzw. zukünftig des Bürgergeldes) nach § 19 Abs. 1 Satz 1 SGB II eingesetzt werden.[11]

12. Zu Art. 1 Nr. 22 – § 16j SGB II-E – Bürgergeldbonus

Die Geschäftsstelle des Deutschen Vereins begrüßt, dass der Gesetzgeber seinen Gestaltungsspielraum nutzt und neben Leistungsminderungen auch positive Anreize setzt. Als solcher Anreiz soll ein Bürgergeldbonus in Höhe von monatlich 75,- € während der Teilnahme an Maßnahmen der beruflichen Weiterbildung, berufsvorbereitenden Bildungsmaßnahmen und Maßnahmen zur Förderung schwer zu erreichender Jugendlicher nach § 16h SGB II während der Vertrauenszeit (§ 15a SGB II-E) im Rahmen der neuen Kooperationsvereinbarung (§ 15 SGB II-E) eingeführt werden. Das BVerfG hat in seiner Entscheidung zu den Sanktionen im SGB II festgestellt, dass der Gesetzgeber auch positive Anreize setzen kann, um die Mitwirkung der Leistungsberechtigten an der Überwindung der Hilfebedürftigkeit sicherzustellen.[12] Der Bürgergeldbonus kann aus Sicht der Geschäftsstelle des Deutschen Vereins die Leistungsberechtigten dazu motivieren, an einer Maßnahme teilzunehmen und sie nicht vorzeitig abzubrechen. Entscheidend für eine erfolgreiche Maßnahmenteilnahme ist jedoch, dass sich die Maßnahme für die Teilnehmenden eignet und sie ihren Interessen entspricht, sowie die Qualität der Maßnahmen hinsichtlich des Inhaltes, der Ausgestaltung und Durchführung.

Der Deutsche Verein regt an, die 2012 eingeführte Akkreditierungs- und Zulassungsverordnung Arbeitsförderung (AZAV) mit dem Ziel zu reformieren, mehr innovative Weiterbildungsmaßnahmen zu entwickeln und zu realisieren. Es bedarf einer Vielzahl von flexiblen und passgenau einsetzbaren Weiterbildungsmaßnahmen, um die heterogene Personengruppe der Leistungsberechtigten nach dem SGB II individuell und bedarfsgerecht zu fördern.[13]

13. Zu Art. 1 Nr. 22 § 16k SGB II-E – Ganzheitliche Betreuung

Die Geschäftsstelle des Deutschen Vereins befürwortet die vorgesehene Einführung einer ganzheitlichen Betreuung („Coaching") im SGB II. Dies entspricht den Empfehlungen des Deutschen Vereins, die Handlungsmöglichkeiten der Jobcenter zu erweitern, Leistungsberechtigte in komplexen Problemlagen zu beraten und zu unterstützen und dabei auch aufsuchend tätig zu werden.[14]

Die Formulierung „beauftragter Dritter" des RefE lässt erwarten, dass die Zusammenarbeit der Jobcenter im Falle einer Durchführung des Coachings durch Dritte auf den öffentlichen Auftrag festgelegt werden soll. Die Geschäftsstelle regt an,

---

11 Stellungnahme der Geschäftsstelle des Deutschen Vereins zum Referentenentwurf eines Zehnten Gesetzes zur Änderung des Zweiten Buches Sozialgesetzbuch – 10. SGB II-ÄndG – Teilhabechancengesetz (vom 11. Juni 2018) (DV 10/18) vom 18. Juni 2018.
12 Vgl. BVerfG, Urteil vom 5. November 2019, 1 BvL 7/16 –, juris Rdnr. 130.
13 Empfehlungen des Deutschen Vereins zur Förderung von Bildung und beruflicher Weiterbildung in der Grundsicherung für Arbeitsuchende (DV 22/19) vom 30. April 2020, NDV 2020, 312 ff.
14 Empfehlungen des Deutschen Vereins zu aufsuchender Arbeit als eine Handlungsmöglichkeit in der Grundsicherung für Arbeitsuchende – SGB II (DV 7/19) vom 30. April 2020, NDV 2020, 262 ff; Empfehlungen des Deutschen Vereins zur Präsenz von Jobcentern in Sozialräumen (DV 16/20) vom 24. März 2021, NDV 2021, 323 ff.

diese Formulierung aufzuheben. Der RefE selbst hebt in seiner Begründung hervor, dass das Coaching mit Blick die jeweilige Lebenssituation und nach dem individuellen Bedarf der Leistungsberechtigten zu erbringen ist (RefE, S. 88). Die vorgesehene Festlegung würde das Gestaltungsermessen der Jobcenter hierzu unverhältnismäßig einschränken. In Abhängigkeit von den örtlichen Bedingungen können andere Formen der Zusammenarbeit geeigneter sein, die im RefE angeführten Maßgaben zu erreichen. Beispielsweise kann es in Abhängigkeit von den örtlichen Gegebenheiten vorteilhaft für die Wirkung des Coachings und die Eingliederung sein, eine Form der Zusammenarbeit zu wählen, die den Leistungsberechtigten ein Wunsch- und Wahlrecht einräumt und in ihrer Stellung hierdurch stärkt.

Darüber hinaus regt die Geschäftsstelle an, die Erbringung des Coachings nach dem individuellen Bedarf der oder des erwerbsfähigen Leistungsberechtigten, die der RefE in der Begründung hervorhebt (RefE, S. 88), explizit in der Vorschrift des § 16k SGB II zu benennen. Damit würde eine Maßgabe rechtlich verankert, deren Erfüllung für die Zielerreichung des Coachings in allen Formen der Erbringung geboten ist.[15]

14. Zu Art. 1 Nr. 25a aa) – § 22 Abs. 1 SGB II -E –
Karenzzeit Kosten der Unterkunft

Die Geschäftsstelle des Deutschen Vereins sieht die Einführung einer Karenzzeit von zwei Jahren für die Überprüfung der Angemessenheit der Kosten der Unterkunft differenziert.

Das Ziel des Gesetzgebers, das Grundbedürfnis „Wohnen" zu schützen, ist richtig. Aus Sicht der Geschäftsstelle des Deutschen Verein kann eine zeitlich begrenzte Anerkennung der tatsächlichen Bedarfe für Unterkunft und Heizung dazu beitragen, Wohnungsverlust zu vermeiden und eine erfolgreiche Erwerbsintegration zu unterstützen. Drohender Wohnungsverlust oder Obdachlosigkeit sind ein großes Hemmnis bei der Erwerbsintegration. Zumal es vielen Leistungsberechtigten, angesichts der vielerorts sehr angespannten Wohnungsmärkte, auf denen kaum Wohnraum im unteren Preissegment zur Verfügung steht, nicht möglich ist, ihre Wohnkosten zeitnah zu senken.

Des Weiteren ist zu beachten, dass derzeit nicht bei allen Leistungsberechtigten die tatsächlichen Wohnkosten übernommen werden.[16] Diese erhalten auch zukünftig nur die angemessenen Aufwendungen für die Kosten der Unterkunft (§ 65 Abs. 5 SGB II-E) und müssen somit einen Teil der Wohnkosten aus dem Regelbedarf decken. Somit entsteht durch die neue 2-jährige Karenzzeit bei den Kosten der Unterkunft eine Ungleichbehandlung zwischen Leistungsberechtigten, die bereits SGB-II-Leistungen beziehen, und zukünftigen Leistungsberechtigten.

---

15 Teilhabe am Arbeitsmarkt verwirklichen. Empfehlungen des Deutschen Vereins zur Umsetzung der Förderung nach § 16i SGB II vom 17. Juni 2020 (DV 26/19), NDV 2020, 362 ff.
16 Siehe hierzu die Antwort der Bundesregierung vom 5. August 2022 auf eine kleine Anfrage der Abgeordneten Jessica Tatti, Caren Lay, Susanne Ferschl, weitere Abgeordnete und der Fraktion DIE LINKEN, BT-Drucks. 20/3018 zur „Wohnkostenlücke 2021". Aus der Antwort der Bundesregierung geht hervor, dass im Jahr 2021 ca. 399.000 Bedarfsgemeinschaften nicht die tatsächlichen Kosten der Unterkunft erhalten haben, das sind 15,4 %. Durchschnittlich mussten diese Bedarfsgemeinschaften 91,-€ Differenz aufbringen.

Seite 11

Die Geschäftsstelle des Deutschen Vereins regt daher an, die bestehenden Fälle, in denen lediglich die angemessenen Wohnkosten anerkannt sind, zu verifizieren und zu überprüfen. Besteht bereits die Gefahr eines Wohnungsverlustes oder wird ein erheblicher Teil des Regelsatzes zur Deckung der Wohnkosten aufgewendet, sind entsprechende präventive Hilfen zur Wohnraumsicherung oder Unterstützung bei der Suche nach angemessenem Wohnraum zu gewähren.[17]

Der RefE nennt die erheblichen Rechtsunsicherheiten, die bei der Beurteilung der Angemessenheit der Unterkunftskosten bestehen und sich in einer Vielzahl von Widerspruchs- und Klageverfahren niederschlagen. Diese Rechtsunsicherheit lediglich für die Dauer der ersten zwei Jahre des Leistungsbezugs zu vermeiden, ist aus Sicht der Geschäftsstelle des Deutschen Vereins nicht ausreichend.

Das elementare Grundbedürfnis „Wohnen" ist bei allen Leistungsberechtigten dauerhaft zu sichern. Daher spricht sich der Deutsche Verein dafür aus, die bestehenden Regelungen zur Existenzsicherung im Bereich Wohnen weiterzuentwickeln mit dem Ziel, die Bedarfe für Unterkunft und Heizung realitätsgerecht, verlässlich und nachvollziehbar zu decken, negative Effekte auf dem Wohnungsmarkt zu vermeiden sowie einen rechtssicheren und transparenten Verwaltungsvollzug zu gewährleisten.[18]

15. Zu Art. 1 Nr. 25a cc) – § 22 Abs. 1 Satz 7 SGB II-E

Die Geschäftsstelle des Deutschen Vereins begrüßt, dass im Falle unangemessen hoher Wohnkosten aufgrund des Versterbens eines Mitglieds der Bedarfsgemeinschaft nicht unmittelbar zur Kostensenkung aufgefordert wird, sondern eine Frist von zwölf Monaten gewährt wird.

Die Geschäftsstelle regt an, diese Regelung auch auf andere Fallkonstellationen wie etwa Trennung oder Auszug der Kinder zu erweitern. Auch in diesen Fällen führt die kopfteilige Aufteilung der Bedarfe für Unterkunft und Heizung zu einer Unangemessenheit der Wohnkosten für die verbleibenden Bedarfsmitglieder. Dies würde auch mit der Neuregelung zur Angemessenheit von selbstgenutztem Wohneigentum korrespondieren. Hier sieht der RefE vor, dass eine Verringerung der Angemessenheitsgrenze bei weniger als vier Bewohnerinnen und Bewohnern nicht mehr stattfinden soll. Zur Begründung wird ausgeführt, dass der Lebensmittelpunkt nicht aufgrund des Auszugs eines Kindes oder Tod der Partnerin/des Partners aufgegeben werden soll. Das Grundbedürfnis „Wohnen" muss unabhängig von der Wohnform gleichermaßen geschützt werden.

16. Zu Art. 1 Nr. 33 – § 31a SGB II-E – Leistungsminderungen

Der Deutsche Verein begrüßt ausdrücklich die umfassende Reform der Leistungsminderungen im SGB II anhand der Vorgaben des BVerfG-Urteils vom 5. November 2019. Der Deutsche Verein hat sich nie für den vollständigen Verzicht auf Leis-

---

[17] Empfehlungen des Deutschen Vereins zur Umsetzung von Maßnahmen zum Wohnraumerhalt in den Kommunen (DV 30/19) vom 16. September 2020, NDV 2020, 587 ff.
[18] Empfehlungen des Deutschen Vereins zur Herleitung existenzsichernder Leistungen zur Deckung der Unterkunftsbedarfe im SGB II und SGB XII (DV 30/16) vom 12. September 2017, NDV 2017, 481 ff.

tungsminderungen ausgesprochen. Mit der jetzigen Reform werden langjährige Forderungen des Deutschen Vereins umgesetzt, wie insbesondere:

- die Abschaffung der Sonderregelungen für junge Leistungsberechtigte unter 25 Jahren,
- die Begrenzung der Leistungsminderungen auf 30 % des Regelbedarfs,
- die Schaffung einer Härtefallklausel,
- der Wegfall der Leistungsminderung bei nachträglicher Pflichterfüllung durch einen flexiblen Minderungszeitraum,
- die Ausnahme der Kosten der Unterkunft von Leistungsminderungen,
- die Streichung der Arbeitsgelegenheiten nach § 16d SGB II aus dem Katalog der Pflichtverletzungen nach § 31 Abs. 1 Satz 1 Nr. 2 SGB II,
- die Möglichkeit einer persönlichen Anhörung.[19]

17. Zu Art. 1 Nr. 37 – § 40 SGB II-E – Bagatellgrenze

Der Deutsche Verein begrüßt die Einführung einer generellen Bagatellgrenze in Höhe von 50,- € für Rückforderungen, mit der eine erhebliche Rechtsvereinfachung einhergeht. Der Deutsche Verein hat in seinen Empfehlungen zur Weiterentwicklung und Rechtsvereinfachung im SGB II darauf hingewiesen, dass es von zentraler Bedeutung ist, dass mit Schaffung einer angemessenen Bagatellgrenze bei Überzahlungen von geringer Höhe keine aufwendigen Aufhebungs- und Erstattungsbescheide erstellt werden müssen und damit unverhältnismäßiger Aufwand vermieden werden kann. Die Bagatellgrenze muss daher, um eine spürbare Vereinfachung zu bewirken, kraft Gesetzes im Rahmen der §§ 45 ff. SGB X greifen und die vorgenannten Arbeitsschritte entfallen lassen. Darüber hinaus dürfen mit der Einführung einer Bagatellgrenze keine neuen umfangreichen Prüfschritte einhergehen.

Zudem fordert der Deutsche Verein auch eine Bagatellgrenze für Aufrechnungsbescheide, Anhörungen der Leistungsberechtigten und die Abgabe an das Inkasso (bei Korrektur für die Zukunft). Der Deutsche Verein spricht sich ebenfalls dafür aus, in § 50 SGB X eine Saldierungsvorschrift nach dem Vorbild des § 41a Abs. 6 SGB II zu normieren. In Rückforderungsverfahren ist die Saldierung von Monaten mit Nachzahlungen und Erstattungen im Bewilligungszeitraum nicht möglich. Dies bedeutet, dass auf der einen Seite Leistungsberechtigte zu Unrecht erhaltene Leistungen komplett an das Jobcenter zurückzahlen müssen und auf der anderen Seite das Jobcenter gleichzeitige Ansprüche auf Nachzahlungen ebenfalls komplett an die Leistungsberechtigten auszahlt. Bei einer Saldierung wäre die Erstattungssumme von Anfang an geringer, der Verwaltungsaufwand minimiert und für die Leistungsberechtigten eine bessere Nachvollziehbarkeit gegeben.[20]

---

19 Empfehlungen des Deutschen Vereins zur Reform der Sanktionen im SGB II (DV 26/12) vom 11. Juni 2013, NDV 2013, 289 ff.; vgl. zuletzt NDV 2019, 529 ff.
20 Empfehlungen des Deutschen Vereins zur Weiterentwicklung und Rechtsvereinfachung im SGB II (DV 24/20) vom 16. Juni 2021, NDV 2021, 412 ff.

Seite 13

18. Zu Art. 1 Nr. 43 – § 53a Abs. 2 SGB II-E

Der Deutsche Verein begrüßt die Streichung von § 53a Abs. 2 SGB II.[21] Der Deutsche Verein hat in seinen Empfehlungen zur Weiterentwicklung und Rechtsvereinfachung des SGB II darauf hingewiesen, dass die Regelung bewirken kann, dass Erwerbsintegrationen bei Leistungsberechtigten, die das 58. Lebensjahr vollendet haben, nicht im erforderlichen Maße erfolgen. Dies ist auch aus Gründen der sozialpolitischen Zielsetzung der Grundrente und der dafür zu absolvierenden Beschäftigungszeiten nicht mehr vertretbar. Zudem ist § 53a Abs. 2 SGB II vor dem Hintergrund des demografischen Wandels und des steigenden Fachkräftebedarfs bedenklich.[22]

III. Änderungen des SGB III gemäß Art. 2 des Referentenentwurfs

1. Zu Art. 2 Nr. 4 – § 81 Abs. 3a SGB III – Grundkompetenzen

Die Geschäftsstelle des Deutschen Vereins begrüßt, dass mit der Neufassung des § 81 Abs. 3a SGB III-E der Erwerb von Grundkompetenzen unabhängig von einer berufsabschlussbezogenen Weiterbildung ermöglicht wird. Die Zugangsvoraussetzungen zu einer Förderung von Grundkompetenzen im Rahmen der abschlussbezogenen Weiterbildung nach § 81 Abs. 3a SGB III stellen oft zu hohe Hürden für gering qualifizierte und langzeitarbeitslose Menschen dar.

Der Deutsche Verein tritt auch weiter dafür ein, dass Leistungsberechtigte im Rechtskreis des SGB II stärker als bisher darin gefördert werden, Grundkompetenzen zu erwerben und zu verbessern. Etwa sollten Maßnahmen zur Aktivierung und beruflichen Eingliederung nach § 45 SGB III, die lediglich bis zur Hälfte auch Grundbildungsinhalte umfassen dürfen, stärker genutzt werden, um Leistungsberechtigte nach dem SGB II niedrigschwellig zu fördern. Auch erwerbstätige Leistungsberechtigte im ergänzenden SGB-II-Leistungsbezug sollen berufsbegleitend Grundkompetenzen erwerben können. Dies ist insbesondere für bildungsentwöhnte Menschen didaktisch sinnvoll.

Neben der Schaffung von niedrigschwelligen flexiblen Förderinstrumenten ist es wichtig, die Mitarbeitenden der Jobcenter entsprechend zu schulen. Menschen mit fehlenden oder nicht ausreichenden Lese- und Schreibkenntnissen versuchen oft, dies aus Scham zu verbergen. Sie sind mit üblichen Informationsbroschüren und Flyern nur schwer zu erreichen. Der Deutsche Volkshochschul-Verband e.V. hat ein Konzept erstellt, mit Hilfe dessen Mitarbeiter und Mitarbeiterinnen der Jobcenter in der Lage versetzt werden, mangelnde Grundkompetenzen zu erkennen, die Personen sensibel anzusprechen und auf mögliche Hilfen hinzuweisen. Die Personengruppe mit geringen Grundkompetenzen kann gerade innerhalb der Betreuung durch die Jobcenter gezielt angesprochen werden. Hingegen ist sie außerhalb der Betreuung durch die Jobcenter nur schwer zu erreichen.[23]

---

21 Empfehlungen des Deutschen Vereins zur Weiterentwicklung und Rechtsvereinfachung im SGB II (DV 24/20) vom 16. Juni 2021, NDV 2021, 412 ff.
22 Eckpunkte des Deutschen Vereins zur Weiterentwicklung des Leistungsrechts im SGB II vom 11. September 2013, NDV 2013, 486 ff.
23 Empfehlungen des Deutschen Vereins zur Förderung von Bildung und beruflicher Weiterbildung in der Grundsicherung für Arbeitsuchende (DV 22/19) vom 30. April 2020, NDV 2020, 312 ff.

IV. Stellungnahmen

2. **Zu Art. 2 Nr. 6 – § 87a SGB III – Weiterbildungsprämie/Weiterbildungsgeld**

Die Geschäftsstelle des Deutschen Vereins begrüßt, dass neben der Entfristung der Weiterbildungsprämien ein Weiterbildungsgeld in Höhe von 150,- € eingeführt wird. Der Deutsche Verein hat in seinen Empfehlungen zur Förderung von Bildung und beruflicher Weiterbildung in der Grundsicherung für Arbeitsuchende empfohlen, Leistungsberechtigten nach dem SGB II eine zusätzliche pauschalierte monatliche Leistung ergänzend zum Regelbedarf für den Zeitraum der beruflichen Weiterbildung zu gewähren.[24] Bislang nehmen Leistungsberechtigte zu häufig eine berufliche Weiterbildung nicht auf, weil sie finanzielle Belastungen befürchten, familiäre Verpflichtungen entgegenstehen oder sie es sich schlicht nicht zutrauen, eine mehrjährige Weiterbildung durchzuhalten. Eine monatliche pauschalierte „Weiterbildungsprämie" soll den Fachkräften in den Jobcentern ein zusätzliches Instrument an die Hand geben, mit dem sie in der Beratung darauf hinwirken können, solche Hürden abzubauen. Ziel ist es, dass mehr Leistungsberechtigte im Rechtskreis SGB II als bisher erfolgreich an einer beruflichen Weiterbildung teilnehmen.

3. **Zu Art. 2 Nr. 9 – § 180 SGB III – Dauer Vollzeitmaßnahmen anerkannter Ausbildungsberufe**

Die Geschäftsstelle des Deutschen Vereins begrüßt ausdrücklich, dass das sogenannte Verkürzungsgebot aus § 180 Abs. 4 SGB III für Arbeitnehmerinnen und Arbeitnehmer entfällt, bei denen nach persönlicher Eignung oder persönlichen Verhältnissen eine erfolgreiche Teilnahme nur bei einer nicht verkürzten Teilnahme erwartet werden kann. Der Deutsche Verein forderte bereits, im begründeten Einzelfall das Verkürzungsgebot auszusetzen und insbesondere für geringqualifizierte und lernentwöhnte Leistungsberechtigte längere Lernzeiten anzuerkennen. Eine Verkürzung der Ausbildungsdauer um mindestens ein Drittel der Ausbildungsdauer geht mit erhöhten Leistungsanforderungen einher, die Leistungsberechtigte im Rechtskreis SGB II womöglich nicht erfüllen können. Viele Leistungsberechtigte benötigen stattdessen die Option einer längeren Lernzeit, insbesondere wenn sie keinen Berufsabschluss haben.[25] Die Neuregelung, auf das Verkürzungsgebot bei Ausbildungsberufen zu verzichten, die sich aus bundes- oder landesrechtlichen Gründen nicht verkürzen lassen, ist zu begrüßen, weil dies dazu beitragen würde, dem Fachkräftemangel insbesondere in Sozial-, Erziehungs- und Gesundheitsberufen entgegenzuwirken.

---

24 Empfehlungen des Deutschen Vereins zur Förderung von Bildung und beruflicher Weiterbildung in der Grundsicherung für Arbeitsuchende (DV 22/19) vom 30. April 2020, NDV 2020, 312 ff.
25 Empfehlungen des Deutschen Vereins zur Förderung von Bildung und beruflicher Weiterbildung in der Grundsicherung für Arbeitsuchende (DV 22/19) vom 30. April 2020, NDV 2020, 312 ff.

IV. Änderungen des SGB XII gemäß Art. 5 des Referentenentwurfs

1. Zu Art. 5 Nr. 2–3 – §§ 11, 12 SGB XII-E – Beratung und Unterstützung sowie Vorbereitung und Vereinbarung

Der Deutsche Verein bemisst der Beratung und Unterstützung nach § 11 SGB XII einen zentralen Stellenwert in der Aufgabenerfüllung der Sozialhilfe zu.[26] Um dies besser zu erreichen, regt die Geschäftsstelle des Deutschen Vereins an, die vorgesehene Neufassung der §§ 11, 12 SGB XII zu erweitern:

In § 11 Abs. 3 SGB XII sollte aufgenommen werden, Leistungsberechtigte, die durch eine Tätigkeit Einkommen erzielen möchten, auch auf das Angebot des Zuverdienstes nach dem SGB IX hinzuweisen und bei der Inanspruchnahme zu unterstützen, soweit Anzeichen für eine Geeignetheit gegeben sind. Der Zuverdienst bietet eine geeignete Beschäftigungsmöglichkeit insbesondere für Menschen mit psychischen Erkrankungen, die ein – wenn auch geringes – zusätzliches Einkommen verschafft, Teilhabe verbessert und psychisch und sozial stabilisierend wirkt.[27] Er kann deshalb auch für Leistungsberechtigte in der Sozialhilfe in Betracht kommen, die nicht erwerbsfähig im Sinne des SGB II sind und noch nicht die Regelaltersgrenze erreicht haben.

Auf die im RefE vorgesehene Streichung des Förderplans nach § 12 Satz 2 SGB XII sollte verzichtet werden. Dieser kann insbesondere in komplexen Bedarfssituationen, die ein mehrstufiges Handeln erfordern, ein geeignetes Instrument zur Unterstützung sein, vergleichbar einem Fallmanagement.[28] Mit dem Erhalt des Förderplans würde für die Beratung und Unterstützung in der Sozialhilfe ein an der Hilfeplanung orientiertes Instrument zur Verfügung stehen.

2. Zu Art. 5 Nr. 12 – § 82 Abs. 2 SGB XII-E – Absetzbare Beträge

Die Geschäftsstelle des Deutschen Vereins begrüßt die vorgesehene Neugestaltung des Absetzbetrages für Aufwendungen für ehrenamtliche Tätigkeiten oder Einnahmen aus nebenberuflichen Tätigkeiten im SGB II (§ 11a Abs. 1 Nr. 5 SGB II-E, vgl. Abschnitt II Nr. 4a in dieser Stellungnahme). In diesem Zusammenhang wird angeregt, die Freistellung von Aufwandsentschädigungen für ehrenamtliche Tätigkeiten von einer monatlichen auf eine kalenderjährliche Berücksichtigung auch im SGB XII vorzunehmen. § 82 Abs. 2 Satz 2 SGB XII sieht derzeit lediglich eine monatliche Freistellung von Einkommen aus ehrenamtlicher Tätigkeit bis zu 250,– € vor. Eine dem SGB II entsprechende Regelung würde auch im SGB XII zu einer Verwaltungsvereinfachung beitragen. Die damit verbundene höhere Anerkennung ehrenamtlicher Tätigkeit entspricht der Absicht des RefE, Leistungsbe-

---

26 Arbeitshilfe des Deutschen Vereins zur Wahrnehmung der Aufgaben nach §§ 11, 12 SGB XII, insbesondere bei der Hilfe in materiellen Notlagen (3. und 4. Kapitel SGB XII) (DV 20/09) vom 10. März 2010, NDV 2010, 197 ff.
27 Empfehlungen des Deutschen Vereins zur Förderung von „Zuverdienstmöglichkeiten" im Bereich des SGB IX (DV 24/18) vom 26. Februar 2019; Bestandsaufnahme und Empfehlungen des Deutschen Vereins zur selbstbestimmten Teilhabe am Arbeitsleben von Menschen mit Behinderungen (DV 20/19) vom 17. Juni 2020.
28 Arbeitshilfe des Deutschen Vereins zur Wahrnehmung der Aufgaben nach §§ 11, 12 SGB XII, insbesondere bei der Hilfe in materiellen Notlagen (3. und 4. Kapitel SGB XII) (DV 20/09) vom 10. März 2010, NDV 197 ff.

rechtigte im SGB XII, die eine Tätigkeit aufnehmen möchten, zu beraten und auch in den Vorbereitungen hierzu zu unterstützen (§§ 11, 12 SGB XII-E).

Darüber hinaus sollten die Regelungen zur Anrechnung von Einkommen und dessen Absetzbeträgen in der Sozialhilfe für die Rechtsanwendung insgesamt handhabbarer gestaltet und Unterschiede zwischen den Existenzsicherungssystemen gemindert werden. Hierzu empfiehlt der Deutsche Verein, die unterschiedlichen Regelungen für die Einkommensanrechnung für das Dritte und Vierte Kapitel SGB XII zu reduzieren (insbesondere durch Überführung von § 43 Abs. 2 und 3 SGB XII in § 82 SGB XII mit einer Anpassung der Freibetragsgrenze für Zinseinkünfte an den Schonvermögensbetrag). Es sollte gesetzlich klargestellt werden, ob Absetzbeiträge aus Einkommen aus Bruttoeinkommen oder aus bereinigten Einkommen (nach § 82 Abs. 1 bzw. Abs. 2 SGB XII) zu berechnen sind. Die Regelungen für Freibeträge aus selbstständiger und nichtselbstständiger Tätigkeit (nach § 82 Abs. 3 SGB XII) sollten in Anlehnung an das SGB II (§ 11b SGB II) angepasst werden.[29]

V. Weitere Regelungsbedarfe aus Sicht des Deutschen Vereins

1. Regelsatzbemessung

Aufgrund der aktuellen Preissteigerungen der allgemeinen Lebenshaltungs- und Energiekosten sind dringend nachhaltige Lösungen für die Haushalte in der Grundsicherung notwendig, um das Existenzminimum zu sichern. Der Koalitionsvertrag sieht keine Reform der Regelsatzbemessung oder Anhebung der Leistungen durch die Einführung des Bürgergeldes vor.[30]

Der Deutsche Verein hat sich in seiner Stellungnahme zum Regierungsentwurf zum RBEG 2016[31] dafür ausgesprochen, das Verfahren zur Regelsatzbemessung weiterzuentwickeln und insbesondere auf Zirkelschlüsse durch den Einbezug der Haushalte im Grundsicherungsbezug mit Erwerbseinkommen („Aufstocker") und „versteckter Armer" bei der Ermittlung der Höhe der Regelsätze zu vermeiden.[32]

Im Hinblick auf die Regelbedarfe für Kinder und Jugendliche sieht – im Gegensatz zu den Regelbedarfen für Erwachsene – der Koalitionsvertrag die Neudefinition des soziokulturellen Existenzminimums für Kinder und Jugendliche vor. Dies hält der Deutsche Verein für überaus relevant und einen maßgeblichen Aspekt. Er weist seit langem auf das grundlegende strukturelle Problem der unterschiedlichen Definitionen des Mindestbedarfs für Kinder in den verschiedenen Systemen hin. Hier fordert er nicht zuletzt im Sinne einer einheitlichen Rechtsordnung, einer größeren Transparenz und einer besseren Nachvollziehbarkeit des monetären Unterstützungssystems ein einheitliches, nachvollziehbar und bedarfsgerecht

---

29 Empfehlungen des Deutschen Vereins zur Rechtsvereinfachung und Weiterentwicklung des Zwölften Buches Sozialgesetzbuch (SGB XII) – Sozialhilfe (DV 22/18) vom 11. September 2019, NDV 2019, 511 ff.
30 Mehr Fortschritt wagen. Bündnis für Freiheit, Gerechtigkeit und Nachhaltigkeit. Koalitionsvertrag 2021–2025 zwischen der Sozialdemokratischen Partei Deutschlands (SPD), BÜNDNIS 90/DIE GRÜNEN und den Freien Demokraten (FDP), Berlin 2021.
31 Stellungnahme des Deutschen Vereins zum Regierungsentwurf eines Gesetzes zur Ermittlung von Regelbedarfen sowie zur Änderung des Zweiten und Zwölften Buches Sozialgesetzbuch (DV 29/16) vom 27. September 2016, NDV 2016, 498 ff.
32 Empfehlungen des Deutschen Vereins zur Weiterentwicklung und Rechtsvereinfachung im SGB II (DV 24/20) vom 16. Juni 2021, NDV 2021, 412 ff.

berechnetes Existenzminimum für Kinder als Ausgangspunkt für alle Systeme. Dabei ist darauf hinzuweisen, dass es derzeit an einem schlüssigen und konsistenten Verfahren zur realitätsgerechten Erfassung der Bedarfe von Kindern und Jugendlichen fehlt. Insoweit sind die aktuellen Regelsätze im SGB II und XII als Grundlage für eine Neujustierung ungeeignet.[33]

2. **Neubemessung des Bedarfs für Haushaltsstrom**

Die aktuelle Entwicklung der Energiepreise bestätigt die Empfehlung/Forderung des Deutschen Vereins, die Ermittlung des Bedarfs an Haushaltsenergie aus der Ermittlung des Regelbedarfs auszugliedern und dafür ein eigenes Verfahren einzusetzen.[34] Leitend für dieses Verfahren sollten ein Statistik-Modell und ein Regulierungs-Unterstützungs-Modell sein. Statistisch ist ein durchschnittlicher Verbrauch differenziert nach Haushaltstypen zu ermitteln und dieser dann mit regionalen Preisen zu kombinieren. Reguliert werden soll der Stromverbrauch durch einen Vergleich des Verbrauchs der einzelnen Haushalte mit bundesweit ermittelten Durchschnittswerten. Unterstützt werden sollten die Haushalte, die mit ihrem Verbrauch deutlich über dem Durchschnitt liegen, durch Beratungsleistungen und den Einsatz energieeffizienter Technik (Stromspar-Check). Angesichts der erreichten und zu erwartenden Energiepreissteigerungen sollte der Gesetzgeber die Möglichkeit schaffen, dass die Träger der Grundsicherung für einen davon abhängigen Zeitraum die tatsächlichen Kosten der einzelnen Haushalte bei Haushaltsenergie feststellen und übernehmen. Ein Klärungs- und Beratungsprozess sollte mit den Bedarfsgemeinschaften stattfinden, bei denen aufgrund der Stromkosten ein erheblich höherer Stromverbrauch zu vermuten ist als bei den anderen Haushalten des gleichen Haushaltstyps.

3. **Bessere monetäre Absicherung von Familien und Kindern**

Der Deutsche Verein befasst sich seit langem intensiv mit der Weiterentwicklung des Systems monetärer Leistungen für Familien und Kinder. Zuletzt hat der Deutsche Verein mit Empfehlungen zur Weiterentwicklung des Systems monetärer Unterstützung von Familien und Kindern zum einen Reformvorschläge im bestehenden monetären Absicherungssystem für Familien und Kinder sowie Eckpunkte für eine grundlegende Reformierung formuliert.

a) *Reformvorschläge im bestehenden System monetärer Unterstützung von Familien und Kindern*

Der Deutsche Verein sieht im Bereich der Regelung zur Anrechnung des Kindergeldes im SGB II Handlungsbedarf. Die aktuelle Rechtslage führt dazu, dass insbesondere in Fallkonstellationen mit auskömmlichem Unterhalt dieser dem Kind nicht in vollem Umfang zukommt. Nach Ansicht des Deutschen Vereins ist diese Rege-

---

[33] Empfehlungen des Deutschen Vereins zur Weiterentwicklung des Systems monetärer Unterstützung von Familien und Kindern (DV 3/16) vom 11. September 2019, NDV 2019, 449 ff.

[34] Problemanzeige des Deutschen Vereins zur Bemessung des Bedarfs an Haushaltsenergie und des Mehrbedarfs bei dezentraler Warmwasserbereitung in Haushalten der Grundsicherung und Sozialhilfe – Lösungsperspektiven (DV 7/18) vom 20. März 2019, NDV 2019, 241 ff.

lung dahingehend abzuändern, dass neben Kindesunterhalts- bzw. Unterhaltsvorschusszahlungen jedenfalls das hälftige Kindergeld einschränkungslos für die Bedarfsdeckung des Kindes zu verwenden ist.

In der Praxis wird das Kindergeld komplett an den betreuenden Elternteil ausgezahlt und dann die dem barunterhaltspflichtigen Elternteil zustehende andere Hälfte des Kindergeldes vom Kindesunterhalt. Der dem Kind zustehende Kindesunterhaltsanspruch besteht somit aus Zahlbetrag (Unterhalt, den der barunterhaltspflichtige Elternteil zahlt) und hälftigem Kindergeld (Anteil des barunterhaltspflichtigen Elternteils, welcher an den betreuenden Elternteil ausgezahlt worden ist). Die Hälfte des Kindergeldes, welches vom Tabellenbetrag des Kindesunterhalts abgezogen worden und – aufgrund der Auszahlung des kompletten Kindergeldes an den betreuenden Elternteil – faktisch bereits im Haushalt des Kindes ist, müsste daher nicht als Kindergeld, sondern als Kindesunterhalt behandelt werden und damit anrechnungsfrei bleiben.

Kindesunterhalt ist grundsätzlich Einkommen des Kindes und damit nur für dieses einzusetzen. Sofern er bedarfsdeckend ist, fällt das Kind aus der Bedarfsgemeinschaft (§ 7 Abs. 3 Nr. 4 SGB II). Dies müsste an sich für den gesamten Kindesunterhalt (d.h. Zahlbetrag plus hälftiges Kindergeld) gelten, unabhängig davon, über welche Wege er ausgezahlt wird.

Das Kindergeld wird jedoch gemäß § 11 Abs. 1 Satz 5 SGB II dem Kind als Einkommen angerechnet, soweit es zur Sicherung des Lebensunterhalts benötigt wird. D.h., dass der für die Sicherung des Lebensunterhalts des Kindes nicht benötigte Anteil des Kindergeldes für die Sicherung des Lebensunterhalts der übrigen Bedarfsgemeinschaft anzurechnen ist. So wird auch mit der Hälfte des Kindergeldes verfahren, die dem barunterhaltspflichtigen Elternteil zusteht und von Unterhaltsanspruch des Kindes abgezogen wurde, und somit Kindesunterhalt ist.

Nach Ansicht des Deutschen Vereins sollte die Anrechnung des Kindergeldes im SGB II daher entsprechend abgeändert werden. § 11 Abs. 1 Satz 5 SGB II könnte wie folgt formuliert werden:

„Dies gilt auch für das hälftige Kindergeld für zur Bedarfsgemeinschaft gehörende Kinder; für die andere Hälfte nur, soweit es bei dem jeweiligen Kind zur Sicherung des Lebensunterhalts, mit Ausnahme der Bedarfe nach § 28, benötigt wird."

Da § 82 Abs. 1 SGB XII eine dem § 11 Abs. 1 SGB II im Wesentlichen vergleichbare Regelung zur Anrechnung des Kindergeldes vorsieht, ist auch hier eine entsprechende Änderung vorzunehmen.[35]

Der Deutsche Verein sieht neben der Anrechnung des Kindergeldes im SGB II auch Handlungsbedarf bei Rückforderungen von Kindergeld. Kommt es zu einer Überzahlung von Kindergeld, fordert die Familienkasse das Kindergeld von den Kindergeldberechtigten auch dann zurück, wenn das zu Unrecht gewährte Kindergeld zuvor als Einkommen bedarfsmindernd auf SGB II- oder SGB XII-Leistungen angerechnet wurde. Die Anrechnung kann nach der Rechtsprechung der Sozialgerichte nicht rückabgewickelt werden, weil es allein auf den tatsächlichen Zufluss des

---

35 Empfehlungen des Deutschen Vereins zur Weiterentwicklung des Systems monetärer Unterstützung von Familien und Kindern (DV 3/16) vom 11. September 2019, NDV 2019, 449 ff.; Empfehlungen des Deutschen Vereins zur Rechtsvereinfachung und Weiterentwicklung des Zwölften Buches Sozialgesetzbuch (SGB XII) – Sozialhilfe (DV 22/18) vom 11. September 2019, NDV 2019, 511 ff.

Seite 19

Kindergeldes beim Hilfeempfänger ankommt. Der Deutsche Verein fordert, eine angemessene Lösung zu finden, um eine Doppelbelastung der Leistungsberechtigten zu vermeiden.[36]

b) Schnittstelle zum SGB II bei der Einführung einer Kindergrundsicherung
In der nun anstehenden Einführung einer Kindergrundsicherung sieht der Deutsche Verein eine gute Möglichkeit, Kinderarmut zu bekämpfen, Teilhabe von Kindern und Jugendlichen sicherzustellen und Chancengerechtigkeit zu fördern – ebenso wie für mehr Transparenz zu sorgen und das System zu entbürokratisieren sowie den Zugang zur passenden Unterstützung sicherzustellen. Bei der komplexen Aufgabe der Ausgestaltung dieser neuen Leistung für Kinder und Jugendliche ist u.a. die Schnittstelle zu den Grundsicherungssystemen eine ganz maßgebliche, die gut zu gestalten ist.

Bereits anlässlich des hier vorliegenden ersten RefE zur Einführung des Bürgergeldes, in dem die relevanten Themen noch nicht angegriffen werden (können), soll daher auf die Notwendigkeit hingewiesen werden, dass die Schnittstellen zwischen dem Bürgergeld und der Kindergrundsicherung frühzeitig mitzudenken und sorgfältig zu gestalten sind.

Die Bedarfsgemeinschaft der Eltern im Bürgergeldbezug und die Leistungen der Kindergrundsicherung müssen gut aufeinander abgestimmt werden. Hier ist insbesondere zu klären, wie und wo die Wohnkosten der Familien,[37] Bedarfsspitzen (z.B. durch Kosten für Klassenfahrten) sowie Mehr- und Sonderbedarfe abgebildet und gewährt werden. Zudem dürfen sich Anrechnungsvorschriften nicht widersprechen oder im negativen Sinne kumulieren. Auch muss der Übergang von (auslaufendem) Kindergrundsicherungsbezug und ggf. anschließendem Bezug von Bürgergeld beim Jugendlichen selbst geregelt sein. Bei der Diskussion um die Ausgestaltung dieser beiden für die Absicherung des Existenzminimums für Familien und Kinder maßgeblichen Leistungen muss darüber hinaus im Blick gehalten werden, Arbeitsanreize nicht zu negieren. Schließlich sollte darauf geachtet werden, wie die Familien und Kinder weiterhin vom familienzentrierten Blick der Beratungs- und Unterstützungsstrukturen im Grundsicherungsbereich und der Expertise der Fachkräfte profitieren können, auch wenn mittels der Kindergrundsicherung die Kinder aus der Bedarfsgemeinschaft/dem Grundsicherungsbezug herausgelöst werden.

Hier bestehen im Zusammenspiel von Sozial-, Steuer- und Unterhaltsrecht aktuell einige Inkonsistenzen, auf die der Deutsche Verein bereits hingewiesen hat und die es beim „Neustart der Familienförderung" und der grundlegenden Erneuerung der Grundsicherung durch das Bürgergeld zu beheben gilt. Letztlich sollen durch die Zusammenschau dieser beiden Leistungen die Familien und Kinder einfach und zielgenau unterstützt und das System nicht noch komplexer werden.

---

36 Empfehlungen des Deutschen Vereins zur Weiterentwicklung und Rechtsvereinfachung im SGB II (DV 24/20) vom 16. Juni 2021, NDV 2021, 412 ff.
37 Derzeit werden die Wohnbedarfe nach unterschiedlichen Methoden innerhalb der Bedarfsgemeinschaft/ des Haushalts in den verschiedenen Systemen des Sozialrechts und dem Steuerrecht (fiktiv) aufgeteilt bzw. zugerechnet, im Bereich des SGB II und des Wohngelds nach der Pro-Kopf-Methode und beim steuerrechtlichen Existenzminimum nach dem Mehrbedarf.

4. Anspruch auf digitale Endgeräte als Leistung für Bildung und Teilhabe

Der Deutsche Verein fordert, dass der Bedarf an digitalen Endgeräten von Kindern und Jugendlichen im Grundsicherungsbezug gedeckt wird. Hilfebedürftige Schülerinnen und Schüler sind in erster Linie im Zuge der vorrangigen und weiter voranzutreibenden Lernmittelfreiheit mit digitalen Endgeräten durch die Schulen einschließlich Zubehör auszustatten. Sofern dies allerdings nicht der Fall sein sollte, spricht sich der Deutsche Verein für eine nachrangige Deckung dieser Bedarfe im Rahmen der Leistungen für Bildung und Teilhabe nach § 28 SGB II aus.[38]

In den Regelbedarfen für Kinder und Jugendliche werden als regelbedarfsrelevant für Abteilung 10 (Bildungswesen) aus der Sonderauswertung der EVS 2018 für 0- bis 6-Jährige 1,49 €, für 6- bis 14-Jährige 1,56 €, für 14- bis 18-Jährige 64 Cent veranschlagt. Daneben werden seit der letzten grundsätzlichen Überarbeitung der Leistungen für Bildung und Teilhabe (BuT) im Schulbedarfspaket 30,- € für digitale Lernsoftware berücksichtigt. Diese Beträge reichen für die Anschaffung digitaler Endgeräte samt Zubehör nicht aus; auch nicht durch Ansparen oder durch Einsparungen bei anderen Regelbedarfsbestandteilen. Durch den pandemiebedingten verstärkten Distanzunterricht (Homeschooling) ist diese Lücke besonders zutage getreten. Im Rahmen des DigitalPakts Schule werden Schulen u.a. mit Leihgeräten zur Weitergabe an hilfebedürftige Schülerinnen und Schüler ausgestattet. Diese Beschaffungen sind in den Ländern unterschiedlich weit gediehen, sodass vielfach auch die Jobcenter vor der Aufgabe stehen, diese Bedarfe zu decken, wenn derartige Leihgeräte im Rahmen der Lernmittelfreiheit nicht bzw. noch nicht verfügbar sind.

5. Horizontale Einkommensanrechnung

Der Deutsche Verein spricht sich für die vertikale Einkommensanrechnung aus, verbunden mit einer Fiktionsregelung für dadurch nicht hilfebedürftige Bedarfsgemeinschaftsmitglieder.[39] Durch diese Methode würde sich der Aufwand bei Rückforderungen erheblich verringern, da sich die Anzahl der notwendigen Individualisierungen bei Erstattungsforderungen reduzieren würde. Die Bescheide würden für die Leistungsberechtigten außerdem verständlicher, da die Berechnung nachvollziehbarer wäre. Danach wird das Einkommen zunächst auf den Bedarf des/der Einkommensbeziehenden angerechnet und nur übersteigende Zuflüsse auf die Bedarfe der anderen Mitglieder der Bedarfsgemeinschaft verteilt.

Nach der derzeitigen Rechtslage in § 9 Abs. 2 Satz 3 SGB II ist das Einkommen so zu verteilen, dass jede Person der Bedarfsgemeinschaft im Verhältnis des eigenen Bedarfs zum Gesamtbedarf der Bedarfsgemeinschaft als hilfebedürftig gilt (horizontale Einkommensanrechnung).

Die vertikale Einkommensanrechnung würde jedoch bewirken, dass die/der Einkommensbeziehende mit höheren Einkünften mangels Hilfebedürftigkeit keine Eingliederungsleistungen nach dem SGB II erhalten würde (etwa im Hinblick auf die Aufnahme einer besser bezahlten oder die Beibehaltung der Erwerbstätig-

---

38 Empfehlungen des Deutschen Vereins zur Weiterentwicklung und Rechtsvereinfachung im SGB II (DV 24/20) vom 16. Juni 2021, NDV 2021, 412 ff.
39 Eckpunkte des Deutschen Vereins zur Weiterentwicklung des Leistungsrechts im SGB II (DV 21/13) vom 13. September 2013, NDV 2013, 486 ff.

keit). Dieser Folge kann mit einer gesetzlichen Fiktion begegnet werden. Dadurch könnte die erwerbsfähige Person weiterhin Eingliederungsleistungen erhalten. Mit der Fiktion würde auch erreicht, dass Kinder, die das 15. Lebensjahr noch nicht vollendet haben und mangels Hilfebedürftigkeit der erwerbsfähigen Mitglieder der Bedarfsgemeinschaft anderenfalls in den Rechtskreis des SGB XII wechseln würden, als Sozialgeldempfänger/innen im SGB II verbleiben.[40]

6. Teilzeitweiterbildungen

Aus Sicht des Deutschen Vereins müssen Qualifizierungs- und Weiterbildungsmaßnahmen verstärkt in Teilzeit angeboten und gefördert werden. Eine Teilnahme an beruflicher Weiterbildung in Vollzeit ist für Leistungsberechtigte mit familiären Betreuungsaufgaben und/oder Erwerbstätige im ergänzenden Leistungsbezug sowie Erwerbsgeminderte oft nicht zu realisieren. Auch können Leistungsberechtigte mit weit zurückliegenden und wenig Bildungserfahrungen mit der Teilnahme an Vollzeitmaßnahmen überfordert sein. Die Kinderbetreuung muss in Abstimmung mit den kommunalen Trägern gewährleistet und gefördert werden. Der Großteil der Qualifizierungs- und Weiterbildungsmaßnahmen wird lediglich als Vollzeitmaßnahme angeboten. Das Angebot an Teilzeitmaßnahmen ist sehr gering, auch da sich die praktische Umsetzung oft schwierig gestaltet. Im ländlichen Raum ist es zum Beispiel problematisch, genügend Teilnehmende zu finden, die im angebotenen Turnus teilnehmen können. Auch verlängert sich die Dauer der beruflichen Weiterbildung, was dazu führen kann, dass die Weiterbildungsmaßnahme vorzeitig beendet wird. Es muss Alleinerziehenden und Pflegenden von Angehörigen ermöglicht werden, eine berufliche Weiterbildung zu absolvieren. Hierfür sollten auch digitale Lernformen genutzt werden, um Präsenzzeiten zu reduzieren, soweit dies für die Teilnehmenden didaktisch sinnvoll ist.[41]

7. Erweiterung und Anpassung der Zielvereinbarung und des Kennzahlensystems

Der Deutsche Verein spricht sich dafür aus, das System der Zielsteuerung unter dem Aspekt der Nachhaltigkeit weiter zu entwickeln.[42] Die Einführung des Bürgergeldes nun sollte deshalb dafür genutzt werden, die Zielvereinbarung nach § 48b SGB II so anzupassen und zu erweitern, dass auch Eingliederungsleistungen der Jobcenter aufgenommen werden, die nicht unter die drei in diesem Paragrafen genannten Zielgrößen subsumiert werden können, sondern einen Beitrag dazu leisten, dass diese erreicht werden. Die in § 48b Abs. 3 Satz 2 SGB II vorgesehene Zielvereinbarung zur Verbesserung der Sozialen Teilhabe ist zu ergänzen um die Vereinbarung von Zielen zur persönlichen Stabilisierung von Leistungsberechtigten. Beide Zielgrößen müssen in der Verordnung zur Festlegung der Kennzahlen nach § 48a SGB II berücksichtigt werden; das ist auch für die Zielgröße „Soziale Teilhabe" bislang nicht der Fall. Die Ergänzungsgröße „Kontinuierliche Beschäfti-

---

40 Empfehlungen des Deutschen Vereins zur Weiterentwicklung und Rechtsvereinfachung im SGB II (DV 24/20) vom 16. Juni 2021, NDV 2021, 412 ff.
41 Empfehlungen des Deutschen Vereins zur Förderung von Bildung und beruflicher Weiterbildung in der Grundsicherung für Arbeitsuchende (DV 22/19) vom 30. April 2020, NDV 2020, 312 ff.
42 Empfehlungen des Deutschen Vereins zur Weiterentwicklung der Grundsicherung für Arbeitsuchende (SGB II) (DV 10/17) vom 12. September 2017, NDV 2017, 433 ff.

gung nach Integration" sollte so verändert werden, dass eine Nachhaltigkeit der Integration in Arbeit abgebildet wird.

8. **Vorläufige Leistungsbewilligung § 41a SGB II**

Der Deutsche Verein spricht sich in seinen Empfehlungen zur Weiterentwicklung und Rechtsvereinfachung im SGB II für die Streichung des § 41a Abs. 3 SGB II und die Wiedereinführung der Möglichkeit der Einkommensschätzung aus. Nach § 41a Abs. 3 SGB II wird für Monate, in denen bei endgültiger Leistungsentscheidung – mangels Mitwirkung – nicht rechtzeitig von den Leistungsberechtigten der Anspruch nachgewiesen wurde, auf Null festgesetzt (sog. Nullfestsetzung). Kann nach dem materiellen Recht für die einzelnen Monate des Bewilligungszeitraums nur einheitlich über den Leistungsanspruch entschieden werden, ist die Leistung gegebenenfalls für den gesamten Bewilligungszeitraum abzulehnen. Die Gründe für die nicht rechtzeitige Mitwirkung sind vielfältig, je nach Komplexität der Nachweise. Es gibt in der Verwaltungspraxis eine Vielzahl von Rechtsfragen hinsichtlich der vorläufigen Bewilligung und der anschließenden endgültigen Festsetzung der Leistungen nach § 41a SGB II insbesondere, ob eine Nachreichung von Unterlagen im Klageverfahren oder Überprüfungsverfahren nach § 44 Abs. 1 SGB X möglich ist, und die Weitreiche der Nachweispflichten.

Die Vorschrift des § 41a Abs. 3 Satz 4 SGB II kann im Einzelfall zu unbilligen Ergebnissen führen, da sie unabhängig von der Höhe des zu erwartenden Einkommens bei fehlendem Nachweis die Feststellung nach sich zieht, dass ein Leistungsanspruch nicht besteht. Die bis zum 31. Juli 2016 geltende Regelung des § 3 Abs. 6 Alg II-V, die bei fehlender Mitwirkung im Rahmen der endgültigen Leistungsbewilligung eine Schätzung des Einkommens vorsah, stellte die sachgerechtere Lösung dar und vermeidet unbillige Ergebnisse sowie langwierige Verwaltungs- und Gerichtsverfahren.[43]

---

43 Empfehlungen des Deutschen Vereins zur Weiterentwicklung und Rechtsvereinfachung im SGB II (DV 24/20) vom 16. Juni 2021, NDV 2021, 412 ff.

IV. Stellungnahmen

Deutscher Verein für öffentliche und private Fürsorge e.V. – seit 140 Jahren das Forum des Sozialen

Der Deutsche Verein für öffentliche und private Fürsorge e.V. ist das gemeinsame Forum von Kommunen und Wohlfahrtsorganisationen sowie ihrer Einrichtungen, der Bundesländer, der privatgewerblichen Anbieter sozialer Dienste und von den Vertretern der Wissenschaft für alle Bereiche der Sozialen Arbeit, der Sozialpolitik und des Sozialrechts. Er begleitet und gestaltet durch seine Expertise und Erfahrung die Entwicklungen u.a. der Kinder-, Jugend- und Familienpolitik, der Sozial- und Altenhilfe, der Grundsicherungssysteme, der Pflege und Rehabilitation. Der Deutsche Verein wird gefördert aus Mitteln des Bundesministeriums für Familie, Senioren, Frauen und Jugend.

Impressum

Herausgeber:
Deutscher Verein für öffentliche und private Fürsorge e.V.
Michael Löher, Vorstand
Michaelkirchstr. 17/18
10179 Berlin
www.deutscher-verein.de
E-Mail info@deutscher-verein.de

Klimasozialpolitik

Die Bedeutung des Klimaschutz-Beschlusses des Bundesverfassungsgerichts vom 24. März 2021 geht über seine umweltpolitische Relevanz hinaus. Der Beschluss wird zunehmend als Impuls für eine sozialpolitische Reformdebatte entdeckt, die Klima- und Sozialpolitik integriert („Klimasozialpolitik"). Zentrale Argumente, insbesondere die Idee der Grundrechte als intertemporale Freiheitssicherung, führen zu neu akzentuierten Diskussionen über Generationengerechtigkeit und Nachhaltigkeit. Die Beiträge in diesem Buch beleuchten die Relevanz der Entscheidung für die Gestaltung nationaler und internationaler Dimensionen von Klimasozialpolitik aus wissenschaftlicher Perspektive. Im Fokus der Betrachtungen stehen rechtliche Analysen und die Folgen für die Sozialstaatsreform. Zwei abschließende Beiträge befassen sich mit der Frage, inwiefern eine neue klimasozialpolitische Perspektive die Arbeit des Deutschen Caritasverbandes herausfordert.

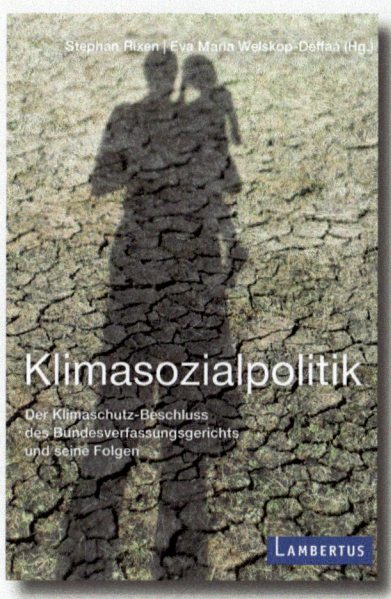

Stephan Rixen,
Eva Maria Welskop-Deffaa

Klimasozialpolitik

Der Klimaschutz-Beschluss des Bundesverfassungsgerichts und seine Folgen

Kartoniert/Broschiert, 180 Seiten
38,00 €
ISBN 978-3-7841-3569-4

www.lambertus.de

Recht der Existenzsicherung

Diese Ausgabe enthält den Text des Sozialgesetzbuches Zweites Buch – Grundsicherung für Arbeitsuchende – und den Text des Sozialgesetzbuches Zwölftes Buch – Sozialhilfe – sowie weitere Gesetze, Verordnungen und Anordnungen zum Recht der Existenzsicherung.

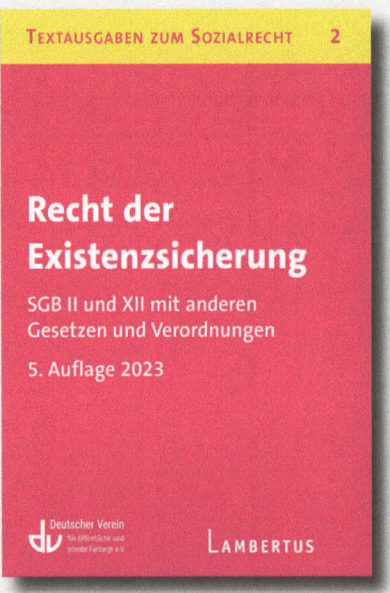

Deutscher Verein für öffentliche und private Fürsorge

Recht der Existenzsicherung

SGB II und XII mit anderen Gesetzen und Verordnungen

Kartoniert/Broschiert, 464 Seiten
14,90 €
ISBN 978-3-7841-3157-3

www.lambertus.de